VOYAGE A DURÉE INDÉTERMINÉE

Voyage à durée indéterminée

Comment voyager 6 mois, 2 ans ou toute votre vie avec n'importe quel budget

Michael Pinatton

TABLE DES MATIÈRES

PARTIE 4 : RÉUSSIR VOTRE VOYAGE À DURÉE INDÉTERMINÉE

CONCLUSION

INTRODUCTION

IMAGINEZ-VOUS sur une île paradisiaque au milieu du Pacifique. Allongé sur une plage de sable blanc sous les cocotiers, en face d'un océan bleu-turquoise dans lequel vous pouvez plonger pour y découvrir ses merveilles sous-marines.

Ou bien au sommet d'une majestueuse montagne au Népal. Après une randonnée épique, vous vous sentez invincible sur le toit du monde, à admirer cette terre où vous réalisez que tout est possible.

Ou encore dans la jungle au sud du Mexique à la recherche d'un temple maya. Transpirant sous le poids de l'humidité, exténué après avoir traversé pendant des jours cette forêt luxuriante, vous ressentez cette exaltation de l'aventurier sur le point de découvrir son trésor.

Vous êtes en train de vivre des vacances parfaites, ressentir ces moments d'ivresse où votre corps et votre esprit ne font qu'un dans cet environnement magique. Ces moments de bonheur à l'état pur que vous n'oublierez jamais. Vous espérez qu'ils durent éternellement, que ces endorphines libérées au plus profond de vous ne vous quittent pour rien au monde.

Mais durant quelques secondes, vos pensées se brouillent. L'image du vol de retour vers la maison se fige dans votre esprit. Tel un fantôme qui vous hante, cette pensée revient régulièrement. Vous savez que la fin est proche et qu'il faut bientôt rentrer. Retrouver cette routine, ce travail et cet environnement qui vous fatiguent de plus en plus.

Et s'il en était autrement ? Et si vous pouviez partir avec seulement un aller simple ? Et si ces instants de bonheur duraient plus longtemps ? Et si votre voyage était à durée indéterminée ?

Loin d'une utopie, vous allez découvrir dans ce livre comment prolonger votre voyage indéfiniment, avec n'importe quel budget.

Le Voyage à Durée Indéterminée

Le principe du Voyage à Durée Indéterminée, communément appelé VDI dans la suite du livre est assez simple. Il s'agit de partir en voyage, sans billet de retour, pour la durée que vous souhaitez. Que ce soit 6 mois, 2 ans, 10 ans ou toute une vie, en espérant qu'elle soit la plus longue possible, le VDI se poursuit le temps que vous l'aurez décidé. Cette approche très flexible permet de vous libérer des contraintes et normes sociétales parfois trop écrasantes. Le but est de vivre vos rêves à la découverte du monde.

Cela vous parait impossible, trop beau pour être vrai me direz-vous ? Quid de l'argent, du travail, de la famille, des amis, du danger ou de l'âge dans tout ça ? Beaucoup de questions surgissent déjà dans votre esprit auxquelles je vais tenter de répondre dans ce livre le plus précisément possible.

Partir voyager sur le long terme est possible. Beaucoup le font, je le fais et il est de plus en plus facile pour vous de franchir le pas du VDI. Vous êtes certainement sceptique, je vous comprends, je l'étais aussi. La raison est simple, vous n'avez jamais eu les bonnes informations entre vos mains. C'est comme si je vous disais pour la première fois que quelqu'un a marché sur la lune. Si vous ne l'aviez jamais entendu auparavant, cela vous paraitrait complètement dingue : marcher sur la Lune ! N'importe quoi ! Pourtant en vous montrant des images de Neil Armstrong fouler la Lune, vous commenceriez à me croire non ?

J'ai remarqué qu'il y a un manque de ressources et de pédagogie sur le thème du voyage au long cours. On n'en comprend pas forcément la signification, sa forme et surtout comment passer à l'action. C'est pour cette raison que je viens de passer un an de ma vie pour conceptualiser le VDI et vous donner les meilleures informations possible afin de vous aider à réaliser le vôtre.

Et si vous remplaciez votre CDI par un VDI ?

Dans notre société actuelle, le Contrat à Durée Indéterminée, le fameux CDI, est perçu comme le Graal. Le bout de papier qu'il faut avoir pour réussir sa vie, pour montrer au monde son intégration et sa volonté d'être sur la bonne voie. D'ailleurs, avez-vous déjà rencontré quelqu'un mettre un terme à son CDI pour voyager ? Dans tous les cas, on le traite de fou, d'inconscient devenu une sorte d'extraterrestre ! En effet, nous ne sommes pas censés quitter un emploi dit « stable ».

Mais qui nous prouve que le bon chemin était d'avoir un CDI ? Pourquoi serait-il synonyme de réussite ?

Si je vous dis que le VDI devrait être la nouvelle forme de réussite d'une vie, vous allez me prendre pour quelqu'un d'extravagant, qui n'est pas raisonnable, qui n'a pas les pieds sur terre. Je peux le comprendre.

Depuis la fin de la Deuxième Guerre mondiale, notre cerveau a été formaté par les élites économiques et politiques. Il faut travailler comme un bon soldat toute sa vie, suivre les règles et avoir son CDI pour être tranquille. Sans compter les études, se marier, acheter une maison et attendre cette retraite tant méritée.

Êtes-vous obligé de suivre ce message ? Êtes-vous obligé de sacrifier vos rêves pour vous conformer ?

Je pense que la société a évolué et que les règles du jeu ont changé au cours de ces vingt dernières années. Internet a débarqué, les distances se réduisent de plus en plus, la globalisation est omniprésente et les opportunités pour de simples citoyens comme vous et moi sont dorénavant démultipliées.

J'ai quitté mon CDI en 2010, car je voulais prendre ma liberté, aujourd'hui je ne regrette absolument pas ce choix. Je ne savais pas à l'époque que je voulais faire un VDI, je l'ai découvert bien après. Dorénavant, je veux voyager quand je veux, où je veux et être libre de mon destin. Pour moi, le Graal c'est ce VDI et non le CDI.

Et vous, quel est votre Graal ? À quoi aspirez-vous ? Les normes sociétales actuelles vous conviennent-elles ?

Voyager est l'une des meilleures décisions que vous prendrez dans votre vie. Découvrir de nouvelles cultures, avoir une plus grande ouverture d'esprit, vivre des expériences inoubliables, faire des rencontres étonnantes, sentir une liberté infinie ou encore dépasser ses limites sont quelques-uns de ses bénéfices. Ils sont évidemment décuplés lors d'un VDI et n'attendent que votre signal pour se manifester.

Les obstacles au VDI

Il y a toujours des raisons de ne pas voyager. Sous la forme d'excuses, de peurs, de réels obstacles ou seulement de prétextes, il y aura toujours quelque chose qui vous empêchera de passer à l'action. La raison est simple : le voyage au long cours n'est pas mis en avant et n'est pas valorisé dans notre société. À partir de là, l'environnement qui nous entoure nous empêche sournoisement d'avancer. Comme si vous aviez la main sur votre boite de vitesses, que vous passiez la première pour gouter au voyage, voir si le chemin vous plaît, mais quelqu'un maintient le frein à main pour entraver votre cheminement.

Même si vous sentez que le voyage est déjà tout tracé, franchir le pas de votre première grande et toute nouvelle aventure n'est jamais simple.

Un challenge difficile à relever, mais bel et bien possible. Pour preuve, à partir de l'instant où le frein à main est libéré et la première vitesse enclenchée, je peux vous assurer que vous allez filer à vitesse grand V. Vous allez gouter au voyage, aller plus vite, plus loin et plus longtemps : une nouvelle vie s'offre à vous.

Des raisons pour ne pas voyager vous allez-en trouver des tonnes : ça coute trop cher, je n'ai pas le temps, je ne peux pas quitter mon travail, c'est trop dangereux, je ne veux pas voyager seul, j'ai déjà une famille, mes parents ne sont pas d'accord, je dois finir mes études, mon copain ne veut pas voyager avec moi, je suis trop vieux, je ne peux pas quitter mon travail, je ne parle aucune langue étrangère, je suis trop jeune, je vais faire quoi en rentrant, etc.

Trois phrases illustrent bien l'immobilisme face au voyage :
- Quand vous êtes jeune : vous avez la santé, le temps, mais pas l'argent.
- Quand vous êtes « actif » : vous avez la santé, l'argent, mais pas le temps.
- Quand vous êtes vieux : vous avez l'argent, le temps, mais pas la santé.

Du coup, à chaque phase de la vie, on trouve une raison de ne pas voyager pour au final, ne rien faire. Il faut combattre cette paralysie mentale et vous dire que les conditions idéales ne sont jamais réunies. Prenez l'exemple de Jean-Pierre Brouillaud qui, devenu aveugle à l'âge de 16 ans, a décidé à ce moment précis, de prendre la route pour l'Europe, puis l'Asie, l'Afrique, l'Amérique du Sud... Il ne s'est jamais arrêté malgré son handicap et à 60 ans, il continue à voyager, seul en faisant du stop. Pourtant, il avait une excuse imparable pour rester chez lui, il était aveugle !

Tous les obstacles qui se dressent devant vous sont faits pour être surmontés. Vous êtes votre propre barrière, et vous seul pouvez franchir ce mur qui vous sépare de vos rêves. Mon travail avec *Voyage à Durée Indéterminée* est de vous faire la courte échelle pour donner l'impulsion nécessaire à votre envol.

8 ans à voyager

Le 2 février 2017, cela fera 8 ans que je voyage. Le jour où ce fameux frein à main s'est desserré, j'avais 22 ans, je partais seul à Bratislava en Slovaquie pour un séjour Erasmus de 5 mois. J'étais effrayé, je n'avais aucune idée de ce qui m'attendait et pourtant ce fut le tournant de ma vie. Tout a changé après ce voyage, ma vie a fait un virage à 180 degrés qui m'a emmené aux quatre coins du monde.

En période « d'apprentissage » pendant quelques années, j'ai alterné entre voyage, expatriation à l'étranger et retour en France avant de franchir le pas du VDI en novembre 2014. Cela fait deux ans que je n'habite plus en France, le monde est dorénavant mon terrain de jeu.

Ces 8 ans à voyager furent extrêmement riches. J'ai appris sur le monde et sur moi-même et rencontré tellement de personnes sur la route que je devais partager cela avec vous. En plus du blog Traverserlafrontiere.com dans lequel je partage mes voyages et les histoires passionnantes de Français voyageurs, je voulais transmettre tout ce savoir accumulé au plus grand nombre. Après la publication en juin 2015 de mon premier livre, *Pourquoi voyager seul ?*, le livre que vous tenez entre vos mains est celui que j'aurais aimé avoir lorsque j'avais vingt ans.

Voyage à Durée Indéterminée est né de ma volonté de fournir une méthode et un guide pratique à tous ceux qui veulent voyager sans fin, mais ne savent pas forcément comment s'y prendre. Pour ceux qui ont beaucoup trop de questions sans réponses, des doutes sur leurs projets ou encore des peurs qui les empêchent de passer à l'action.

L'objectif de ce livre est de vous montrer que vous êtes capable de voyager sur le long terme, malgré tous les obstacles qui peuvent se dresser devant vous. Notamment celui de l'argent, sujet incontournable pour lequel j'ai consacré une partie importante du livre. Il s'agit de la première raison pour laquelle vous ne voyagez pas plus et méritait qu'on s'y attaque en profondeur !

Après la lecture de ce livre, vous aurez en votre possession tous les éléments théoriques et pratiques pour franchir le pas et voyager à travers le monde.

Attention à la pilule magique

En achetant un livre, une méthode ou une formation, on s'attend parfois à une formule magique. Quelque chose qui va résoudre vos problèmes instantanément, sans avoir besoin de faire des efforts. Je vais en décevoir plus d'un, mais *Voyage à Durée Indéterminée* n'est pas une pilule que vous pouvez avaler et qui va vous transformer en quelques heures. Le but est de vous montrer le chemin, de vous expliquer comment vous pouvez partir en VDI avec des concepts, stratégies et technique précises. Il faudra ensuite un effort de votre part pour creuser les options qui vous intéressent, découvrir les bonus supplémentaires, planifier votre propre voyage pour passer à l'action.

Ce livre est spécialement adapté si :
- Vous avez envie de voyager, mais vous ne savez pas comment vous y prendre ;
- Vous avez une peur qui vous a toujours empêché de franchir le pas ;
- Vous souhaitez tout plaquer pour une nouvelle vie ;
- Vous pensez que voyager coute trop cher ;
- Vous avez besoin d'être rassuré sur votre projet de voyage ;
- Vous avez au fond de vous cette envie de partir pour vous accomplir ;
- Vous avez envie de vivre enfin vos rêves.

Sans vous dicter la façon dont vous devez voyager, ce livre vous donne la structure globale nécessaire pour faire un VDI, impulse un changement dans votre état d'esprit et surtout explique toutes les options qui s'offrent à vous. Toutes les informations du livre ne sortent pas d'un chapeau magique. Ni de mon imagination.

Il est basé sur mes années d'expérience, mes centaines d'heures à interviewer des voyageurs, mes rencontres sur la route, mes lectures quotidiennes de livres ou blogs de voyage, une analyse poussée de toutes les questions récurrentes posées sur les forums de voyage, en cela aidé de mon célèbre esprit de synthèse pour organiser tout ça de manière cohérente.

Voyage à Durée Indéterminée permet enfin d'avoir une vision d'ensemble compréhensible du voyage au long cours. Une fois le livre terminé, mon travail se termine pour laisser place à votre imagination et à votre détermination à partir voyager. À partir de ce moment, vous serez seul maitre à bord.

Ce que vous allez retrouver

Voyage à Durée Indéterminée est divisé en 4 parties :

PARTIE 1 : Au-delà des idées reçues qui vous empêchent de voyager

Vous y découvrirez les 10 raisons principales pour lesquelles vous n'avez pas encore franchi le pas du VDI. Ici on s'attaque à l'état d'esprit à adopter pour se tourner positivement vers le voyage et à la déconstruction des peurs qui nous retiennent de partir.

Vous apprendrez pourquoi le danger perçu du voyage est largement surestimé, les astuces pour voyager sans parler la langue, comment des familles partent en tour du monde ou encore pourquoi vous n'allez pas ruiner votre vie en voyageant.

PARTIE 2 : Tous les moyens de dépenser moins et voyager plus

Je vous y dévoile la vérité sur le budget voyage et comment dépenser beaucoup moins d'argent que vous le pensez en partant faire un VDI. Cette partie est entièrement consacrée à l'argent avec plus de 50 techniques précises pour réduire le cout d'un voyage.

Vous apprendrez comment certains voyageurs dépensent seulement quelques euros par jour sur la route, vous y trouverez des budgets précis, la vérité sur le volontariat en voyage ou encore la découverte du « voyage lent », qui fait durer votre aventure des mois voire des années.

PARTIE 3 : Gagner de l'argent pendant votre voyage

Je vous explique comment travailler tout en voyageant aux quatre coins de la planète. En complément de la deuxième partie consacrée à l'argent, cette partie démontre pourquoi le travail à l'étranger vous permet de voyager à l'infini avec des exemples précis.

Vous apprendrez les méthodes légales pour travailler partout dans le mode, les métiers que n'importe qui peut faire à l'étranger, ou comment profiter de la révolution du nomadisme digital.

PARTIE 4 : Réussir votre Voyage à Durée Indéterminée

Je vous donne les clés pour que votre voyage se passe sans incident. Nous allons dans cette quatrième partie nous projeter dans votre voyage, de sa préparation en amont en passant par les meilleurs conseils pour le vivre pleinement.

Vous apprendrez comment planifier un itinéraire, comment choisir une assurance voyage, comment gérer de façon intelligente votre argent sur la route ou encore comment façonner votre vie autour du voyage.

300 pages plus tard, on se retrouvera pour la conclusion de *Voyage à Durée Indéterminée*. Par contre, je préfère vous prévenir que le livre est dense et extrêmement riche en informations. Je vous conseille de vous arrêter sur tous les éléments qui suscitent votre curiosité et d'aller plus loin. Ne vous contentez pas de le survoler, prenez des notes, réfléchissez et imaginez votre prochain voyage, car il viendra tôt ou tard, j'en suis convaincu. Après tout ça, vous aurez tous les éléments nécessaires pour enfin vous lancer. Comme j'ai pu le faire et comme tant d'autres voyageurs l'ont fait.

Il est temps d'ouvrir votre esprit, de laisser vos doutes de côté pour commencer ce long voyage, Votre Voyage !

COMPAGNON DE ROUTE

AVANT DE RENTRER DANS LE VIF DU SUJET, il faut que je vous parle de votre « compagnon de route ». Supplément parfait pour *Voyage à Durée Indéterminée*, le compagnon est votre bonus gratuit pour aller encore plus loin dans la quête de votre VDI.

Vous trouverez dans le compagnon tous les liens et les ressources complémentaires du livre :

- Articles complémentaires ;
- Livres recommandés ;
- Interviews audio ;
- Discussions sur des forums voyage ;
- Vidéos ;
- Infographies ;
- Liens vers les objets évoqués ;
- PDF téléchargeables ;
- Mes sources ;
- Et quelques surprises…

Le compagnon est divisé en chapitre, exactement comme le livre. Vous pourrez donc facilement retrouver les informations nécessaires sur les sujets qui vous intéressent le plus. J'ai déjà répertorié pour vous plus de 100 articles, plus de 50 liens de référence, plus 20 interviews et plus d'une dizaine livres recommandés. De plus, j'ajouterais régulièrement des ressources dans le compagnon afin d'aller le plus loin possible pour vous être utile.

Pourquoi créer le compagnon ?

J'ai décidé de créer le compagnon pour plusieurs raisons :

- Pour vous permettre facilement d'explorer un sujet qui vous intéresse, car il est impossible de tout dire et d'aller dans les moindres détails.
- Je ne suis pas expert sur tout, je préfère vous diriger vers les meilleures sources possible plutôt que de vous baratiner.
- Il est très compliqué de mettre des liens Internet dans un livre.
- Pour que nous restions connectés au-delà de la lecture du livre.

En résumé, il est là pour vous faciliter la vie et approfondir les thèmes de *Voyage à Durée Indéterminée*.

Comment accéder au compagnon ?

Le compagnon est accessible gratuitement, n'importe quand avec n'importe quel appareil (téléphone, ordinateur, tablette…).

Voici le lien pour y accéder :
http://traverserlafrontiere.com/vdi-compagnon

J'ai même fait une petite vidéo d'introduction tournée bien loin de la France. Je vous laisse découvrir ça dans le compagnon !

PARTIE 1 : AU-DELÀ DES IDÉES REÇUES QUI VOUS EMPÊCHENT DE VOYAGER

PARTIE 1 : AU-DELÀ DES IDÉES REÇUES QUI VOUS EMPÊCHENT DE VOYAGER

PARTIR EN VACANCES DEUX SEMAINES au mois d'aout, beaucoup pensent que c'est normal.

Partir faire un tour du monde d'un an, une partie de la population pense que c'est faisable.

Partir pour un voyage à durée indéterminée, quasiment tout le monde pense que c'est impossible.

Vous faites peut-être partie des personnes pour qui le voyage au long cours fait peur. Par la force des choses, vous n'avez pas encore franchi le pas ou vous hésitez à enjamber cette barrière qui vous semble infranchissable. Je vous comprends. Lors de mes premières aventures à l'étranger, j'étais paralysé par la peur et je me posais des milliers de questions.

Mais je me suis rendu compte que ces peurs, ces prétextes que je m'étais créés étaient comme un mur en carton qui pouvait facilement se déchirer. Rien n'est insurmontable, on découvre toujours un moyen de franchir un obstacle, de passer au travers.

Vous avez acheté ce livre, car vous souhaitez partir à l'étranger, vivre des expériences inédites et réaliser vos rêves. Avant d'aborder la question monétaire du voyage dans les parties 2 et 3, il est primordial de s'attaquer aux raisons qui vous retiennent de partir. De réduire le poids de ce boulet qui vous immobilise.

Dans cette première partie, vous allez découvrir les idées reçues et les raisons pour lesquelles la majorité des gens n'accomplissent pas leurs rêves de voyage. Le danger supposé du voyage, partir seul, avoir une famille, ne pas parler la langue, la santé, l'âge… sont très souvent des prétextes pour ne pas agir. Même s'ils sont légitimes, je souhaite vous montrer que ces obstacles sont surmontables.

L'objectif de cette partie est de débloquer vos peurs et interrogations pour gagner en confiance. Comment éclater cette bulle qui vous protège de l'inconnu ? Vous allez réaliser que le voyage à long terme n'est pas réservé aux autres, c'est entièrement à votre portée. Vous pouvez vivre vos rêves de voyage.

1

J'AI PEUR DES DANGERS DU VOYAGE

LA PREMIÈRE IDÉE REÇUE CONCERNE les dangers supposés que représente le voyage. Partir en dehors de la France serait dangereux. On risque de se faire voler, agresser, arnaquer, droguer, blesser, voire se faire enlever. Sans oublier toutes les catastrophes naturelles comme les typhons, tremblements de terre ou encore tsunamis.

Pour certaines personnes, le monde est une véritable jungle dans laquelle il faut éviter de s'aventurer.

Mais est-ce vraiment le cas ? Le monde est-il si dangereux que cela pour nous humain ?

Si vous hésitez à voyager à cause du danger que cela peut représenter, vous allez découvrir que notre vision du monde et des risques du voyage sont altérés. Que ce soit par votre environnement, les médias ou votre manque d'expérience sur le terrain, ne pas voyager à cause du danger potentiel n'est valable que dans une faible minorité des cas et vous allez comprendre pourquoi.

Le danger réel et imaginaire en voyage

Notre façon de voir le danger en voyage va dépendre de notre expérience et de notre ouverture d'esprit.

Si vous n'avez pas beaucoup voyagé et que votre seule relation avec ce qu'il se passe à l'étranger se fait par les médias, vous avez surement une mauvaise image de beaucoup de pays et pas forcément l'envie d'y mettre les pieds. Et pour cause, on parle rarement en bien de nombreux pays. La télévision, radio, journaux… sont là pour parler de l'actualité, pour vendre et pour faire de l'audience. Le résultat est une course au sensationnalisme, à l'émotion et de l'image-choc.

Il est extrêmement rare de voir un pays traité sous un angle positif, où l'on parle de sa beauté, de sa culture ou des initiatives de son peuple, ce qui nous permettrait de mieux le comprendre.

Si je vous dis Brésil, Philippines, Colombie, Éthiopie, Roumanie, Iran ou Ouzbékistan, cela vous fait rêver ou vous effraie ?

Êtes-vous en confiance ou la simple évocation de ces pays vous fait frissonner ?

Vous pouvez penser que :
- Au Brésil, on risque de se faire tuer dans les favélas surpeuplées.
- En Roumanie, on risque de se faire dépouiller par des Roms.
- En Colombie, on risque de se faire kidnapper par des narcotrafiquants.
- En Éthiopie, on risque de mourir de faim ou bien de succomber à une maladie étrange.
- Aux Philippines, on risque de mourir au coeur d'un terrible typhon.
- Etc.

Ces affirmations sont la représentation des médias de ces différents pays. Dès que de mauvaises nouvelles ou drames se produisent, ils font la une ! Mais, est-ce que les médias parlent des millions de touristes qui passent leur séjour sans problèmes ? Presque jamais.

Avis différents sur le danger en voyage

Pour avoir passé cinq mois en Colombie et deux mois au Brésil, je peux vous affirmer à 100 % que l'image que l'on a de ces pays est erronée.

Ce qu'on nous montre dans les médias représente un pourcentage infime du pays et ne décrit absolument pas la situation réelle sur place. D'ailleurs, en 10 mois de voyage en Amérique du Sud, il ne m'est strictement rien arrivé ! Pas de vols, d'agressions ou d'enlèvement ! Pourtant avec ma peau bien blanche et mes cheveux blonds, j'étais une cible bien visible.

Suis-je une exception ? Je ne crois pas. J'ai rencontré des centaines de voyageurs sur les routes colombiennes et brésiliennes, franchement ils étaient heureux de découvrir ces pays à la réputation parfois sulfureuse.

Je pense que nous devrions prendre ce que nous disent les médias avec des pincettes. À chaque fois, que vous voyez un reportage, sachez qu'il a été créé dans un but spécifique, avec un angle précis et qu'il ne raconte jamais une histoire à 100 % !

Prenez par exemple, l'émission *Rendez-vous en terre inconnue* de Frédéric Lopez. Le concept est simple : celui d'emmener une personnalité à la rencontre d'un peuple lointain, dont la culture et les traditions sont menacées par un mode de vie moderne. L'émission a été tournée dans des pays souvent présumés « dangereux » tels que le Yémen, l'Éthiopie, la Bolivie, l'Inde, le Tchad… mais ici l'angle choisi de l'émission est radicalement différent. Aller à la rencontre d'un peuple et de sa culture, essayer de trouver du positif, de découvrir un pays au travers de ses habitants et de son histoire.

Quel est le résultat ? Des millions de téléspectateurs et probablement une bonne partie qui en ressort avec une opinion différente dudit pays. Un épisode a été tourné en Éthiopie, pays perçu comme extrêmement pauvre et dangereux, dans lequel il ne vaut mieux pas s'aventurer. Lorsque Zabou Kreitman part avec Frédéric Lopez dans la vallée de l'Omo, au sud-ouest de l'Éthiopie, on découvre un pays avec des paysages grandioses, un peuple adorable et une culture ancestrale.

Lequel des deux tableaux reflète la réalité ? Probablement un mélange. La réalité est constituée de tout ce que vous ne voyez pas, tout ce dont les médias ne parlent pas. Si comme des millions d'autres personnes vous pensez que voyager est dangereux, je vous comprends. Nous sommes tellement assaillis de messages négatifs, qu'il est facile de croire que le monde est devenu une zone de guerre.

Mais, j'ai quelques questions à vous poser :

- Quand vous pensez qu'un pays est dangereux, qu'est-ce que cela veut dire ? Quels types de dangers existent ?
- Pourquoi pensez-vous qu'ils existent ? Qui vous l'a dit ? Où est-ce que vous l'avez entendu ?
- Est-ce que vous pensez qu'il est plus dangereux de voyager à l'étranger plutôt que dans une banlieue que l'on ne connait pas ?
- Pensez-vous qu'il faille prendre moins de précautions dans son propre pays que dans un autre ?

- Ne pensez-vous pas, que peu importe où l'on se trouve, il y a des précautions et des règles de bon sens à respecter ?

Sécurité en France et à l'étranger

Pensez-vous qu'il existe des dangers en voyage qui n'existent pas en France ?

Lorsqu'on s'attarde sur les chiffres, on remarque que les trois plus grands dangers en voyage sont :
- Maladies
- Accidents (route, activités…)
- Vols/Agressions

Pour tout le reste, comme se faire kidnapper ou tuer, c'est très peu probable. Bien sûr, lorsque vous entendez au journal de TF1 que deux Françaises ont été tuées en Argentine dans des conditions obscures, votre cerveau peut faire un raccourci facile : l'Argentine équivaut à risque de meurtre. Mais ce sont des cas extrêmement rares.

En ce qui concerne les trois risques les plus répandus en voyage, il est assez simple de les éviter en respectant quelques règles :
- Pour les maladies, j'en parle dans le chapitre 7.
- Pour les accidents, ils peuvent arriver absolument partout et sachez qu'une bonne assurance voyage couvrira la plupart des risques.
- Pour les vols/agressions, je vous explique concrètement les manières de diminuer considérablement ce risque dans le chapitre 30.

En soi, ces trois risques existent également en France et pourtant vous n'y pensez pas au quotidien. Nous ne sommes pas épargnés par les maladies, accidents ou agressions. D'ailleurs, on a malheureusement vu que la France pouvait aussi être touchée de plein fouet par le terrorisme, qui lui n'a pas de frontières. De plus, savez-vous que l'on comptabilise 2,5 meurtres par jour en France ?

Avez-vous le sentiment d'être en sécurité en France ? Combien de fois avez-vous entendu quelqu'un parler d'une agression ou d'un vol dans votre entourage ? Il suffit de regarder la rubrique fait divers pour voir pas mal d'horreurs qui se passent dans notre pays.

Je vais vous avouer quelque chose, je me suis senti bien plus en sécurité dans de grandes villes à l'étranger que dans certaines en France. Notamment en région parisienne où j'ai le sentiment qu'il règne une sorte d'agressivité ambiante, où il faut être sur ses gardes, car « on ne sait jamais ».

Certains pays seront plus dangereux. Certains le seront beaucoup moins. C'est indéniable. Si vous êtes « débutant » dans le voyage, commencez par des pays sûrs et sans souci. Je pense par exemple que vous serez bien tranquille si vous décidez de partir quelques mois en Nouvelle-Zélande, au Canada ou à Malte, plus proche de la France.

Les chiffres sur la sécurité en voyage

Savez-vous que 40 millions de Français partent chaque année à l'étranger ? Je trouve ce chiffre assez énorme ! Avez-vous déjà entendu beaucoup de choses sur ces 40 millions de Français qui partent et qui passent un bon séjour, sans problèmes ? Probablement pas. Pour les médias, cela ne sert pas à grand-chose de parler de bonnes choses, ils se concentrent sur les tragédies.

J'ai trouvé des chiffres officiels concernant les touristes américains et leurs cinq destinations favorites : le Mexique, le Canada, le Royaume-Uni, la République dominicaine et la France.

Pour une étude réalisée sur 10 ans, voici le nombre annuel d'Américains morts par an, rapportés à un million de visiteurs :

- Mexique : 8,87 / 1 000 000 ;
- Canada : 1,29 / 1 000 000 ;
- Royaume-Uni : 3,16 / 1 000 000 ;
- République dominicaine : 7,87 / 1 000 000 ;
- France : 4 / 1 000 000.

Les motifs de décès sont dans l'ordre : accidents de la route, homicides, suicides, noyades et « autres accidents ». En regardant ces chiffres, on observe que les risques extrêmes sont extrêmement faibles.

Il faut aussi prendre garde aux statistiques dites des « pays les plus dangereux », souvent calculés sur le taux d'homicides. Certains voyageurs refusent catégoriquement de découvrir un pays à cause de ces statistiques. Le Salvador fait partie de ces pays « détestés » à cause de chiffres effarants. Il possède un taux d'homicides très important, celui de 66 personnes tuées pour 100 000 habitants (1 pour 100 000 en France). Dans ces pays avec des taux aussi élevés, la grande majorité des homicides sont liés au trafic de drogue et au crime organisé. Ils n'ont aucun intérêt à tuer des touristes ! J'ai récemment déjeuné avec un ami de l'université qui a passé deux mois au Salvador en 2015, il ne lui est strictement rien arrivé de mauvais. En revanche, il a rencontré beaucoup de personnes intéressantes, il a vécu au milieu d'une famille et a même vu de ses propres yeux un festival unique au monde, les « Bolas de fuego ». Au final, il a adoré ce pays, « un des meilleurs voyages de sa vie » m'a-t-il dit.

Il est toujours important de vérifier vos sources d'informations et de les comprendre avant de prendre une décision. Le risque zéro n'existera jamais, dans n'importe quel pays du monde.

Je voulais vous donner un dernier exemple significatif de la contradiction image/réalité sur la dangerosité d'un pays. En 2016, j'ai vécu pendant 6 mois à Cluj, en Roumanie. L'image négative qu'a ce pays avec une forte pauvreté et une forte insécurité à cause des « Roms » est entièrement erronée. Je me sens en parfaite sécurité à Cluj-Napoca, qui est pourtant la deuxième ville du pays (+300 000 habitants). Il n'y a quasiment aucun problème de vols ou d'agressions. Les gens vivent leur vie tranquillement, vous pouvez marcher n'importe où, à n'importe quelle heure sans problèmes.

Quand vous regardez une destination, vous avez deux options :
1. Vous pouvez conserver votre idée reçue du pays conditionné par ce que vous avez entendu et vu à travers les médias ;
2. Ou vous pouvez choisir d'aller plus loin que vos idées reçues, faire des recherches approfondies et découvrir le meilleur d'un pays.

Quel choix préférez-vous ?

Aller au-delà de l'idée reçue « il est trop dangereux de voyager »

Posez-vous les bonnes questions sur les réels dangers d'un pays :

- Quels sont les dangers que vous craignez ?
- Est-ce que ces dangers existent réellement ?
- Est-ce possible de les éviter ?

Variez vos sources d'informations

Ne vous limitez pas à la télévision, les journaux et les articles d'actualité sur Internet. Il existe plusieurs moyens de trouver des infos positives et bien plus proches de la réalité sur le voyage et d'autres pays. Commencez par rechercher des blogs et lire des livres traitent du voyage, écoutez des podcasts, regardez des vidéos de voyageurs… On y revient en détail dans le chapitre 9.

Ne faites pas du journal télévisé votre source d'informations principale, au risque d'avoir une vision du monde trop étroite.

Faites des recherches précises sur un pays et ses dangers

Ne vous contentez pas de lire la page Wikipédia ou celle du Ministère des Affaires étrangères. Cherchez sur les blogs, les forums, lisez des articles de fond sur un pays ou des témoignages. N'hésitez pas à chercher aussi en anglais, on y retrouve souvent plus d'informations qu'en français.

Parler à des voyageurs qui sont allés récemment dans ces pays

C'est la meilleure source d'informations que vous pouvez trouver ! Parlez directement (en vrai, par téléphone, Internet, Skype) avec quelqu'un qui est allé dernièrement dans le pays de votre choix. Vous aurez un retour direct et honnête de la situation sur place.

Cela fait 8 ans que je voyage et il ne m'est jamais rien arrivé de grave. Bon, j'ai bien eu quelques moments de stress, notamment lors de mon arrivée à Manille aux Philippines, ou bien quelques nuits tendues à Bogota en Colombie. Mais au final, plus de beaux souvenirs que de mauvais. Pour avoir rencontré beaucoup de voyageurs, je suis loin d'être le seul dans ce cas.

Oui, il existe certains dangers, mais vous ne devez pas laisser cette peur, parfois irrationnelle, se mettre en travers de vos envies de voyage.

Ce qu'il faut retenir :

✓ Les médias diffusent une image déformée des pays étrangers
✓ Une grande partie de la réalité d'un pays vous est inconnue
✓ Le danger existe partout, en France comme à l'étranger
✓ Les trois risques du voyage sont : maladies, accidents et agressions/vols
✓ Les risques d'homicides ou kidnapping sont quasi inexistants
✓ Il n'arrive rien de grave pour une large majorité des voyageurs
✓ Il est primordial de chercher des informations réelles sur un pays
✓ Vous avez la possibilité de contrôler votre sécurité : choix du pays, respect des règles de sécurité…

2

JE NE PEUX PAS QUITTER MON TRAVAIL

LA DEUXIÈME IDÉE REÇUE est celle que vous ne pouvez pas voyager sur une longue période à cause de votre travail.

Vous êtes occupé par votre activité, la routine a pris le dessus et à part les cinq semaines de congés payés par an, vous n'avez tout simplement pas le temps de voyager. Vous n'osez pas démissionner, par peur de ne pas retrouver un travail si vous revenez en France. Il vous est très difficile de sauter le pas et je vous comprends. Votre travail a une place essentielle dans votre vie et surtout il s'agit de votre source de revenus.

Mais est-ce si inimaginable de démissionner de votre emploi ? N'est-il pas possible de mettre en parenthèse votre vie professionnelle ?

Si vous hésitez à quitter votre travail pour voyager, vous allez découvrir pourquoi votre boulot n'est pas si important que ça, les dispositifs existants pour quitter votre emploi, la réalité sur le blanc sur votre CV ou encore celle de retrouver un job en revenant de voyage.

La vérité sur le monde du travail

Pensez-vous être irremplaçable dans votre travail ? Est-ce que le monde s'arrêtera de tourner si vous le quittez dans un mois ?

Je dois vous avouer quelque chose. Le monde du travail est construit d'une telle manière que nous sommes tous remplaçables, même si vous pensez que personne ne peut remplir votre rôle. Si vous partez demain, votre patron trouvera, d'une manière ou d'une autre, un moyen pour que vos tâches soient effectuées. C'est aussi la raison pour laquelle vous pouvez être viré aussi vite que vous avez été embauché et que les employeurs utilisent de plus en plus de contrats de travail précaires. Ce n'est pas forcément simple à admettre, mais dans la majorité des cas, nous sommes des pions vulnérables au sein d'une organisation bien huilée.

C'est d'ailleurs pour cette raison que j'ai décidé d'être indépendant. Je ne voulais pas être ce pion que l'on peut utiliser à sa guise, je voulais être maitre de ma destinée et ne pas laisser les autres décider pour moi. Lorsque j'ai mis fin à mon CDI en 2010 pour créer mon entreprise, je pensais être indispensable. C'était une très petite entreprise et je gérais une partie complexe du marketing avec de gros budgets. Finalement, il n'en fut rien. J'ai passé quelques mois à travailler en freelance, le temps qu'ils trouvent quelqu'un pour me remplacer. Une fois cette personne arrivée, je l'ai formée aux méthodes existantes et je n'ai jamais remis les pieds dans les bureaux.

On peut tous quitter son travail. Même le PDG indispensable, chargé de la bonne marche d'une grande entreprise peut quitter son travail s'il le souhaite. Quelqu'un va le remplacer et puis voilà. Des PDG qui démissionnent ou qui se font virer, cela arrive tous les jours. Pareil pour les employés d'une entreprise, tous les jours les gens vont travailler dans une autre entreprise, ou partent voyager.

Votre travail n'est pas votre vie

On se définit tous plus ou moins en rapport avec notre travail. Pourtant votre vie n'est pas votre travail. Votre vie, c'est votre temps libre, vos passions, vos interactions sociales, votre famille, votre apport à la société.

Si vous êtes chef d'entreprise ou indépendant, la situation est légèrement différente. Votre travail peut vite devenir votre vie, vous êtes aux manettes de votre activité et avez un contrôle total sur ce que vous faites. Par exemple, l'écriture de ce livre est pendant quelques mois mon travail, ma passion et ma vie. Je travaille dessus tous les jours, peu importe l'heure et l'endroit.

Désormais, les choix de carrière sont illimités dans notre société actuelle. Vous pouvez avoir différents emplois, devenir freelance, créer votre activité… Vous n'êtes plus obligé de travailler 40 ans dans la même organisation en attendant la retraite. Cette période est révolue. Ce qui laisse la porte grande ouverte aux voyages.

Je supporte de moins en moins cette phrase qui revient à chaque fois lorsque vous rencontrez quelqu'un : « Qu'est-ce que tu fais dans la vie ? » Avec pour réponse votre métier et/ou l'entreprise pour laquelle vous travaillez.

La conversation ne serait-elle pas plus intéressante si on demandait : « Quel rêve veux-tu réaliser dans ta vie ? ». Je doute que vous disiez : « Travailler en tant que chargé de marketing chez X pendant 20 ans ».

Je vois le travail de deux manières :

- Un moyen utile de gagner de l'argent pour vivre vos rêves/passions à côté ;
- Un moyen de vivre votre vie en faisant quelque chose que vous aimez.

Si vous n'êtes pas amoureux de votre travail, que vous pouvez imaginer votre vie sans lui, qu'il ne vous permet pas de vous accomplir et d'être heureux, c'est un signe que vous pouvez passer à autre chose. Faites passer votre bonheur avant votre carrière.

Je me souviens de Fabrice que j'ai interviewé en 2014, lors de mes premières interviews. Il avait un travail en Suisse, en tant que chef de projet du développement de la chambre de commerce de la Suisse Alémanique. Il a travaillé là-bas pendant 9 ans, il avait un bon salaire et une bonne vie. Néanmoins il avait un rêve qui lui tenait à cœur : celui de s'installer au Cambodge. En 2011, il quitte son travail et sa vie posée pour créer une agence de voyages au Cambodge. Ayant mis de l'argent de côté, il avait de quoi tenir un moment, le temps de concrétiser son rêve. Il vit depuis à Phnom Penh, son activité est florissante et il est heureux d'avoir franchi ce pas, celui d'avoir quitté son travail pour mener la vie dont il avait toujours rêvé.

Lorsque vous serez à la fin de votre vie et regarderez ce que vous avez accompli, préférez-vous avoir en tête les années de travail acharnées en échange d'un bon bon salaire ou les voyages et les rêves que vous avez concrétisés ?

La peur de ne pas retrouver un travail en revenant de voyage

Vous envisagez de faire deux ans de voyage à travers le monde, mais vous avez peur de ne pas retrouver de travail en revenant en France. C'est une raison que j'ai souvent entendue au fil des ans. Je comprends cette peur, mais demandez-vous une chose : pourquoi vous empêcher de faire quelque chose maintenant pour un futur que vous ne connaissez pas ?

Après deux ans de voyage, vous serez transformé ! Vous aurez rencontré des centaines de nouvelles personnes, votre état d'esprit sera différent, vous aurez acquis de nouvelles compétences et vous aurez peut-être trouvé un autre travail dans un autre pays. Personne ne sait ce qu'il peut se passer dans notre vie future. Dès lors, pourquoi vous priver à cause de quelque chose de totalement hypothétique ?

Qu'est-ce qui vous empêche de retrouver un travail similaire à votre retour ?

Si vous avez un emploi qualifié avec les compétences demandées, vous serez toujours en position de force. Dans le cas où vous n'aimiez pas votre job, vous aurez l'occasion d'en changer et de faire autre chose. Le travail existe partout et les opportunités sont là, il suffit de chercher, mais aussi de les provoquer. Cela ne sera peut-être ni le boulot, ni la paie de vos rêves, mais il y aura toujours quelqu'un prêt à vous embaucher si vous le voulez vraiment.

Et pourquoi ne pas travailler autre part en Europe ?

Sans problèmes géographiques ou administratifs, c'est une solution que choisissent des millions de Français. À Barcelone par exemple, les francophones sont très demandés. Il est possible de trouver un travail en service client en quelques semaines. Lorsque je vivais là-bas, j'ai interviewé Marion, qui a travaillé durant un an en call center pour Apple. Elle avait trouvé ce travail sans problèmes et lui permettait de vivre correctement sur place.

Expliquer ce trou dans le CV aux employeurs

Ah le mythe du trou dans le CV… Vous avez peut-être peur de revenir en France et devoir expliquer pourquoi cette période vierge dans votre CV. C'est compréhensible, mais c'est une inquiétude que vous devez mettre de côté. Il ne faut pas vous soucier de ces détails avant même d'être parti, vous vous angoissez pour rien.

Le but est de ne pas cacher ce trou, mais d'en être fier et de mettre cette expérience de voyage en avant, au profit de votre futur travail. Vous pouvez parler des énormes avantages consécutifs à votre voyage. L'apprentissage de langues étrangères, votre manière d'être qui peut vous aider dans votre travail, comme celui de faire face à l'imprévu, avoir une meilleure organisation, vos nouvelles compétences en négociation, résoudre plus facilement des problèmes, et j'en passe. Votre voyage doit-être un atout et non une faiblesse !

Des solutions pour quitter son job et voyager

Si vous êtes décidé à voyager et à quitter votre travail, voici quelques options qui s'offrent à vous.

Démission : si vous êtes en CDI, vous pouvez présenter votre démission et être libre de tout engagement rapidement (entre un et trois mois). Dans ce cas, vous aurez besoin de rechercher du travail lors de votre retour de voyage. Par contre, démissionner ne donne pas le droit aux allocations chômage.

Rupture conventionnelle : toujours en CDI, si vous en êtes en accord avec votre entreprise, vous pouvez signer une rupture conventionnelle pour mettre fin à votre contrat. Elle permet de toucher une indemnité et le droit aux allocations chômage. Cela peut être vraiment intéressant, car à votre retour de voyage vous pourrez bénéficier du chômage.

Congé sabbatique : avec six ans d'expérience professionnelle et 36 mois d'ancienneté dans votre entreprise (secteur privé), vous avez le droit à un congé sabbatique d'une durée comprise entre 6 et 11 mois. Lors de votre congé sabbatique, votre contrat est suspendu ce qui vous assure un emploi similaire et une rémunération au moins équivalente à votre retour.

Mise en disponibilité : il s'agit du congé sabbatique pour les fonctionnaires. La durée maximale de la disponibilité est de trois ans, renouvelable dans la limite de dix ans sur l'ensemble de la carrière. Cette période de disponibilité n'est évidemment pas rémunérée et n'est pas prise en compte pour l'avancement d'échelon et de grade.

Congé sans solde : il s'agit d'un document qui entraine la suspension de votre contrat de travail pour une durée précise. Elle n'est pas règlementée et l'employeur n'est pas obligé de l'accepter. À la fin de votre voyage, vous pourrez retrouver votre emploi.

Télé travail : si vous avez un travail qui nécessite seulement votre ordinateur et une connexion Internet, vous pouvez tenter l'option du télétravail.

En télétravail, vous pourrez voyager et choisir les pays dans lesquels vous souhaitez travailler. Vous aurez beaucoup plus d'indépendance et une plus grande flexibilité en termes d'organisation. C'est un mode de travail qui se développe de plus en plus.

Il existe d'autres solutions moins connues comme le mi-temps annualisé pour les enseignants ou encore la prestation partagée d'éducation de l'enfant.

À savoir que si vous avez le droit au RSA, vous pouvez continuer à le toucher seulement si votre voyage ne dépasse pas trois mois. En ce qui concerne les allocations chômage, vous ne pouvez pas légalement les toucher durant votre voyage.

Si vous êtes indépendant

Si vous n'êtes pas salarié, les choses sont un peu plus compliquées.

En ayant votre entreprise ou en étant freelance, vous avez d'un côté plus de liberté et de l'autre plus de contraintes.

Si vous souhaitez partir en VDI, vous devez vous demander :

- Est-ce que je peux continuer mon activité en étant à l'étranger ?
- Est-ce que je peux mettre mon activité de côté pour un moment ?
- Comment puis-je transformer mon activité pour voyager plus ?
- Est-ce que je peux embaucher quelqu'un pour me libérer du temps ?

Il n'y a pas de règles toutes faites, mais si vous êtes indépendant la partie 3 du livre « gagner de l'argent en voyage » vous donnera plein de nouvelles idées.

Par exemple, j'ai interviewé Alexandre Vilain, la personne derrière le blog de voyage en vidéo Vizeo.net. Après avoir travaillé six ans en relation client dans une grande entreprise, il a décidé de faire un tour du monde d'un an. En 2010, il a démissionné de son boulot, sans se retourner. Depuis sa vie a totalement changé, il a fait de sa passion du voyage son métier. Il est invité et rémunéré pour faire découvrir des destinations dans le monde entier et passe son temps aux quatre coins de la planète.

Même si cela ressemble à un boulot de rêve, il y a beaucoup de travail derrière. Mais au commencement, il y a eu cette démission. Alexandre a décidé de quitter son travail pour vivre son rêve. Il ne regrette son choix pour rien au monde.

Ce qu'il faut retenir :

✓ Vous n'êtes pas irremplaçable, vous pouvez quitter votre job sans remords

✓ Il est plus facile de quitter votre travail si celui-ci ne vous passionne pas

✓ Votre travail n'est pas forcément votre vie, vivez vos rêves pour ne pas le regretter plus tard

✓ Vous trouverez toujours une explication pour votre trou dans le CV, ne vous en préoccupez pas maintenant

✓ En France, nous avons de la chance, certains dispositifs existent pour nous laisser partir avec un peu de sécurité

✓ Avec Internet, il est devenu facile de délocaliser votre travail

---

3

J'AI PEUR DE VOYAGER SEUL

LA PEUR DE VOYAGER EN SOLO, voici une troisième idée reçue qui empêche certaines personnes de franchir le pas.

Si vous n'avez jamais voyagé seul, je comprends que cela puisse vous faire peur. Lorsque j'ai commencé, j'étais effrayé, par la solitude, l'ennui, l'insécurité et même de n'avoir personne pour me prendre en photo ! Mais une fois passé ce cap d'inquiétude, on se rend compte que le voyage en solo est la meilleure chose qui existe pour faire des rencontres et vivre d'incroyables moments. En plus de ça, vous pourrez faire tout ce que vous voulez, quand, où et avec qui vous voulez, c'est la liberté totale.

Est-ce que cette peur de voyager seul vous empêche de voyager ? Pourquoi pensez-vous que voyager seul est-il plus dangereux qu'à plusieurs ?

Si vous hésitez à voyager seul, vous allez découvrir que beaucoup plus de gens voyagent en solo que vous ne le pensez, que le supposé danger est loin d'être concret ou pourquoi ce type de voyage est un vecteur incroyable de rencontres.

Beaucoup de personnes voyagent en solo

En regardant autour de soi en voyage, on se rend compte qu'énormément de personnes voyagent seules ! On peut penser qu'il s'agit d'une minorité, des gens un peu marginaux ou asociaux, mais nous sommes loin de cette image. Dès que vous vous aventurez sur les routes des backpackers (voyageurs en sac à dos, routards) et endroits touristiques, vous êtes certains de rencontrer un grand nombre de voyageurs en solo.

Le hasard fait bien les choses, car à l'heure où j'écris ces lignes, je suis à Bruxelles pour quatre jours et je dors actuellement dans une auberge de jeunesse. Hier soir, en rentrant dans le dortoir, j'ai rencontré Katty qui vient tout droit du Pays de Galles. On discute un peu et elle me dit qu'elle a 18 ans et qu'elle a pris « a gap year », une sorte d'année sabbatique après le lycée. Actuellement, elle voyage toute seule en Interrail, elle fait le tour de l'Europe en Train pendant un mois.

Je lui ai demandé pourquoi elle était partie toute seule et m'a répondu que c'était trop compliqué de se coordonner avec ses amis, elle n'avait pas envie que les autres soient prêts pour partir. Elle n'avait pas vraiment peur, en voyageant en Europe elle se sentait en sécurité me disait-elle. Elle commençait tout juste son voyage. C'est une fille, elle est seule, âgée seulement de 18 ans… on pourrait penser que ce n'est pas quelque chose de conseillé et pourtant je suis persuadé qu'elle va passer un super mois !

Voyager seul est un sujet un peu polémique. Vous avez d'ailleurs peut-être une mauvaise image de ce type de voyage. Ou bien vous trouvez que ces voyageurs ont beaucoup de courage. La réalité du terrain est comme souvent différente de l'imaginaire collectif.

Savez-vous qu'en 2015 (aux États-Unis), 24 % des personnes parties en voyage pour le loisir sont parties seules ? Ce sont donc près d'un quart des voyageurs qui décident de voyager seuls, pas vraiment une minorité de personnes asociales ! J'ai trouvé un autre chiffre intéressant concernant les tours du monde, du côté francophone cette fois. Selon une enquête du site tourdumondesite.com, 37 % des personnes qui ont fait un tour du monde l'ont fait seuls, avec une durée moyenne de 11 mois. Parmi ces 37 %, on retrouve une répartition hommes/femmes de presque 50/50.

On voit donc que le voyage en solo n'est pas marginal. C'est plutôt une tendance en hausse avec de plus en plus de personnes qui franchissent le pas. Si c'est encore quelque chose qui vous fait peur, il est temps de réfléchir sérieusement à cette option.

Ce n'est pas plus dangereux de voyager seul

Comme nous l'avons vu ensemble dans le premier chapitre, on surestime souvent le danger de voyager. C'est aussi le cas lorsqu'on évoque le voyage en solo. Vous pensez peut-être que partir seul est plus dangereux que de partir à plusieurs et vous n'avez pas forcément tort. Cependant, avec toutes ces années sur la route et en étant objectif, je dirais que le degré de risque est légèrement plus important. Vous devez être un peu plus vigilant, prendre des précautions plus importantes et être un peu mieux organisé.

En étant seul, il n'y a personne pour garder votre sac pendant que vous allez aux toilettes ou que vous faites une sieste. Personne pour vous soutenir si une galère arrive. Ou encore personne pour former un groupe afin de vous prémunir contre des individus mal intentionnés.

On entend parfois des histoires de vols ou d'agressions en voyage, mais cela concerne tout le monde. Couple, groupe d'amis, ou seul, on n'est jamais à l'abri de l'imprévisible et de la bêtise humaine. Mais en suivant quelques règles de précaution, vous éviterez 90 % des problèmes éventuels.

D'ailleurs, je trouve qu'en étant seul, je suis finalement plus en sécurité. Il est plus simple de rencontrer des locaux et connaitre les risques d'un endroit. Aussi, car je préfère être seul que mal accompagné, il sera en effet dix fois plus dangereux de voyager avec un ami « inconscient » qui ne respecte rien. Enfin, car en étant seul, vous êtes plus en « état d'alerte », vous ne pouvez compter que sur vous-même et rester plus vigilant. En effet, les problèmes surviennent le plus souvent lorsque vous relâchez l'attention, que vous vous sentez en sécurité et que vous vous relaxez.

Partir seul, la solution pour faire un VDI

Vous êtes surement dans le cas où votre excitation de voyager autour du monde pour une longue période n'est pas partagée par votre entourage. On est tous passés par là. Tout le monde aimerait voyager plus, par contre, dès que vous parlez de votre projet de partir pour plusieurs mois, un an ou plusieurs années, les sourcils vont commencer à se froncer. Les pessimistes, les briseurs de rêves, les « réalistes » vont débarquer et tout faire pour vous décourager de poursuivre votre projet.

Vous allez entendre :
- « Garde les pieds sur terre » ;
- « Arrête de rêver » ;
- « Et ta carrière alors ? » ;
- « C'est impossible ce que tu veux faire !»

Ne vous laissez pas démonter. Heureusement, il y aura des personnes comme moi qui vous diront tout le contraire ! Il faut foncer, voyager et vivre vos rêves. Certaines personnes ne partageront pas la même vision que vous. Et alors ? Tant pis pour eux. Ne vivez pas votre vie selon la vision des autres, mais selon la vôtre. Le plus important est de prendre votre vie en main ! Pour cela, il n'y a parfois pas d'autre choix que de partir seul. À moins d'avoir votre partenaire ou un ami avec la même vision que vous, la solution du voyage en solo s'imposera d'elle-même.

Si c'est quelque chose qui vous fait peur, cela veut dire qu'il faut probablement le faire. Il faut sortir de cette zone de confort pour en ressortir plus grand. Vous avez peut-être peur de passer pour quelqu'un d'asocial en partant seul ? De quelqu'un qui n'a pas d'amis ? Peu importe les opinions des autres, je ne vous le dirai jamais assez : vivez votre vie comme vous l'entendez !

Le voyage en solo, le moyen le plus efficace de vous enrichir

Voyager seul n'est pas plus risqué que ça et ce mode de voyage peut vous apporter tellement de choses.

Sachez tout d'abord que voyager seul est le meilleur moyen de rencontrer des gens. En étant seul, vous êtes obligatoirement tourné vers les autres, sinon vous restez dans votre coin et c'est forcément moins drôle. En plus de ça, les locaux et voyageurs seront beaucoup plus enclins à vous parler ou vous aider. Lorsque vous êtes en groupe, vous n'avez pas forcément de raisons d'aller vers les autres et surtout vous êtes beaucoup moins approchables par les autres.

Je ne compte plus les rencontres faites au cours de mes voyages en solo. Mais je me souviens encore d'une expérience assez récente, c'était à la fin de mon tour du monde en 2015. Lors de mon dernier weekend au Brésil, juste avant mon retour en France.

J'étais arrivé à Salvador de Bahia depuis quatre jours et je voulais changer de décor. Le centre-ville de Salvador est un véritable joyau d'architecture et de l'histoire brésilienne, mais après en avoir fait le tour, je commençais à regarder ce que je pouvais faire ensuite. D'un côté les plages paradisiaques d'Itacaré me faisaient du charme, de l'autre côté le parc national de Chapada Diamantina m'encourageait à me bouger les fesses et faire quelques randonnées. Avec un petit coup de chance, je tombe sur le forum Couchsurfing de Salvador qui parlait d'un festival de musique à Lençois, ville considérée comme la porte d'entrée de ce fameux parc. Une Brésilienne, Cleiseana, essayait d'organiser un évènement pour y aller.

Je la contacte et en quelques heures, elle est d'accord pour m'emmener avec ses copines en voiture. Je n'avais aucune idée dans quoi je mettais les pieds, avec qui je partais, ce qu'il se passait là-bas, ni où j'allais dormir. Le truc marrant, c'est que ce groupe de copines était toutes des mamans et essayaient de prendre soin de moi tout le long du séjour ! Mon portugais n'était pas génial, mais on a quand même réussi à bien discuter sur la route. Les jours qui ont suivi ont été vraiment sympas, entre balades dans le parc national, fêtes endiablées et repas gargantuesques, j'ai passé trois jours au top.

Quand je suis revenu de Lençois à Salvador, je savais que je passerais ici ma dernière nuit au Brésil. Après 10 mois en Amérique du Sud, il était temps de mettre un terme à ce voyage, en beauté. Là encore soirée débridée, à danser dans les rues pavées de Pelourinho au son des percussions, arrosée de caïpirinha pour finir au petit matin à danser la samba dans les bras d'une magnifique Brésilienne.

En voyageant en groupe, je n'aurais surement jamais rencontré ces personnes et n'aurais pas eu la flexibilité de vivre ces aventures. Les rencontres font partie intégrante du voyage et en partant seul, vous êtes garanti de rencontrer énormément de monde !

Voyager seul comporte bien d'autres avantages comme :
- Avoir une liberté de mouvement totale, de faire ce dont vous avez envie quand vous en avez envie ;
- De devenir beaucoup plus indépendant et autonome ;
- De vous découvrir et d'être vraiment vous-même ;
- D'apprendre à aimer les challenges et sortir de votre zone de confort.

Vous sentez probablement ma passion pour le voyage en solo, c'est pour cela qu'en 2015, j'ai écrit un livre intitulé *Pourquoi voyager seul ?* J'y explique en détail pourquoi j'adore cette manière de voyager et comment elle peut transformer votre personnalité. Vous trouverez toutes les informations dans le compagnon.

Petit aparté si vous vous demandez ce qu'est le Couchsurfing. Il s'agit d'un site Internet qui permet d'accueillir des voyageurs chez soi ou bien d'aller passer quelques nuits chez quelqu'un, le tout gratuitement. Le système mise sur l'entraide. Il s'agit d'une véritable communauté de voyageurs, avec des profils complets, des commentaires sur chacun, des forums ou des évènements organisés. Les gens sont très souvent super sympas, ouverts et veulent rencontrer du monde. Je parle en détail du Couchsurfing dans le chapitre 13 sur l'hébergement en voyage.

Une technique utile si vous avez peur de voyager seul

Je vais vous donner une petite astuce au cas où le voyage en solo vous effraie et si vous hésitez à franchir le pas. Que diriez-vous de faire un test avant de partir à l'autre bout du monde ?

Pour cela, je vous conseille de partir un weekend ou une semaine, tout seul, dans une ville européenne. Aujourd'hui avec les compagnies low-cost, vous pouvez partir un peu partout facilement. Si vous couplez cela avec du Couchsurfing ou une auberge de jeunesse, cela peut donner un trip vraiment sympa et pas cher. Le but est de voir votre réaction face au voyage en solitaire et si vous pouvez envisager de le faire sur une plus longue période. Avant de courir, il faut savoir marcher, alors faites les premiers pas pour voir si cela vous plait.

Ce qu'il faut retenir :

✓ Parfois l'unique solution pour faire un VDI est de partir seul
✓ Plus de 25 % des voyageurs partent en solo, hommes comme femmes
✓ Le niveau de risque est presque le même en voyageant seul ou en groupe
✓ Voyager en solo est un moyen génial pour faire des rencontres
✓ Très peu de personnes regrettent d'être parties seules

4

JE NE PARLE PAS LA LANGUE DU PAYS

LA QUATRIÈME IDÉE REÇUE qui vous empêche de voyager est celle de la langue.

Vous envisagez de partir dans un pays dans lequel vous ne parlez pas la langue et cela vous bloque. Vous avez l'impression que vous ne pourrez pas communiquer, que vous en profiterez moins, que vous serez un peu moins en sécurité ou que cela va tout simplement vous empêcher de voyager. J'ai déjà ressenti ça, rassurez-vous c'est normal ! Si vous n'êtes jamais parti, la tâche parait insurmontable, mais en soi, elle est beaucoup plus abordable que vous ne le pensez.

Pensez-vous qu'il est indispensable de parler une langue étrangère pour voyager ? Si des millions de Français apprennent des langues étrangères, pourquoi n'en seriez-vous pas capable ?

Si la langue est un frein, vous allez découvrir comment j'ai pu apprendre des langues étrangères, le changement de mentalité qu'il faut opérer et les solutions afin d'apprendre en voyage.

Mon départ pour l'Espagne en partant de zéro

En mai 2011, j'ai quitté mon appartement parisien pour vivre à Grenade en Espagne. Je me souviens que mon niveau d'espagnol était littéralement à zéro ! À part « hola » et « gracias », je ne savais rien d'autre. J'ai eu la bonne idée de prendre allemand en deuxième langue !

Les objectifs de ce voyage étaient d'apprendre l'espagnol, de vivre une nouvelle expérience à l'étranger et de me mettre un peu en danger. En y repensant, je ne me suis pas trop mal débrouillé. Lors de mes débuts en Andalousie, j'ai réussi à trouver une colocation, acheter une carte SIM ou encore faire des connaissances sur place. Mon guide de conversation m'a littéralement sauvé de beaucoup de situations.

Pendant quelques mois, j'ai suivi des cours d'espagnol, j'ai étudié tout seul, j'ai pratiqué au maximum et franchement quand je suis parti au bout de six mois, mon espagnol était correct. Je pouvais m'exprimer sans trop de difficultés et je pouvais comprendre les gens, même si les Andalous ont un accent à couper au couteau ! Le challenge paraissait vraiment compliqué au début, voire insurmontable. Mais comme tout dans la vie, vous pouvez tout apprendre et vous adaptez à chaque situation. Apprendre une langue étrangère ne doit pas vous rebuter, au contraire. D'ailleurs, plus vous serez en immersion, plus ce sera rapide !

Je suis allé dans des pays où je ne parlais absolument pas la langue comme l'Indonésie, Taiwan, la Bulgarie, le Brésil. Pourtant j'en suis sorti vivant. À Taiwan, les gens parlaient chinois et quasiment pas anglais, je ne comprenais même pas le menu dans les restaurants. Plutôt que d'être frustré, je m'en suis amusé et j'ai tenté d'apprendre quelques mots. Je me suis rendu compte qu'il faut voir cette barrière de la langue comme un challenge et une opportunité plutôt qu'un frein qui vous retient de voyager.

J'ai rencontré trop de personnes en France qui ne voulaient pas partir à cause de cela :
- « Je suis trop nul en anglais » ;
- « Je n'ai jamais été bon en langues » ;
- « Je ne vais pas comprendre les gens si je pars là-bas » ;
- « Et s'il m'arrive quelque chose, comment vais-je faire ? »

Honnêtement, de nos jours, la barrière de la langue est de moins en moins importante, il n'a jamais été aussi simple de communiquer et cela ne doit aucunement vous retenir de partir !

Apprendre les bases d'une langue étrangère

Si vous ne devez faire qu'une seule chose pour voyager : apprenez les bases de l'anglais. Il s'agit de la langue la plus répandue dans le monde et la plus utile lorsque vous voyagez. Que ce soit pour communiquer avec des locaux ou avec d'autres voyageurs. Si vous avez un anglais « scolaire », il va falloir se mettre à réviser et apprendre à le parler un peu plus. Si vous aimez regarder des films et séries, les mettre en anglais peut incroyablement vous aider.

Si vous avez un pays particulier en tête, vous pouvez directement apprendre la langue dudit pays. Si c'est l'Argentine qui vous fait rêver, apprenez l'espagnol tout de suite. Votre intégration sur place sera facilitée.

Il existe une multitude de moyens d'apprendre une langue étrangère. Je conseille généralement d'éviter les méthodes trop lourdes et ennuyeuses. Optez pour les applications mobiles comme Duolingo, des sites Internet interactifs ou parler avec des locaux par Skype. Cela sera plus intéressant pour vous et permettra de vous immerger dans une autre culture rapidement.

Tout le monde peut apprendre une langue étrangère, peu importe si votre niveau à l'école ou votre âge, notre cerveau est conçu pour apprendre et mémoriser les choses. Je n'étais pas doué en langues à l'école, mais je suis maintenant trilingue : je parle couramment français, anglais et espagnol. Et je baragouine en portugais et en roumain. Avec un peu de motivation, tout est possible dans la vie !

Les smartphones peuvent vous sauver

Nous avons tous, ou presque, un smartphone entre nos mains et il peut devenir un précieux allié quand vous partez en voyage. Avec certaines applications de traduction, vous pouvez télécharger un dictionnaire et l'utiliser en direct.

Je me souviens avoir souvent utilisé Google Traduction lorsque j'étais en Indonésie pour communiquer en « bahasa », la langue locale. Dès que j'avais vraiment besoin de quelque chose, notamment chez le coiffeur, je tapais mes phrases en français et je montrais le résultat de la traduction à mon interlocuteur, cela marche quasiment à chaque fois. Maintenant, vous pouvez même parler dans l'application qui va « dire » la traduction, c'est complètement dingue ! Avec ce genre d'applications, vous pourrez vous faire comprendre partout dans le monde.

De plus, plein de nouvelles applications mobiles vont vous aider à apprendre la langue, assimiler le vocabulaire, dire des phases qui sauvent… Duolingo, Mosalingua ou Babbel sont les exemples les plus connus. Je me souviens avoir basé mon apprentissage de portugais pour mon voyage au Brésil grâce à Mosalingua. D'ailleurs, j'avais même réalisé un « défi portugais » où je réalisais des vidéos quotidiennes montrant mes progrès dans la langue. Au bout d'un mois, je commençais à m'exprimer correctement en portugais et j'arrivais à tenir une conversation après deux mois. Vous trouverez la chaine YouTube dans le compagnon où vous pourrez me voir parler portugais ! Enfin, il existe une application appelée « SameSame » qui aide à vous faire comprendre pendant votre voyage grâce aux images.

Parlez avec vos mains

La communication non verbale est aussi importante que la communication verbale pour vous faire comprendre.

Vous pouvez utiliser le langage corporel et vos mains pour « parler », il s'agit d'un langage universel que tout le monde comprend. Vous pouvez dire « j'ai froid » ou « j'ai faim » sans ouvrir votre bouche et c'est pareil pour des milliers d'autres choses. Faites des mimes, des bruits, des imitations ou parlez avec vos mains pour communiquer. Vous vous en sortirez avec quelques fous rires en perspective.

Vous pouvez même dessiner pour communiquer si vous n'êtes pas trop mauvais avec un crayon entre vos mains.

Guide de conversation

Il existe maintenant de nombreux guides de conversation dans la majorité des langues : anglais, espagnol, portugais, japonais, italien, etc. Ils constituent une excellente alternative à l'apprentissage d'une langue de façon plus formelle.

Un guide de conversation est un livre de poche dans lequel vous trouverez généralement :
- Les mots et expressions les plus utiles pour les voyageurs ;
- Un dictionnaire ;
- Notions de grammaire de base.

Je me souviens en avoir acheté un lorsque je suis parti en Espagne. Les deux premiers mois il ne m'a pas quitté et m'a vraiment aidé. Très pratique, je recommande chaudement les guides de conversation pour vos voyages.

À savoir que le Guide du Routard a édité un livre spécialement conçu pour contrer la barrière de la langue : *G'palémo*. Avec ce livre, vous pourrez communiquer partout dans le monde sans trop de soucis, grâce aux images mimant des situations courantes en voyage. En l'emmenant avec vous, vous vous ferez comprendre facilement.

Fiche de secours

Parfois, je n'ai pas forcément envie d'acheter des guides de conversation, surtout si je reste peu de temps dans un pays. Je fais alors ce que j'appelle une fiche de secours, une méthode un peu « old school », mais qui fonctionne.

Je note tous les mots et les expressions qui me semblent importantes pour un voyage. Par exemple, bonjour, merci, au revoir, les chiffres... et je note à côté les traductions que je trouve sur Internet. Je garde tout cela dans mon calepin de voyage toujours à portée de main. Cela m'a toujours été utile.

Je vous assure que le fait de connaitre quelques mots peut changer votre voyage. Les locaux sont toujours ravis d'entendre des étrangers essayer de parler leurs langues, vous ferez un bel effet auprès d'eux et vous aurez un capital sympathie plus important.

Ce qu'il faut retenir :

✓ On peut voyager dans un pays étranger sans en connaitre la langue
✓ Le plus important est d'avoir de bonnes bases en anglais
✓ Il faut appréhender l'apprentissage d'une langue comme un challenge, non un frein
✓ Utilisez votre smartphone pour communiquer dans un pays étranger
✓ N'hésitez pas à utiliser des guides de conversation ou une fiche de secours à emporter avec vous

---

5

J'AI UNE FAMILLE, C'EST IMPOSSIBLE DE VOYAGER

LA CINQUIÈME IDÉE REÇUE est celle qu'avoir des enfants vous interdit de voyager. N'ayant pas d'enfants, il est compliqué de raconter mon expérience sur le sujet. Cependant, j'ai remarqué que l'arrivée d'enfants dans un couple signifie bien souvent l'arrêt des voyages. J'entends souvent « dès que tu auras des enfants, cette vie de voyage sera terminée ». Or, j'ai l'impression que les choses peuvent se passer autrement.

Pourquoi pensez-vous qu'il serait difficile de voyager avec des enfants ? Si on peut faire un tour du monde à deux, en couple, pourquoi pas à trois ?

Si les enfants sont un frein à votre envie d'évasion, vous allez découvrir qu'il n'est pas invraisemblable de voyager avec eux, qu'il est possible de faire suivre l'école sur la route. Le tout agrémenté d'exemples de familles heureuses qui voyagent.

Voyage et famille, une équation réaliste

Au fil des années, j'ai rencontré beaucoup de familles qui voyagent avec leurs enfants. Au départ, j'étais toujours impressionné et je me demandais, mais « comment font-ils ? ». Je pensais que tout devait être plus compliqué et plus cher lors de voyages avec des enfants. D'ailleurs, nous avons cette croyance que les longs voyages sont réservés aux jeunes ou aux retraités. Vous allez constater que ce n'est pas toujours vrai !

La réalité est qu'il est moins difficile que l'on pense de voyager avec des enfants. Il y aura toujours un peu plus d'obstacles, mais il faut voir que les avantages à voyager avec des enfants sont formidables. Leur ouverture d'esprit, des liens familiaux plus forts, des enfants plus autonomes, l'apprentissage des langues, des souvenirs inoubliables ou tout simplement le bonheur d'être ensemble, le voyage peut offrir tout cela à une famille.

Je me souviens avoir rencontré une fille d'expatrié lors de mon voyage à Bali. Elle a vécu toute sa vie entre l'Indonésie et la France et je suis littéralement tombé sur le cul lorsque nous avons discuté. C'était une fête de Noël organisée par une association qui aide les enfants défavorisés de l'île. Lorsque j'ai commencé à discuter avec elle, j'avais l'impression de parler à une adulte. Elle m'expliquait qu'elle avait organisé cette soirée, elle était posée, parlait mieux anglais que français et me semblait quelqu'un de très ouvert et responsable. Lorsque je lui ai demandé ce qu'elle faisait dans la vie, elle m'a répondu qu'elle était au lycée et qu'elle avait 16 ans ! Je n'en croyais pas mes yeux. Je lui donnais bien 21/22 ans, comme pour sa copine qui l'accompagnait.

Au moment où une majorité de filles de 16 ans en France sont engluées à leur smartphone, vivent au rythme des commérages de lycée, passent leur temps devant des émissions de téléréalité et sont rarement allées au-delà de leur région natale, j'ai vu des différences flagrantes entre ces enfants qui voyagent et des adolescentes « typiques » en France.

Il est évident que tout le monde n'a pas les moyens de faire voyager ses enfants, cependant j'ai retrouvé ce phénomène assez fréquemment. Les enfants qui grandissent dans un environnement de voyage sont souvent plus matures, plus tolérants, parlent plusieurs langues et d'une manière générale, sont beaucoup plus ouverts. Si le voyage est aussi bénéfique pour eux que pour vous, pourquoi ne pas tenter le coup ?

Stéphanie et son mari n'ont pas arrêté de voyager à l'arrivée de leurs enfants

Stéphanie est professeure d'anglais et son mari, professeur des écoles. Ils vivent près de Dijon et sont de véritables accros au voyage. Avant l'arrivée de leurs enfants, ils ont voyagé tous les ans dans des pays tels que le Canada, le Mexique, la Tanzanie, les États-Unis ou la Mauritanie.

Ils ont actuellement deux filles, âgées de 7 et 9 ans. Au lieu de s'arrêter de voyager lorsque leurs filles sont nées, ils ont décidé de continuer. Il y a bien eu quelques ajustements, mais ils continuent de vivre leur passion. Ils sont tout d'abord partis dans des pays plus simples pour les enfants, comme les DOM-TOM ou bien en Europe. Une fois que leurs filles ont eu 4 et 6 ans, ils sont partis vers des destinations plus aventureuses comme le Costa Rica, l'Indonésie, le Népal ou encore le Maroc.

Voyager avec deux enfants comporte bien sûr des challenges, mais Stéphanie ne les considère pas comme un frein pour voyager, au contraire. Leurs expériences du voyage sont maintenant totalement différentes et ils se créent des souvenirs de famille inoubliables, aux quatre coins du monde. D'ailleurs, Stéphanie conseille de voyager avec ses enfants avant qu'ils soient adolescents, tant qu'ils ont encore envie de faire des choses avec leurs parents.

Pour tous les aspects pratiques, l'interview de Stéphanie est disponible dans le compagnon.

Une famille fait le tour du monde en camion pendant plus de 6 ans

Fred, le papa, Laure, la maman, Martin le fils et Chine la fille parcourent le monde depuis plus de six ans, en famille et en camion. Ils en ont même fait une émission de télévision appelée « Martin autour du monde ». Ils ont revendu leur maison en France avant de partir pour s'acheter un camion spécialement conçu pour le voyage. Une sorte de camping-car sous stéroïdes, il permet d'être entièrement autonome et d'explorer tous les coins du monde.

Ils ont traversé les 5 continents et ont vu une grande partie de la planète en mettant leur camion dans des bateaux cargos pour traverser les océans. En se rendant sur leur site Internet, il indique 168 000 km parcourus pour 56 visites. Par exemple, le Canada, la Corée, l'Argentine, le Cambodge, le Brésil, la Nouvelle-Zélande ou l'Afrique du Sud.

Pour Fred, c'est un style de vie idéal pour les enfants : deux heures d'école par jour, un apprentissage (langues, géographie, histoire…) constant, pléthore de rencontres, une vie dans la nature, une santé de fer et une ouverture d'esprit incroyable. Sans compter le temps que la famille passe ensemble tous les jours, chose de plus en plus compliquée dans une vie « normale » où les enfants sont à l'école et les parents au travail.

Cette famille n'a rien fait de magique et l'occasion ne leur est pas tombée du ciel. Elle a fait le choix, à un moment, de prendre un chemin différent pour plus de bonheur. L'interview de Fred est disponible dans le compagnon.

Vanessa et Arnaud ont fait le tour du monde avec leur fille de deux ans et demi

A 36 et 35 ans, Vanessa et Arnaud ont récemment réalisé un de leurs rêves : faire un tour du monde avec Louanne, leur fille, âgée de deux ans lors de ce voyage. Ils ont même créé un blog intitulé « Tour du monde à 80cm », la taille de Louanne quand ils sont partis. L'hommage à Jules Vernes n'est pas très loin ! Ils ont pour objectif d'inspirer les familles qui hésitent encore à voyager avec leurs enfants. En 2014, durant leur tout du monde de neuf mois, ils sont partis en Angleterre, Inde, Thaïlande, Cambodge, Birmanie, Australie, Nouvelle-Zélande, Chili, Argentine, Bolivie, Pérou, Colombie. Une jolie liste avec une fille de deux ans !

Pourtant, partir dans certains pays avec un enfant en bas âge en rebuterait plus d'un. Quid de la sécurité en Colombie ? Ou bien de l'hygiène en Inde ? Les idées reçues sautent une par une et l'on se rend compte que l'on peut aller dans la plupart des pays du monde avec un enfant. Tout est une question de préparation et de détermination une fois à l'étranger.

Ce couple de passionnés nous raconte tout dans leur blog, du budget aux visas, en passant par les questions pratiques liées au voyage avec un enfant. C'est véritablement passionnant. Pour avoir rencontré ce couple de joyeux lurons plusieurs fois à Paris, je vous recommande d'aller voir ce qu'ils font les yeux fermés.

Je ne vous ai donné que trois exemples, mais je peux vous assurer qu'ils sont loin d'être les seuls ! D'ailleurs, vous retrouverez dans le compagnon, une dizaine d'autres exemples de familles qui voyagent.

La question de l'enseignement des enfants

Une fois les enfants ayant l'âge d'être en classe de CP, la question de l'enseignement devient cruciale. Si vous faites de courts voyages de moins de deux mois, vous allez pouvoir utiliser les vacances classiques pour partir voyager. Par contre pour un voyage au long cours, vos enfants ne pourront pas être scolarisés de façon classique, il va donc falloir réfléchir à la question sérieusement.

Vous avez de la chance, car en France, nous avons le CNED. Le CNED (Centre National d'Enseignement à Distance) est un établissement public qui vous permet d'assurer la scolarité de vos enfants de façon réglementaire, peu importe où vous êtes. Si votre enfant est en

CM1, il va suivre le programme correspondant à celui qui existe dans les écoles et s'il revient en France, il pourra aller en CM2, comme tout le monde. C'est une option largement utilisée par les familles qui voyagent beaucoup.

Sachez que vous pouvez aussi désinscrire vos enfants de l'école et vous charger vous-même de leur instruction. Par contre, c'est un processus un peu plus compliqué et pas forcément recommandé si vous n'avez aucune idée de ce que vous faites.

D'après les retours des familles qui voyagent, seules quelques heures d'école par jour suffisent. Il est beaucoup plus efficace pour un enfant d'apprendre dans un environnement personnalisé que dans une classe de 25 élèves. Cela laisse donc le temps à tout le monde de profiter ensuite de sa journée dans le coin du monde où vous vous trouverez.

Ce qu'il faut retenir :

✓ Voyager sur le long terme en famille n'est pas anormal
✓ Les enfants s'adaptent très bien à une nouvelle vie sur la route
✓ Voyager en famille permet de créer une aventure et des souvenirs remarquables
✓ Que ce soit quelques mois par an ou durant plusieurs années, tout est possible
✓ Voyager avec des enfants demande une préparation et une organisation plus importantes
✓ L'arrivée des enfants ne doit pas signifier automatiquement la fin des voyages

6

JE SUIS TROP VIEUX, J'AI PASSÉ L'ÂGE DE VOYAGER

LA SIXIÈME IDÉE REÇUE est qu'à partir d'un certain âge, il est trop tard pour faire de longs voyages.

Dans notre société, il est communément admis que les longs voyages c'est plutôt un truc de jeunes. Si vous êtes dans votre quarantaine, cinquantaine ou plus, il faut une vie sérieuse, il faut travailler, il n'y a pas la place pour un voyage d'une année à la découverte du monde.

Qui a décidé que cela doit-être comme ça ? Votre âge ne peut-il pas être un avantage dans le voyage ?

C'est un thème que vous allez retrouver en toile de fond de ce livre. Celui de vos choix. Ils déterminent votre vie et rien ne vous empêche de faire quelque chose qui n'est pas jugé normal, ou « bien vu » par la société. Si vous pensez être trop vieux pour voyager, vous allez découvrir pourquoi l'âge est un facteur mineur pour voyager au travers du parcours de Solange qui voyage peu importe son âge et de deux exemples.

L'âge, ce mauvais indicateur pour savoir si vous devez voyager

Que vous soyez jeune ou vieux, voyager durant des années vous est accessible. Il est évident qu'à 20 ans ou 60 ans, votre façon de voyager sera différente, mais cela ne doit pas vous empêcher de partir.

D'ailleurs, en auberge de jeunesse c'est toujours assez drôle de voir des personnes de plus de 40 ans. On se demande toujours, « mais qu'est-ce qu'elles font là ? » Cela peut paraitre étrange de prime abord. Mais au final, en discutant un peu, on se rend compte qu'ils ont histoire bien plus riche que le backpacker australien de 22 ans qui voyage pour faire la fête partout dans le monde. Votre expérience peut-être une véritable richesse pour les jeunes voyageurs en quête de sens.

En étant jeune, on n'a pas beaucoup d'argent, mais de l'énergie à revendre. Par contre, une fois plus âgé, on est censé avoir un compte en banque plus rempli, mais moins de vitalité physique. Or, dans les deux cas, voyager à long terme n'est pas considéré comme une option. Dans le premier cas, il faut faire « quelque chose de sa vie » et dans l'autre on a passé l'âge pour ces « bêtises ».

Du coup, quand pouvons-nous profiter de la vie ?

À mon avis, il faut prendre votre âge comme un numéro. Un simple numéro qui ne veut pas dire grand-chose et qui ne doit pas dicter votre choix de vie. Je me souviens quand j'ai passé le cap des 30 ans en 2016, je me suis posé énormément de questions et me suis demandé si je devais continuer à voyager. À cet âge, il est généralement le temps de se marier, d'avoir des enfants et une vie rangée. J'en ai conclu que je m'en fichais. J'ai décidé de faire ce qui me rendait le plus heureux à l'instant T. Au final, peu importe l'âge, que ce soit à 20 ans ou à 60 ans, certaines personnes ne comprendront pas votre choix.

Avec l'âge qui avance, la variable la plus importante est certainement celle de la santé. En vieillissant, les problèmes de santé sont plus nombreux et peuvent compromettre certains projets de voyage. Toutes les autres variables ne sont pas vraiment valables. Bien sûr, vous ne voyagerez pas à 20 ans comme à 60 ans, il y aura des ajustements, mais vous pourrez voyager sans problèmes.

Nous allons tous mourir un jour, autant utiliser tout notre temps disponible pour faire les choses qui nous plaisent, peu importe notre âge. Et si vous changiez votre état d'esprit de « je suis trop vieux » à « il est encore temps d'en profiter » ?

Retraite et voyage, la sagesse de Solange

Lors de mes recherches pour ce livre, j'ai appelé Solange, qui est derrière le blog « Seniors en Vadrouille » avec son mari. Ils sont tous les deux à la retraite et en profitent pour voyager encore plus que durant leur « vie active ».

D'ailleurs, leur description parle d'elle-même : « Couple d'un âge certain, à l'âge où certains investissent dans leurs charentaises, nous avons continué notre découverte du monde et des peuples qui y vivent. Privilège de l'âge, nous avons tout le temps possible et le désir d'assouvir notre passion des voyages, nos coups de coeur, nos humeurs et nos déceptions. Nous avons l'avantage de notre âge et l'enthousiasme tout neuf ! »

Avec une mère espagnole et un père polonais, Solange baigne très tôt dans le voyage et l'interculturalité, d'ailleurs à 18 ans elle parcourt déjà l'Europe en stop ! Elle a voyagé toute sa vie, en menant de front son métier d'infirmière et de maman avec ses deux enfants, qu'elle a bien sûr embarqués en vadrouille. Étant maintenant à la retraite, elle en profite pour voyager encore plus avec son mari avec un luxe qu'elle n'avait pas auparavant : le temps. Elle me racontait que grâce à la retraite, elle partait pendant plusieurs mois et que c'était « le bonheur infini ». D'ailleurs, en 2016, elle a prévu de partir quelques mois en Polynésie française, suivis de quelques mois au Canada.

Elle me disait qu'une fois à la retraite, certaines personnes attendent « la fin », se posent dans un coin et n'ont pas vraiment envie de voyager ou de concrétiser de grands projets. Être plus âgé ne doit pas être une excuse pour ne pas se bouger. Il y a tout le temps pour réaliser de belles choses.

Une phrase de Solange m'a marqué : « Pourquoi y aurait-il des choses que l'on peut faire à un certain âge et que l'on aurait plus le droit de faire après ? »

Sans réponse, elle a touché le point le plus important : l'âge ne veut rien dire. Vous pouvez faire ce que vous voulez à n'importe quel moment de votre vie. La seule limite concernant les voyages lorsque vous êtes plus âgé est la santé. Dans le cas de maladies chroniques, il devient beaucoup plus compliqué de voyager.

L'élément qui change le plus au niveau du voyage concerne le confort. Elle préfère maintenant avoir un bon lit pour dormir et ne pas « dormir sur un tas de gravier » comme elle a pu le faire en étant plus jeune. De plus, en vieillissant, elle trouve qu'elle juge beaucoup moins les autres cultures, elle est plus patiente et plus à l'écoute.

André Brugiroux, une vie dédiée au voyage

Aventurier et autostoppeur dans l'âme, André Brugiroux a commencé à voyager en 1955, alors qu'il n'avait que 17 ans. Depuis, il ne s'est jamais arrêté de voyager. Aujourd'hui âgé de 76 ans, il continue de parcourir le monde avec une petite différence, il prend l'avion ! Mais il continue à faire du stop une fois sur place.

J'ai rencontré André lors d'une conférence sur le voyage à Paris il y a cinq ans. Son histoire m'a tout de suite parlé et j'étais en admiration devant son parcours. Il a littéralement dédié sa vie au voyage. Cet homme transpirait le bonheur d'une vie remplie et je me disais à l'époque « pourquoi pas moi ?»

Malgré les années qui passent, il n'a jamais perdu de vue son rêve de visiter tous les pays du monde. Il n'a jamais perdu son envie de voyager et découvrir les peuples et cultures de notre planète. Comme il l'explique dans une interview, beaucoup de personnes ont eu du mal à comprendre sa décision de passer sa vie à voyager. Dans votre entourage, certaines personnes ne comprendront pas votre choix de voyager malgré votre âge et vous prendront pour un insouciant.

Même si son cas est assez extrême, je pense que vous pouvez vous inspirer d'André Brugiroux et de son incroyable parcours. Vous trouverez sa bibliographie dans le compagnon.

Janice Waugh voyage en solo à 60 ans

L'un des blogs les plus importants sur le voyage en solo en anglais, solotravelblog.com, est tenu par Janice Waugh, une Canadienne de 60 ans. À son âge, elle continue de vivre sa passion, celle du voyage. Voici pourquoi elle a décidé de voyager :

> « À ce moment de ma vie, je ne pensais pas que je serais de nouveau voyageuse en solo. J'ai beaucoup voyagé avec mon mari et mes enfants. Nous adorions voyager. D'ailleurs, nous avions une petite entreprise avec mon mari que nous avons vendue et nous sommes partis durant un an avec les enfants. Malheureusement, lorsque nous sommes revenus à la maison, mon mari est tombé malade et est décédé en 2006. Faire son deuil ne fut pas facile, il y a des hauts et des bas. Mais après deux ans, je ne me sentais pas bien et je retombais dans un cercle négatif. Je ne voulais pas retourner dans cette position alors je me suis dit : je vais voyager seule. Cela m'est juste tombé dessus. Le jour d'après j'ai commencé mon blog, puis quelques mois après je suis partie voyager, je ne l'ai jamais regretté. »

Depuis 7 ans, elle voyage principalement en solo et son âge n'est absolument pas un frein pour elle. Elle développe son blog, donne des conférences et est une véritable inspiration pour des milliers de personnes. Elle prouve que malgré des difficultés, il est possible de se dépasser et vivre ses rêves.

D'ailleurs, dans une interview à la télévision, Janice disait : « You can't afford not to do it, if it's your dream. You can't predict the future. » Ce qui signifie « Vous ne pouvez pas vous permettre de ne pas le faire si c'est votre rêve. Vous ne pouvez pas prédire le futur. »

Ce qu'il faut retenir :

✓ Il n'y a en fait pas un « meilleur » moment pour voyager
✓ L'âge importe peu, votre état d'esprit et votre motivation beaucoup plus
✓ La retraite est idéale pour voyager, vous avez le luxe de pouvoir prendre temps
✓ La seule contrainte avec l'âge est la santé
✓ La passion du voyage n'a pas d'âge
✓ Changer d'état d'esprit de « c'est trop tard » à « il est encore temps d'en profiter »

7

JE NE POURRAIS PAS ME SOIGNER SI JE TOMBE MALADE

LA SEPTIÈME IDÉE REÇUE qui vous empêche peut-être de voyager est que vous craigniez pour votre santé à l'étranger.

Et si vous tombiez malade en voyage, que se passerait-il ? C'est une question légitime et je me la suis posée au début de mes aventures. La santé revêt une telle importance qu'on ne peut pas éviter le sujet. Mais on se rend compte après quelques mois de voyage, que l'on s'en sort seulement avec une turista et quelques égratignures. Nous avons tous tendance à surévaluer les risques encourus.

Comment les gens font-ils pour se soigner dans leurs pays ? La probabilité de tomber malade est-elle beaucoup plus grande à l'étranger qu'en France ?

Si vous pensez que votre santé sera mise en danger durant votre voyage, vous allez découvrir que les risques encourus sont beaucoup plus faibles que vous l'imaginez.

Mon expérience

Depuis 8 ans que je voyage au long cours, il ne m'est jamais rien arrivé de grave concernant ma santé et j'ai toujours pu me soigner sur place. Le plus gros problème est survenu lors de mon voyage en Indonésie fin 2015. Comme pas mal d'étrangers, j'ai eu un accident de scooter sur l'ile de Bali.

En sortant d'Ubud, à 30 km/h, une fille tombe toute seule devant moi, je ne peux pas l'esquiver et ma seule option est de freiner le plus fort possible et de prier pour que tout se passe pour le mieux. Évidemment, je me suis ramassé, tout le côté droit de mon corps esquinté, hématome énorme à un genou… j'ai passé une matinée à l'hôpital public et une bonne semaine d'indisponibilité à ne rien faire.

Je me suis fait soigner à l'hôpital public le plus proche au moment de l'accident. Ce n'était pas de la médecine top niveau, mais j'ai passé des radios et j'ai eu les traitements de premiers soins indispensables. À cause d'un mauvais pansement et la forte humidité ambiante, une plaie ne guérissait pas, voire s'empirait. En allant aux urgences de Denpasar, la capitale de Bali, j'ai été pris en charge rapidement par une interne. Très sérieuse et efficace, elle m'a prescrit la bonne crème et au bout de 3/4 jours, cette plaie récalcitrante est devenue de l'histoire ancienne. Deux semaines après, je faisais une randonnée plutôt intense dans le volcan Kawa Ijen, à l'est de l'ile de Java !

C'est vraiment la plus grosse galère santé qui me soit arrivée en voyage. Pour le reste, cela a toujours été limité à une grippe, un rhume, une turista ou bien de gros bleus. Rien de bien grave. J'ai peut-être été chanceux, je ne sais pas. En tout cas, je connais énormément de voyageurs qui n'ont jamais eu de graves problèmes de santé en voyageant. Comme souvent, vous aurez en tête les histoires de personnes qui sont parties en voyage et sont tombées malades ou ont eu un grave accident. Par contre, vous entendrez rarement quelqu'un se féliciter qu'il ne lui est rien arrivé.

Problèmes de santé en voyage

On imagine toujours le pire lorsqu'on pense à notre santé à l'étranger. Mais, connaissez-vous les problèmes de santé qui peuvent arriver en voyage ? Voici un aperçu des risques :

- Maladies bénignes: turista, angine, rhume, problèmes de peau…
- Maladies graves : malaria, dengue…
- Petits accidents : chutes, plaies, brulures, cheville foulée…
- Gros accidents : fractures, traumatisme crânien…

Outre quelques risques liés à l'environnement spécial d'un pays, comme sous les tropiques, les risques de tomber malade à l'étranger ne sont pas vraiment plus grands qu'en France. D'ailleurs, tous les ans en France, il y a 10 000 personnes qui meurent de maladies infectieuses et 75 000 personnes blessées dans un accident de la route. Les risques existent partout dans le monde, même au coin de votre rue.

Voici les maladies les plus courantes reportées chez les voyageurs :

- Diarrhée (turista) : 34 % ;
- Maladies respiratoires (asthme, allergie, bronchite…) : 26 % ;
- Problèmes de peau : 8 % ;
- Mal des montagnes : 6 % ;
- Mal des transports : 5 % ;
- Accidents et blessures : 5 % ;
- Maladies avec fièvre : 3 %.

Selon une étude, il y a 5 % de chances de demander un soin médical lors d'un voyage dans un pays en développement et moins de 1 % de chances d'être hospitalisé. Tous ces risques et statistiques vont bien entendu varier selon les pays visités, votre état de santé et ce que vous comptez faire durant votre voyage.

Généralement, on peut éviter la majorité des problèmes en voyage :

- En faisant attention à ce que l'on mange et boit ;
- En ayant fait les vaccins appropriés ;
- En se protégeant efficacement (crème solaire, répulsif antimoustiques…) ;
- En étant plus vigilant lors de situations à risque (sports, conduite sur la route…) ;
- En faisant preuve de bon sens (éviter de trop boire, éviter des comportements idiots…).

C'est sûr que si vous allez en Inde, sans vaccins, si vous mangez tout et n'importe quoi, si vous ne vous lavez jamais les mains, ne mettez pas d'antimoustiques et conduisez un scooter en état d'ébriété, les probabilités qu'il vous arrive quelque chose sont beaucoup plus grandes. Le bon sens prévaut, surtout dans les pays réputés « à risques ». Pour les connaitre, passez toujours par le site du Ministère des affaires étrangères, dans la section « santé » du dit pays. Vous y trouverez toutes les informations.

Se faire soigner à l'étranger

S'il vous arrive quelque chose en voyage, comment allez-vous vous faire soigner ?

Sachez qu'il existe des hôpitaux, des médecins et des pharmacies partout dans le monde. Dans 90 % des cas vous pourrez être soigné à l'étranger sans vraiment de soucis, même dans les pays en voie de développement. Généralement, toutes les capitales et villes majeures possèdent des hôpitaux modernes.

Cependant, si vous souhaitez un standard de soins « occidental », il faudra parfois passer par un hôpital ou une clinique privée. Les services de santé publique ne sont pas du même niveau qu'en France partout dans le monde. Pour les hôpitaux publics, vous trouverez du mieux, comme du moins bien. Dans tous les cas, vous serez soigné.

Si quelque chose de très grave vous arrive, il sera possible de vous faire rapatrier en France pour vous faire soigner. Il faut savoir qu'un rapatriement sanitaire coute extrêmement cher, il est indispensable d'avoir une assurance voyage pour en bénéficier, à moins d'avoir un compte en banque très bien rempli.

L'importance de l'assurance voyage

Pour partir l'esprit tranquille, je ne peux que vous conseiller de prendre une assurance voyage. C'est d'autant plus important si vous comptez sortir de l'Union européenne, car vous ne serez plus du tout couvert. En ayant une bonne assurance voyage, vous pouvez être sûr d'être soigné et accompagné s'il vous arrive quelque chose à l'étranger. Que ce soit une maladie bénigne comme une angine, ou un accident grave qui nécessite une opération chirurgicale, l'assurance voyage vous accompagne dans vos démarches pratiques et dans le paiement des frais médicaux.

Il faut savoir que les couts de santé peuvent revenir très chers à l'étranger. En effet, nous avons la chance en France d'avoir des soins peu onéreux et en grande partie remboursés par la sécurité sociale. Tout le monde n'a pas ce système en place. Que cela concerne le médecin généraliste, une hospitalisation, en passant par le remboursement de médicaments, vous n'aurez plus peur de « casquer » !

Partir sans assurance voyage est un risque que j'ai pris par le passé pour économiser de l'argent. Je me pensais invincible. Ne faites pas la même erreur que moi et pensez à incorporer une assurance voyage lorsque vous préparez votre budget. Vous trouverez dans le compagnon un guide complet sur ce sujet.

L'influence de votre style de vie

Je n'ai pas envie de tomber dans le cliché « manger équilibré et faites du sport », mais je vous assure que votre style de vie a un impact direct sur votre santé, que vous soyez en voyage ou non.

Pour être honnête avec vous, je ne tombe plus vraiment malade. La dernière fois, c'était le 1er janvier 2014, il y a plus de trois ans. Je ne dois m'en prendre qu'à moi-même. J'avais beaucoup trop bu la veille et je n'avais dormi que deux heures. Mon organisme était affaibli, j'ai dû attrapé un virus dans le métro en allant à un repas de famille, résultat, une bonne angine !

Lorsque j'ai fait mon tour du monde en 2015, je ne suis pas tombé malade une seule fois, même si j'avoue avoir eu quelques lendemains difficiles à force de tester les alcools locaux. Je me souviens notamment du mal de tête causé par l'« Aguardiente », l'alcool préféré des Colombiens ! Depuis 4/5 ans, je mets un point d'honneur à bien manger, fruits et légumes à volonté, beaucoup d'eau et surtout très peu de cochonneries (glaces, gâteaux, sucres, soda, produits raffinés…). Je bouge au maximum, en marchant beaucoup et en faisant du sport régulièrement.

Boire moins d'alcool, ne pas fumer, ne pas prendre de drogues, mieux dormir et respecter des règles d'hygiène de base sont d'autres facteurs à prendre en compte. Vous devez mettre toutes les chances de votre côté pour éviter de tomber malade.

Rassurez-vous, je suis loin d'être un saint, mais j'ai compris au fil des ans qu'il faut absolument prendre soin de notre corps, car si la santé ne va pas, rien ne va, vous êtes littéralement bloqué. Je suis sûr qu'au lieu d'être cloué au lit, vous préfèrerez voyager, travailler ou passer du temps avec vos amis. Autant faire de la prévention que de rattraper les pots cassés ensuite. Et cela est d'autant plus vrai en voyage. Être malade à l'autre bout du monde c'est encore moins drôle qu'à la maison.

Ce qu'il faut retenir :

✓ Les problèmes de santé à l'étranger sont similaires à ceux en France
✓ Il existe des hôpitaux et médecins partout dans le monde
✓ Une assurance voyage est essentielle pour ne pas payer vos éventuels frais médicaux
✓ Votre style de vie a une influence importante sur votre état de santé

8

JE N'ARRIVERAIS PAS À ORGANISER UN LONG VOYAGE

LA HUITIÈME IDÉE REÇUE est qu'il serait trop long ou compliqué d'organiser un long voyage.

Si planifier de simples vacances de deux semaines vous prend beaucoup de temps, que va-t-il se passer pour un voyage de six mois ou deux ans ? Je ne vous le cache pas, cela va prendre un peu plus de temps. Mais vous faites partie des chanceux à posséder ce livre, je vais donc tout vous expliquer pour rendre ce processus moins laborieux. Si l'organisation d'un long voyage vous inquiète, vous allez découvrir que c'est moins de travail que vous le pensez.

L'ère du voyage facile

Savez-vous que nous vivons une époque incroyable ? Depuis que les humains sont apparus sur cette planète, il n'a jamais été aussi facile de voyager que maintenant. Nous avons une véritable chance et vous devez en profiter.

Vous ne l'avez peut-être pas réalisé, mais :
- Les prix des billets d'avion n'ont jamais été aussi bas ;
- Toutes les informations nécessaires à la préparation d'un voyage sont présentes sur Internet ;
- Le monde est devenu très ouvert, il est facile d'aller presque partout ;
- Il y a plus de 170 pays accessibles sans visa pour les Français ;

- Vous pouvez acheter tout votre équipement en quelques clics depuis votre canapé.

Imaginez les galères qu'ont pu vivre les voyageurs il y a 50 ans. L'Union européenne n'en était qu'à ses balbutiements, une grande partie des pays avaient leurs frontières fermées, vous aviez sans cesse besoin de visas, beaucoup de lignes aériennes n'existaient pas et il y avait un manque d'informations criant. D'ailleurs, le Guide du Routard n'a vu le jour qu'en 1973.

Certains vieux de la vieille vous diront « c'était mieux avant », mais en tout cas plus rien ne vous retient de voyager aujourd'hui et encore moins quand il s'agit de l'organisation de votre voyage. Je pense que l'on peut être reconnaissant de toutes ces possibilités.

Les deux éléments à connaitre pour organiser un Voyage à Durée Indéterminée

Votre cerveau est certainement rempli de questions sur votre potentiel voyage. Que ce soit les démarches à faire, les choses à préparer, tous les éléments auxquels il faut penser, etc. Je vais tenter de simplifier les choses pour vous.

Lorsque vous souhaitez partir pour un long voyage, il y a seulement deux éléments à prendre en compte :
1. Préparer votre départ de France ;
2. Préparer votre futur voyage.

Tout ce que vous allez faire tombera dans l'une de ces catégories. Tout simplement.

Dans la première on retrouvera des éléments comme la gestion de votre logement, quitter votre travail, résilier tous les services que vous n'allez plus utiliser ou gérer vos relations affectives. Dans la deuxième, on retrouvera des éléments comme l'itinéraire, l'équipement, les visas, l'assurance voyage, les billets d'avion ou les vaccins. Dans les deux cas, rien n'est insurmontable. Les choses les plus pénibles sont liées à l'administratif, mais il existe dorénavant toutes les procédures disponibles sur Internet pour tous les cas de figure.

Il est évident que plus vous aurez de choses qui vous attachent à la France, plus cela sera long. Si vous êtes propriétaire d'une maison, si vous avez des enfants scolarisés, une voiture, un bon travail, des engagements associatifs… il faudra prendre le temps d'organiser votre départ. Cela ne se fera pas du jour au lendemain. Par contre, si vous avez un petit job, que vous êtes en colocation, célibataire et sans aucun crédit sur le dos, à vous la liberté très rapidement !

Toutes les réponses à portée de clic

Plus vous allez avancer dans l'organisation de votre voyage, plus de nouvelles questions vont surgir :

- Comment demander une rupture conventionnelle ?
- Comment résilier mon contrat EDF ?
- Faut-il un visa pour aller au Vietnam ?
- Quels vaccins sont nécessaires pour visiter le Brésil ?
- Quelle carte bancaire choisir pour un tour du monde ?
- Etc.

Si vous vous posez cette question, vous pouvez être sûr que vous n'êtes pas le premier. Entre les sites Internet, les blogs de voyage et les forums, vous trouverez 99 % des réponses à vos questions. Aucun doute là-dessus. Du coup, toute votre organisation se simplifie.

Imaginez la préparation d'un voyage avant Internet ? Il fallait surement acheter des livres à la librairie, trouver des gens pour nous conseiller, passer par des agences de voyages, etc. Aujourd'hui toute l'information est disponible depuis votre canapé, en quelques secondes, profitez-en !

Par contre, le danger d'Internet est de se noyer sous la masse d'informations et perdre trop de temps à lire, plutôt qu'à faire. Il faut passer à l'action, c'est la seule manière d'avancer pour préparer votre voyage. Sinon, c'est juste de la procrastination.

L'organisation d'un voyage n'est pas si longue

Lorsque vous organisez vos vacances de trois semaines, vous avez tendance à vouloir tout contrôler de A à Z, l'hébergement pour toutes vos nuitées, les activités que vous voulez faire, les restaurants dans lesquels vous voulez manger, etc. Mais imaginons que vous partiez pour un voyage de deux ans. Pensez-vous qu'il faille organiser la totalité de vos deux années de voyage ?

Bien sûr que non ! Vous allez choisir quelques destinations, acheter quelques billets d'avion, avoir quelques idées d'activités que vous souhaitez faire. Vous allez définir les grandes lignes de votre voyage, sans trop vous prendre la tête ! Une fois que les contraintes globales sont gérées, telles que les visas, la santé, l'administratif ou le climat des pays, vous n'avez en fait plus grand-chose à faire.

Un VDI ne se prépare pas dans les détails, au contraire. Les détails sont gérés au jour le jour, d'une semaine ou d'un mois sur l'autre. C'est la magie de ce type de voyage, laisser place à l'imprévu et prendre le temps de faire ce dont vous avez envie. D'ailleurs, beaucoup de personnes regrettent d'avoir trop planifié leur voyage. À être trop strict, on perd en spontanéité et on peut rater des occasions en or une fois sur place.

J'ai une petite anecdote à ce sujet. Il s'agit de mes deux voyages aux Philippines. Le premier entre janvier et mai 2012, cinq mois à vagabonder d'île en île. Le deuxième, un voyage de trois semaines en février 2014 pour échapper à l'hiver et à la morosité parisienne.

Lors de mon premier voyage, j'ai n'ai quasiment rien préparé. J'ai vérifié les visas, vaccins nécessaires, le climat du pays et les endroits qui pouvaient m'intéresser. Ensuite, j'ai acheté mon billet d'avion en aller simple pour Manille, j'y ai réservé trois nuits dans un hôtel ainsi qu'un vol pour l'île de Palawan 8 jours après mon arrivée aux Philippines.

Le reste a été de la pure improvisation pendant cinq mois ! Si j'aimais un endroit, j'y restais, sinon, j'allais autre part. Je réservais rarement mon hébergement et je vivais au jour le jour. Mais quel voyage ! Probablement l'une des meilleures périodes de ma vie avec notamment deux semaines passées à El Nido, un véritable paradis sur Terre. Beaucoup d'insouciance, de rencontres, de paysages de rêves et la découverte d'un pays extraordinaire.

En ce qui concerne le deuxième voyage, la période fut beaucoup plus courte, je ne pouvais pas m'absenter plus de trois semaines de la gestion de mon entreprise à Paris. Du coup, j'ai énormément planifié ce voyage.

J'ai acheté tous mes vols internes en avance, j'ai décidé du planning des iles à visiter, des gens que je voulais revoir, etc. Je n'avais prévu que quatre jours de battement où rien n'était prévu. Ce fut largement insuffisant. J'aurais voulu rester plus longtemps à certains endroits et j'ai manqué quelques évènements sympas. Finalement, ce fut un beau voyage, mais vraiment rapide, j'en suis ressorti épuisé !

Quand je repense à ces deux expériences, je me dis vraiment que moins prévoir et partir plus longtemps est la solution idéale.

Dans la partie 4 du livre, je vous aide à résoudre tous vos problèmes et réponds à vos questions sur la préparation d'un voyage. Vous allez découvrir comment gérer 90 % de la préparation et de l'organisation de votre voyage sans prise de tête.

Ce qu'il faut retenir :

✓ Voyager n'a jamais été aussi simple, vraiment !

✓ L'organisation d'un VDI est divisée en deux : votre départ et votre voyage

✓ Vous trouverez toutes les réponses à vos questions

✓ Un voyage doit garder une part de spontanéité, il faut éviter de « tout » organiser

---

9

JE VAIS LOUPER MA VIE, VOYAGER CE N'EST PAS UN MÉTIER

IL EXISTE CETTE NEUVIÈME IDÉE REÇUE qui plane toujours au-dessus de nos têtes, celle que l'on devrait faire autre chose au lieu de voyager. Rester dans le moule, avoir un vrai travail et mener une vie « normale ». Voyager durant des mois ou des années n'est pas bien accepté par la société. Cela va être aussi le cas d'une partie de votre entourage.

Ne pas accomplir vos rêves pour vous conformer aux autres, est-ce la solution ?

Si vous avez peur de rater votre vie en voyageant, découvrez que vous êtes loin d'être seul à vouloir vivre vos rêves, trouver plus de force pour réaliser votre projet ou mieux comprendre les réactions de votre entourage à propos de votre voyage.

Les réactions négatives

Lorsque vous allez annoncer votre envie de faire un long voyage, que ce soit de six mois, un an ou plus encore, vous risquez de vous heurter à des réactions négatives. Même si certaines personnes vous soutiendront dans votre démarche, c'est plutôt l'inverse qui risque de se passer.

Votre famille, vos amis ou vos collègues vont remettre en question votre décision de partir voyager :
- « Et tes études, tu en fais quoi ? »
- « Mais tu as un bon travail actuellement ! »
- « Quand est-ce que tu vas te poser ? »

- « Est-ce que tu penses à ta retraite ? »
- « Pourquoi veux-tu dépenser tes économies dans un voyage ? »
- « C'est dangereux de voyager »
- « Tu vas perdre un an de ta vie »
- Etc.

Ne vous en faites pas trop, nous sommes tous passés par là. Dès que vous essaierez de sortir du moule, vous vous heurterez à une certaine résistance, voyez-la comme un rite de passage pour tester votre réelle motivation. Il existe des solutions pour vous aider à partir, malgré toutes ces pressions que vous pouvez subir.

Ces réactions contre votre projet sont parfois bienveillantes. Il se peut tout simplement que votre entourage ait peur pour vous. Ils ne connaissent pas ou ne comprennent pas votre choix. Leur réaction face à l'inconnu est le repli sur leurs connaissances et ils n'ont pas conscience qu'il existe des alternatives. Il faut donc voir les choses avec un degré d'empathie, tout en gardant votre aplomb.

Une alternative est réellement possible

Vous êtes-vous déjà posé ces questions :

- Voulez-vous mener une vie « normale » ou bien vivre vos rêves ?
- Qui a dit que voyager pendant des années n'était pas la chose à faire ?
- Est-ce à vos parents de décider de votre vie d'adulte ?
- Pensez-vous qu'il existe un seul type de vie auquel on doit se conformer ?
- Lorsque vous aurez 70 ans, allez-vous vous rappeler de votre tour du monde ou de cette année de boulot stressant ?
- Pensez-vous regretter votre décision de ne pas partir dans quelques années ?

Prendre la décision de partir longtemps n'est jamais simple, cela va à l'encontre de ce que veut la société et de tout ce qu'on nous enseigne à l'école depuis tout petit. Vous n'êtes pas obligé de suivre un chemin de vie défini par la société, qu'il soit « études/travail/retraite », « métro/boulot/dodo » ou encore « mariage/enfants/maison », vous êtes libre de faire ce dont vous avez envie. Tout est mis en oeuvre pour que vous suiviez le « bon chemin » et être un bon petit soldat, mais il existe des millions de possibilités pour votre vie, le voyage en est une.

Si votre entourage ne vous soutient pas ou ne vous comprend pas, c'est normal. On se heurte tous les jours à des personnes qui ont une opinion différente de la nôtre. Ce n'est pas la fin du monde, non ? Nous sommes tous humains, avons des émotions et des points de vue différents. Ce n'est pas si grave. Faites ce dont vous avez envie et ce qui vous rend heureux. Beaucoup de personnes resteront ancrées dans leurs croyances alors que vous allez grandir et vivre une expérience dont vous vous souviendrez toute votre vie !

D'ailleurs, savez-vous que dans certains pays partir un an en voyage est largement encouragé ?

C'est ce qu'on appelle « a gap year », en gros une année sabbatique. Dans les pays comme l'Australie, la Nouvelle-Zélande, les pays scandinaves ou l'Angleterre, c'est très commun et bien accepté de partir voyager pendant un an. Ces jeunes partent à travers le monde après le lycée ou bien durant leurs études. Parfois, ils voyagent simplement ou font du volontariat, des petits boulots et je peux vous assurer que le fameux dicton « le voyage forme la jeunesse » est toujours d'actualité.

Si d'autres le font, pourquoi pas vous ? J'ai commencé à voyager à 22 ans. En y repensant, j'aurais aimé commencer à voyager plus tôt. J'aurais aimé découvrir le monde plus tôt, me prendre des claques plus tôt, être indépendant plus tôt, apprendre la vie plus tôt et vivre à 100 % plus tôt.

D'ailleurs, j'ai cette idée folle que le gouvernement devrait rendre obligatoire une période de voyage de 6 à 12 mois après le BAC, avec un soutien financier. Que ce soit du voyage pur, du bénévolat, des petits boulots, accomplir un projet, etc. On formerait une génération de personnes plus ouvertes d'esprit et je suis certain que bien des maux de la société actuelle seraient moindres. Bien souvent c'est l'ignorance des uns envers les autres qui crée des problèmes.

Je suis allé à l'encontre de la société, pourtant je suis loin d'avoir loupé ma vie

Depuis quelques années, j'ai pris beaucoup de décisions qui sont allées à l'encontre de ce que j'étais censé faire.

Quand je suis parti faire mon Erasmus en Slovaquie en 2008, tous mes camarades de classe pensaient que j'étais dingue, surtout que j'étais le seul à partir sur une promo de 60 étudiants.

Quand je suis parti faire mon PVT au Canada tout seul, alors que je n'avais pas fini mes études, j'avais un anglais médiocre et peu d'expériences professionnelles, ma mère a cru que j'étais perdu.

Quand j'ai quitté mon CDI après un an pour créer mon entreprise, mon entourage a cru que je faisais n'importe quoi et que c'était bête de quitter mon emploi sécurisé.

Quand je décide de vivre dans des pays « dangereux » comme la Colombie ou « pauvre » comme la Roumanie, on me dit que je devrais rester en France, car c'est plus sécurisé.

Depuis, j'ai décidé de créer mon blog et d'écrire des livres. Un choix objectivement étrange : peu rentable, chronophage, incertitude permanente et chemin parcouru d'embûches. Et pourtant, je ne le regrette pas

Alors oui, j'ai fait des choix controversés, à l'opposé de ce que la société voulait. J'ai choisi de mettre le voyage au centre de ma vie. J'ai maintenant 30 ans, je regarde en arrière et je suis content d'avoir fait ces choix difficiles qui m'ont construit, qui ont façonné la personne que je suis aujourd'hui. Je ne regrette aucun d'entre eux, car aujourd'hui je suis heureux et libre de faire ce qu'il me plait.

Des exemples à volonté

Je connais beaucoup de personnes qui ont choisi de franchir le pas du voyage, de tenter des choses qui sortent de la norme. Je pense qu'elles s'en sont bien sorties. Vous n'allez pas mourir d'aller voyager, vous n'allez pas détruire ce que vous avez déjà construit dans votre vie.

Je pense par exemple à Jonathan Salamon qui était architecte à Lille et passionné de poker. Le jour où son patron lui propose enfin le Graal de notre société : le CDI, il le refuse. Il se rend compte que s'il accepte cet emploi, il sera bloqué et s'enfermera dans une vie qui ne lui convient pas. Au lieu de continuer sa carrière dans l'architecture, il décide de partir voyager en Amérique du Sud tout en jouant au poker pour financer la suite de son voyage. Imaginez-vous la réaction de ses parents !

Deux ans après, le blog de Jonathan, World Poker Trip, est un succès et il a publié un livre avec une maison d'édition intitulé *Récit d'un joueur itinérant*. Sa vie a fondamentalement changé et malgré un chemin peu orthodoxe, on peut considérer qu'il a réussi son pari de se créer une nouvelle vie.

Je pense aussi à Caroline, qui était ingénieure sur Paris il y a quelques années. Elle a quitté sa vie posée pour réaliser un projet extraordinaire : faire le tour du monde à pied pendant 10 ans. Elle est partie lorsqu'elle avait 30 ans et elle est maintenant à mi-chemin dans son voyage. Lorsque je l'ai interviewée, elle se trouvait en Corée avant de rejoindre le Japon où elle doit embarquer sur un bateau qui l'emmène en Alaska. Pour avoir discuté avec Caroline de nombreuses heures, elle transpire le bonheur. Ce voyage, ce mode de vie qu'elle a choisi loin de toutes les normes sociétales lui a permis de se libérer et de vivre une vie simple. D'ailleurs, elle me répète sans cesse que « la vie est belle ».

Il existe des dizaines d'exemples avec des dizaines de chemins différents que vous découvrirez dans le podcast de Traverser La Frontière, comme les interviews de Jonathan et Caroline que vous trouverez dans le compagnon. Sachez que de nouveaux métiers et de nouvelles opportunités se créent tous les jours avec un style de vie autour des voyages. Vous pouvez très bien inventer votre style de vie, rien ne vous y empêche.

Trois astuces pour trouver plus de force

Je vous conseille trois techniques efficaces pour franchir le pas, sortir de ce conditionnement et trouver la force de partir, même si votre entourage n'est pas d'accord avec vous.

1 - Changez vos sources d'informations

Comment vous informez-vous ? Quel type de contenu consultez-vous tous les jours ou toutes les semaines ?

Si vous faites partie de la grande majorité de la population française pour qui la télévision, les journaux, la radio, Internet et les réseaux sociaux sont les principales sources d'informations, sachez que le principal souci des informations que l'on consomme est notre passivité face à sa transmission. Les infos arrivent par le journal de 20H, dans une application sur notre téléphone, dans notre flux Facebook, nous les consommons rapidement, notre esprit forme un jugement rapide sur cette « vérité » que l'on vient de voir et on passe à autre chose.

Dans le cas du voyage par exemple : on voit à la télévision pendant deux minutes, l'armée qui débarque dans les favélas de Rio de Janeiro pour faire la guerre aux gangs de dealeurs avec des images choquantes ! Du coup, on va assimiler le Brésil à violence + drogue, ce qui est bien sûr réducteur. La même chose lorsque, tous les ans, les médias nous montrent des images du Carnaval de Rio avec ses danseuses à moitié nue avec des corps de rêve. On va penser que toutes les femmes au Brésil sont comme ça. Or, pour y être allé, c'est loin d'être la majorité.

Le seul moment où l'on parle des Philippines aux informations, c'est une fois par an, durant la saison des typhons, lorsque le pays est dévasté par des catastrophes naturelles. On voit alors des villages détruits et des habitants dans le plus grand dénuement. On assimile donc ce pays à sa dangerosité et sa pauvreté. Encore une fois, loin de la réalité.

Dans 99 % des cas, les informations présentées ne reflètent qu'une partie de ce qui se passe réellement, elles vous racontent une seule histoire et au final vous délivre un seul message, susceptible de vous influencer. Il faut donc faire attention et voir plus loin que le bout de votre nez.

Je ne vous dis pas d'arrêter de regarder la télé ou de ne plus consulter les informations, cela serait illusoire. Je vous incite à choisir vos sources, réfléchir à ce que vous venez de voir, aller plus loin pour comprendre et vous « mettre en danger » en regardant des choses contraires à l'opinion générale. Changer vos sources d'informations et le type de contenu que vous consultez peut avoir une énorme influence sur votre motivation à voyager, à vivre vos rêves et pourquoi pas, convaincre votre entourage que c'est la bonne décision !

Si ce n'est pas encore le cas, allez lire des blogs de voyage, abonnez-vous à des chaines YouTube centrées sur le voyage, écoutez des podcasts sur le voyage, achetez des magazines sur le voyage ou regardez des émissions en lien avec le voyage à la télévision. Cela va changer votre perspective, je n'en doute pas une seconde ! Je peux vous dire que je suis beaucoup plus motivé quand je lis quelques articles de mes blogs préférés que lorsque je lis la page d'accueil du journal Le Monde.

2 - Créez votre cercle de voyageurs

Connaissez-vous le dicton : « vous êtes la moyenne des cinq personnes que vous côtoyez le plus » ?

En gros, les personnes avec qui vous interagissez le plus vont avoir une grande influence sur votre comportement et vos décisions. Si les cinq personnes les plus proches de vous sont antivoyage, il y a de fortes chances que votre projet ne suscite pas d'engouement chez elles. Et peu de motivation pour passer à l'action de votre côté. Quand je suis avec une personne passionnée de voyage, j'ai l'impression d'être moi-même, je peux parler de tout ce que j'ai vécu, de tous mes rêves, sans jugement. Il y a une sorte de compréhension mutuelle quand on parle avec une personne qui a la même passion et cela fait vraiment du bien.

La solution est de rencontrer en vrai (ou virtuellement) d'autres voyageurs, d'autres personnes qui veulent voyager ou bien des voyageurs confirmés. Vous pourrez alors partager vos envies de voyages sans peur d'être jugé et vous pourrez avoir un retour sur votre projet, ce qui est toujours important.

Pour cela, il y a plusieurs moyens :

Sur Internet : forums de voyage (voyageforum, forum du routard, du lonely planet...), groupes Facebook centrés sur le voyage, les blogueurs voyage et leur communauté.

Dans la vraie vie : Apéros voyageurs, Couchsurfing, Traveler on stage, Facebook (cercle d'amis), Blogueurs, Évènements de blogueurs voyage, Meetup, rencontres ABM...

Dans les deux cas, vous allez parler et rencontrer des passionnés de voyages ou des personnes qui ont envie de voyager. Cela vous donnera un surplus de motivation et voir avant coup, quels types de voyages vous voulez faire ou dans quels types de pays vous voulez aller. Cela change tout !

3 - Relativiser

Dans la vie de tous les jours, on a tendance à se monter la tête pour rien, à s'inventer des choses, à penser aux extrêmes. Si vous partez en voyage, vous n'allez pas oublier votre métier, vous n'allez pas vous faire kidnapper, vous n'allez pas devenir SDF. Dans la majorité des cas les situations exagérées n'arriveront jamais. Vous pourrez toujours revenir à votre vie actuelle après votre voyage.

Imaginez que votre espérance de vie soit de 80 ans. Si vous décidez de partir voyager durant deux ans, cela va représenter 2,5 % de votre vie. Oui, 2,5 %... ce n'est rien. Malgré l'impact à court terme qui parait énorme, lorsque vous regardez votre vie de façon globale, cela en constitue une minuscule part. Vous ferez bien des choses avant et après ces 2,5 %. Par contre, sachez que ces 2,5 % vous procureront des expériences, des souvenirs et un impact inégalable sur votre vie. Même si vous partez 8 ans, cela représentera seulement 10 % de votre vie totale. Ne pouvez-vous pas passer 10 % de votre vie à vivre vos rêves et profiter ?

Au lieu de «louper votre vie» comme certains le pensent, en voyageant vous allez apprendre à vous connaitre et possiblement découvrir le sens que vous souhaitez donner à votre vie. Ce que beaucoup cherchent, sans jamais le trouver. Ces quelques pourcentages peuvent vous changer à tout jamais.

Ce qu'il faut retenir :

- ✓ Les réactions négatives de votre entourage sont normales
- ✓ Vous allez être confronté à une résistance à ne pas vouloir vous conformer à la société
- ✓ Des milliers de personnes choisissent une vie alternative, vous le pouvez aussi
- ✓ Avoir une vie autour des voyages est possible
- ✓ Intégrez-vous dans un environnement favorable au voyage
- ✓ Relativisez sur votre projet, vous pourrez toujours changer votre situation

10

J'AI UN(E) PETIT AMI(E) OU JE SUIS MARIÉ(E)

LA DIXIÈME IDÉE REÇUE qui vous empêche de voyager est liée à votre relation amoureuse. Votre partenaire n'est pas super partante lorsque vous parlez de vos projets et vous « empêcherait » de voyager et de vivre vos rêves. Je ne suis pas marié et j'ai eu des relations amoureuses plutôt tumultueuses ces dernières années. Mais en parlant avec beaucoup de couples, ou des personnes ayant quitté leur moitié pour voyager, je sais que c'est un sujet important et parfois très sensible.

Pensez-vous que l'amour doit vous empêcher de vivre vos rêves ? Ou qu'il est normal de laisser quelqu'un décider de vos actions à votre place ? Vous allez découvrir qu'avoir une relation amoureuse ne vous empêchera pas forcément de vivre vos rêves de voyage.

Dans l'optique de simplifier votre lecture, dans ce chapitre le sujet principal sera de genre masculin et j'utiliserais le mot copine qui peut avoir comme signification : votre petite amie, votre femme, votre fiancée ou votre moitié. L'inversion du sexe pour toutes les situations est bien sûr valable.

Les trois options

Entrons dans le vif du sujet. Vous avez une envie indéboulonnable de voyages au long cours, vous sentez que vous devez partir, c'est ancré en vous. Mais il existe une difficulté, vous êtes en couple et vous n'êtes pas certain que votre copine soit partante pour l'aventure.

Seules trois options existent dans cette situation :

1 - Rupture : votre copine ne veut pas entendre parler de votre projet, impossible de la convaincre de quoi que ce soit. Votre envie est trop forte et la rupture est l'unique option.

2 - Partir sans votre copine : elle comprend votre projet, ne veut pas ou ne peut pas y participer, mais est prête à vous laisser vivre votre rêve. Cela implique une relation longue distance, c'est compliqué, mais possible.

3 - Partir en couple : le voyage, ça la branche. Le projet la tente et elle est partante pour partir avec vous. Youpi ! Par contre, sachez que le voyage en couple est un véritable test. Certains se sont cassé les dents, d'autres en sont sortis renforcés.

Il n'y a pas vraiment d'autres options si vous êtes sérieusement en couple. Tous les arrangements ou entre deux situations sont généralement voués à l'échec. Si vous envisagez de partir sur le long terme, la situation doit-être transparente et claire.

Une relation pour la vie ou non ?

Durant mes 30 ans d'existence, j'ai rencontré beaucoup de couples. Certains restent ensemble durant des années pour se rendre compte finalement que ça ne marcherait pas sur le long terme. C'est la vie, les couples se font et se défont au fil des ans et le voyage peut-être un sérieux déclic.

Si vous êtes en couple, voici la question principale à vous poser : est-ce que vous vous voyez passer le reste de votre vie avec cette personne ? Si la réponse est oui, félicitations ! Si la réponse est non, il va y avoir un souci.

Je suis assez cynique en ce qui concerne les relations amoureuses. Or, pour vous, je me dois d'être objectif. J'ai découvert récemment un chiffre particulièrement choquant qui confirme certaines de mes préoccupations concernant les couples. Ce chiffre, c'est le taux de divorce en France.

En regardant les chiffres officiels de l'INSEE, on voit que le taux de divorce en France est de 52,7 %.

Pour faire simple, cela signifie qu'un couple sur deux va divorcer. Un sur deux ! Je ne sais pas ce que cela provoque en vous, mais moi ça me fait réfléchir :

- Se marie-t-on trop tôt ?
- Se marie-t-on pour les bonnes raisons ?

- Est-ce que ce standard sociétal est-il pertinent ?
- Choisissons-nous une personne par défaut ?
- A-t-on peur d'être vu comme anormal si on n'est pas marié ?

Je ne suis pas apte à répondre à ces questions et ce n'est pas le sujet du livre. Je veux juste vous inviter à réfléchir sur votre couple et sur l'incidence qu'il a sur vos désirs de voyager. Si vous êtes avec une personne qui ne partage pas un de vos désirs essentiels à votre ligne de vie, est-ce vraiment la bonne personne ? Vous rendrez-vous compte de votre erreur beaucoup plus tard en regrettant de ne rien avoir fait ?

Dans tous les cas, il me semble important de comprendre pourquoi votre copine refuse de partager votre rêve. Connaitre ses raisons et motivations vous aidera à communiquer. Et qui sait, vous arriverez peut-être à la convaincre.

Les couples qui voyagent

C'est une solution que beaucoup de couples expérimentent : partir à deux. Au lieu de voir votre couple comme un élément bloquant, pourquoi ne pas utiliser le voyage pour essayer de le renforcer et vivre des expériences encore plus intenses ?

Beaucoup de couples partent voyager ensemble. D'ailleurs, selon un sondage de tourdumondiste.com, 42 % des personnes qui partent en tour du monde le font en couple. Plus que les voyageurs en solo ! Ça fait donc une bonne partie du contingent de voyageurs.

J'en ai rencontré énormément sur la route, certains semblaient heureux, d'autres un peu moins. Mais j'ai remarqué que les couples heureux en voyage étaient très proches, qu'ils avaient cette sorte de cohésion et de connaissance de l'autre extrêmement poussées. Je pense que le voyage est un véritable révélateur pour savoir si votre couple est fait pour durer. En passant près de vingt-quatre heures ensemble, tous les jours, plus d'artifices possibles, vous devez être vous-même et découvrir l'autre pour ce qu'il est vraiment. Voyager en couple est indéniablement un bon moyen de tester son couple.

Voici les 7 principaux avantages à voyager en couple :
* Faire des économies (logement, transport, équipement...) ;
* Avoir un degré de sécurité plus important ;
* Se soutenir en cas de problèmes ;
* Se compléter au quotidien ;
* Pouvoir vivre de nouvelles aventures ;
* Partager des moments ensemble ;
* Solidifier son couple.

J'ai interviewé dans le podcast un couple que j'admire : Alizé et Maxime. Elle est belge, il est canadien et ils se sont rencontrés en 2010 en Tanzanie. Depuis qu'ils se sont rencontrés, ils parcourent le monde ensemble. Adeptes du « voyage lent », ils ont passé des années entre l'Amérique Centrale, les Caraïbes, les États-Unis, le Canada et l'Europe. Après avoir faire énormément de volontariat, ils viennent d'acheter un van pour le retaper et voyager où bon leur semble. Je viens d'apprendre qu'ils venaient de se marier et qu'ils vont avoir un bébé fin 2016 ! Ce couple s'est bien trouvé et ils vivent leurs passions du voyage à fond.

Je me souviens aussi avoir lu un livre très inspirant il y a quelques années, intitulé *Un chemin de promesses*, dans lequel Édouard et Mathilde Cortes racontent leur aventure en couple lors d'un voyage hors du commun. Quelques jours après s'être mariés, ils partent en lune de miel à Jérusalem, mais au lieu de prendre l'avion, ils partent à pied ! Ils ont décidé de voyager ensemble de Paris à Jérusalem à pied et sans argent. C'est complètement dingue, mais cela fonctionne. Huit mois après leur départ et 6 000 km dans les jambes ils atteignent leur destination finale. Ils expliquent clairement que ce voyage a renforcé leur couple comme jamais et ressentent une certaine invincibilité face aux aléas de la vie après cette expérience.

Dans le compagnon, vous trouverez l'adresse de 10 blogs de voyage où des couples racontent leurs aventures

Partir seul et relation longue distance

Opter pour voyager sans votre copine et initier une relation longue distance est l'une des trois options disponibles. C'est aussi celle qui est la plus ambiguë et qui vous donnera le plus de maux de tête. Les relations à distance peuvent fonctionner, mais c'est souvent très compliqué. J'ai personnellement pu les tester à plusieurs reprises, malheureusement toutes ont échouées.

En règle générale, si votre voyage dure plus de six mois et qu'il n'y a pas au moins une rencontre de prévue durant ce laps de temps, cela parait difficile de maintenir une relation saine. La distance entraine plusieurs problèmes dans une relation. Tout d'abord le manque d'interactions physiques et l'absence d'intimité. Le deuxième problème, plutôt psychologique est probablement le plus important. L'éloignement géographique induit une absence de connexion mentale.

Les émotions ne seront jamais aussi réelles par Internet que dans la réalité. Les paroles de chacun peuvent être mal interprétées à travers des textos ou autres chats sur Facebook. On a toujours tendance à s'imaginer des choses ou se monter la tête en étant éloigné alors qu'il n'y a aucune raison. Un couple se fonde énormément sur les expériences communes. Or, en ne vivant rien ensemble, la situation devient délicate. Parfois, en étant attaché l'un à l'autre, on se retient de vivre pleinement notre vie chacun de notre côté. Cela peut plomber un voyage.

Malgré sa complexité, garder une relation à distance est possible, cette réussite se base sur quelques critères :

- Une relation très solide à la base ;
- Excellente communication durant le voyage ;
- Avoir des règles préétablies ;
- Un contact physique tous les six mois ;
- Et surtout : vous planifiez votre futur et votre vie ensemble.

Parfois, rester ensemble peut causer plus de douleur à long terme, même si cela parait la bonne solution sur le moment, réfléchissez à ce qu'il peut se passer dans le futur. Sachez enfin que si vous n'imaginez pas votre vie avec votre copine, il vaut mieux une rupture amicale avant le départ qu'une rupture destructrice lorsque vous serez à l'autre bout de la planète.

Quittez votre copine et soyez libéré

Face à une situation qui ne trouve pas de solution, il faut parfois trancher et prendre une décision qui n'est jamais simple. La rupture amoureuse est un moyen de vous libérer d'un « poids » que vous ne pouvez plus bouger dans aucun sens et qui vous retient inexorablement. Dans le cas où il y a une réelle opposition et incompréhension de la part de votre copine et que votre envie est trop forte, la solution de la rupture s'offre à vous. Ce n'est jamais simple, mais c'est radical.

J'ai une anecdote que je n'ai jamais racontée sur le sujet. J. fut mon premier amour, ma première relation sérieuse. J'avais 20 ans, j'étais amoureux et je croyais qu'elle et moi, c'était pour la vie. J'étais encore bien innocent. Comme bien souvent à cet âge, notre relation s'est terminée assez brutalement lorsqu'elle a décidé de me quitter en aout 2008.

Cette rupture m'a dévasté et j'ai mis longtemps à m'en remettre, mais d'un autre côté elle a provoqué un déclic. Les mois précédents, je pensais sérieusement à voyager, mais entre l'université et J., cette réflexion était assez floue. Mais quelques semaines après notre rupture, en pleine discussion avec moi-même je me disais : « j'ai envie de me barrer, de voir autre chose, de ne plus penser à tout ça, pourquoi ne pas partir étudier à l'étranger ? »

En septembre 2008, je courrais partout à travers mon université pour faire en sorte de partir en Erasmus au deuxième semestre, peu importe la destination. Finalement, j'ai atterri à Bratislava en février 2009, pour une aventure qui a changé le cours de ma vie. Au lieu de la maudire comme j'ai pu le faire intérieurement pendant quelques années, je me rends compte que cette rupture est l'une des meilleures choses qui me soient arrivées.

Je ne vous raconte pas ça pour que vous larguiez votre copine, mais pour vous montrer que l'on peut aussi tirer du positif d'une rupture. Il est évident qu'on en voit rarement les bénéfices sur le court terme, mais avec le recul, on peut tirer des leçons de cette expérience et en ressortir plus fort.

En tout cas, si vous êtes initiateur d'une rupture, ne vous sentez pas coupable ou égoïste. Si vous n'êtes pas marié et n'avez pas d'enfants, rien ne vous attache pour la vie à votre copine. Juste le fait de penser à une rupture peut vous paraître très délicat aujourd'hui, mais avec le temps, tout le monde s'en remet. Vous devez être honnête avec vous-même et savoir si vous avez envie de vivre vos rêves ou non.

Même si cela vous parait inconcevable, demandez-vous : « Et si je quittais ma copine, que se passerait-il ? ». C'est peut-être la clé pour obtenir votre liberté et vivre vos rêves.

Ce qu'il faut retenir :

✓ Voyager rend difficile une relation stable
✓ Considérer l'option de voyager en couple peut avoir valeur de test
✓ Vous pouvez envisager une relation longue distance, mais c'est très difficile
✓ Si vous n'imaginez pas faire votre vie avec votre copine, la rupture est la meilleure option
✓ Il faut parfois faire des choix difficiles pour ses rêves

CONCLUSION PARTIE 1

NOUS VENONS D'EXPLORER ENSEMBLE les dix idées reçues les plus courantes qui empêchent les gens de partir voyager. Il est possible que vous vous soyez retrouvés dans certaines d'entre elles. J'ai vraisemblablement omis certains obstacles qui vous touchent directement, j'ai quelque chose d'important à vous dire si c'est le cas.

La vie est faite d'obstacles. Vous les trouverez à chaque instant et ils se dresseront tout droit devant vos rêves de voyage. Ce n'est pas une raison pour les laisser vous dominer, vous pouvez et vous devez aller au-delà. Vous devez vous battre et trouver les moyens de les maitriser. On s'est tous dit ces paroles à un moment donné « je n'y arriverais jamais » ou bien « ce n'est pas pour moi ». Et pourtant, il y a certaines personnes qui avancent et qui se bougent, vous devez faire partie de celles-là.

Tout est une question de choix. Ni plus, mi moins. Vos choix guident votre vie. Si vous souhaitez partir faire un VDI, faites tous les choix nécessaires pour être en accord avec cet objectif. Faites les premières actions vers celui-ci et ne lâchez rien. Rien ne vous en empêche, outre les barrières mentales que vous créez dans votre esprit. Quand on prend le temps d'y réfléchir, on se rend compte que nous pouvons faire tout ce dont nous avons envie. Rien n'est inaccessible, il faut juste commencer. Tout le monde a commencé quelque part.

« Le seul voyage qu'il vous est impossible de faire est celui que vous ne commencez jamais »

Il s'agit d'une citation de Tony Robbins (« the only impossible journey is the one you never begin ») que je trouve particulièrement adaptée ici. Si vous vous trouvez trop d'excuses, trop de prétextes pour ne pas voyager, c'est peut-être qu'au fond de vous, vous n'avez pas envie de partir ou que vous n'êtes pas encore prêt. Réfléchissez alors vraiment sur ce que vous voulez dans la vie.

Dans tous les cas, si vous vous retrouvez bloqué, demandez-vous toujours : « Quelle est la pire chose qui peut m'arriver ? », « Quel est le pire scénario possible ? ». Vous trouverez bien souvent que le choix audacieux n'est pas si risqué que ça.

Le voyage est accessible à tous, vous y compris. Dans les deux prochaines parties, nous allons voir ensemble comment voyager indéfiniment avec n'importe quel budget, même si votre compte en banque est loin d'être rempli.

PARTIE 2 : TOUS LES MOYENS DE DÉPENSER MOINS ET VOYAGER PLUS

PARTIE 2 : TOUS LES MOYENS DE DÉPENSER MOINS ET VOYAGER PLUS

J'espère vous avoir convaincu que le VDI est entièrement à votre portée, il est désormais temps de passer à la question fatidique qui trotte dans votre esprit depuis que vous avez ouvert ce livre : « avec quel argent je vais faire ce voyage à durée indéterminée ? »

L'argent est le nerf de la guerre, mais il est aussi le nerf du voyage. Sans argent, pas de voyage, enfin c'est ce que l'on croit. Dans tous les cas, l'argent est la raison numéro un pour laquelle vous ne voyagez pas autant que vous le voulez. Ce frein bloque beaucoup de personnes et vous empêche peut-être de franchir le pas, nous allons donc frontalement l'affronter !

Je n'ai jamais gagné au loto et pourtant je voyage depuis des années, comme des milliers d'autres personnes. Certains ont plus d'argent, d'autres moins, mais je suis persuadé qu'ils n'ont aussi, pas gagné au loto. Après avoir beaucoup expérimenté et étudié les autres voyageurs, il est temps de vous transmettre tous les secrets que j'ai découverts au fil des années pour voyager moins cher.

Dans cette deuxième partie, vous allez découvrir tous les moyens existants pour dépenser moins en voyage. Nous allons voir concrètement, comment se compose un budget de voyage, les manières d'économiser sur le transport, l'hébergement, les activités et la nourriture, comment utiliser le volontariat ou encore comment voyager sans argent. Attendez-vous à découvrir une pléthore d'exemples de voyageurs qui passent leur temps sur la route.

L'objectif est d'appréhender de façon pratique la question de l'argent en voyage avec des techniques précises afin d'extirper de votre esprit l'idée reçue la plus importante du voyage : que cela coute trop cher. Je vais vous donner beaucoup de clés et d'éléments parfois très peu connus, essayez d'être ouvert et ne rejetez pas de prime abord certains concepts.

11

QUEL BUDGET POUR VOYAGER

ON ENTRE TOUT DE SUITE DANS LE VIF DU SUJET, celui du budget voyage. Il y a beaucoup de préconceptions sur le cout d'un long voyage, notamment qu'il serait trop cher pour faire un voyage rempli d'expériences inoubliables. Je comprends votre scepticisme si vous n'avez pas encore foi dans la faisabilité d'un voyage à durée indéterminé. Je pensais aussi que c'était réservé à une catégorie de privilégiés. Jusqu'au jour où j'ai découvert que l'on pouvait combiner un tas d'astuces pour rendre un rêve possible.

Savez-vous combien peut couter un an de voyage ? Pensez-vous que la façon dont vous voyagez peut changer un budget ?

Si vous n'êtes pas trop habitué à faire un budget pour un long voyage, vous allez découvrir que cela ne coute en vérité pas si cher que cela et surtout que vous pouvez ajuster tout votre voyage selon vos moyens.

« Voyager c'est pour les riches »

Combien de fois avez-vous entendu cette phrase ? Combien de fois l'avez-vous pensé ?

On pense souvent que voyager coute trop cher, qu'on n'aura jamais assez d'argent pour réaliser nos rêves. J'ai une bonne nouvelle : vous pouvez ôter cette phrase de votre esprit. Il existe beaucoup d'endroits dans le monde qui sont très accessibles financièrement et il existe énormément de manières de voyager pour dépenser moins. Alors oui, les personnes qui ont de l'argent peuvent voyager plus facilement, mais ce n'est pas pour autant que les autres ne peuvent pas partir !

Je n'ai jamais été riche. Mes parents sont d'origine modeste et n'ont jamais payé pour mes voyages dans ma vie d'adulte. Je me suis toujours débrouillé seul pour les financer. Je n'ai jamais eu de salaires énormes, je n'ai pas eu d'héritage et encore moins gagné au loto. Pourtant, depuis que j'ai 22 ans, j'ai passé plus de 50 % de ma vie à l'étranger, à parcourir la planète.

Comment ai-je fait si je n'étais pas riche ? J'ai tout simplement gagné de l'argent pour voyager et trouvé des moyens de dépenser moins sur la route. Et je suis loin d'être une exception. Durant toutes ces années, j'ai rencontré énormément de personnes de toutes origines, avec tout type de budget qui voyageaient.

Vous savez, quand vous croisez une personne venant des Philippines, d'Inde ou d'Équateur qui a économisé durant des années pour voyager, cela fait réfléchir. Le salaire minimum dans ces pays est quatre ou cinq fois moins élevé qu'en France. Pourtant ils voyagent et ont fait d'énormes sacrifices pour vivre leurs rêves. Très loin d'être riches, ils se sont donné les moyens de voyager, ils ne se sont pas inventé d'excuses et je peux vous dire que ces personnes sont rayonnantes de bonheur lorsqu'on les croise.

Venant d'un des pays les plus riches du monde, je me demande parfois comment nous faisons pour autant nous plaindre et ne pas se bouger un peu plus les fesses. En étant né en France, partir en VDI est quelque chose de vraiment accessible, sans avoir besoin d'économiser pendant 10 ans.

Un voyage à durée indéterminée, ce n'est pas un voyage « all inclusive »

Vous avez peut-être l'image du voyage comme un package tout compris. Vols d'avions, hôtel, nourriture, activités… tout est compris. En quelques clics votre « voyage » est prêt. Vous n'avez plus rien à faire. Cela s'appelle des vacances et surtout, ce sont des vacances chères ! Je peux vous expliquer en 30 minutes comment vous pouvez économiser 30 à 50 % de l'argent que vous êtes prêt à dépenser avec une agence de voyages.

Un voyage à durée indéterminée, ce n'est pas un voyage « all inclusive ».

Premièrement, ce type de voyage est assez court. Réserver un package de six mois, ça ne se fait pas. De plus, cette façon de voyager est assez contradictoire avec l'esprit du voyageur et de ce livre. L'esprit de liberté, de flexibilité et de découverte n'y est pas vraiment. Si vous n'avez pas beaucoup de temps libre, passer par une agence de voyages pour réserver des vacances de quelques semaines est compréhensible. Mais sachez qu'un voyage au long cours, ce n'est pas ça. Surtout les prix qui sont extrêmement différents.

Ce n'est pas parce qu'un voyage de deux semaines vous coute 1 500 € « all inclusive » qu'un voyage de trois mois vous coutera 9 000€ (6x1 500 €). Bien au contraire, voyager plus longtemps et plus lentement revient toujours moins cher.

Par exemple, mon père est parti faire un safari au Botswana pendant deux semaines fin 2015. Il a pris un package tout compris (avion, visites, guides, hébergement, etc) et a payé 3 000 € par personne avec une agence de voyages française.

Quand j'ai commencé à regarder ce prix, j'ai remarqué que cela aurait pu lui couter 30 % moins cher s'il avait réservé séparément toutes les composantes de son voyage. En cinq minutes, j'avais déjà trouvé des vols A/R 400 € moins cher ! Je savais exactement comment trouver les bons prix et surtout où chercher. De son côté il n'avait pas le temps et surtout pas forcément l'envie « de se prendre la tête ». Au final, il a passé de superbes vacances et ne regrette absolument pas son choix. Mais ce n'est pas le principe du voyage à durée indéterminée et surtout, ce n'est pas le même budget du tout !

Variable d'ajustement : le cout de la vie selon les pays

Un élément essentiel à comprendre si vous souhaitez voyager sur une longue durée est le cout de la vie relatif des pays dans le monde. C'est-à-dire le cout moyen des dépenses des ménages dans un endroit donné. Il est différent dans chaque pays du monde.

10 € en France ou 10 € en Indonésie ne vont pas du tout correspondre au même pouvoir d'achat. Vous pourrez difficilement faire un restaurant pour ce prix en France, mais vous pourrez en faire trois en Indonésie. Pareillement avec 20 €, vous pourrez dormir quatre nuits en auberge de jeunesse en Thaïlande, par contre en France, vous serez content de pouvoir dormir au moins une nuit.

Ce cout de la vie est relatif au revenu moyen du dit pays. En France, nous possédons un cout de la vie élevé, mais nous possédons aussi un des niveaux de salaire le plus haut dans le monde. Par contre, nos revenus gagnés en France permettent de nous payer beaucoup plus de choses dans d'autres pays et d'avoir ainsi un bien meilleur pouvoir d'achat.

Par exemple, le SMIC en France est de 1 450 €, alors qu'au Portugal il est de 590 €. Pourtant, le Portugal est un pays dans l'Union européenne, bien développé et avec énormément de choses à voir. Je me souviens d'ailleurs d'avoir fait de très bons restaurants au Portugal pour 5 € ! En voyageant au Portugal, ou même en vivant au Portugal, vous dépenserez moins pour une qualité de vie semblable à cette que vous avez en France.

C'est d'ailleurs pour ça que l'on retrouve beaucoup de retraités dans des pays avec une bonne qualité de vie comme l'Espagne, le Portugal, Malte ou la Grèce, mais avec un cout de la vie moins élevé. Certains décident de partir plus loin, au Maroc, en Thaïlande ou au Costa Rica.

Vivre avec une retraite de 1 000 € par mois dans une grande ville en France ou avec une retraite de 1 000 € au Maroc, cela n'a rien à voir !

Ajuster vos destinations selon votre budget

Vous avez des envies de voyage, des pays que vous rêvez de visiter, mais votre budget n'est pas suffisant. Vous pouvez très bien modifier un peu votre voyage et regarder quelles destinations seraient plus accessibles.

Si j'ai pu voyager autant depuis 8 ans, c'est pour une raison assez simple. Je choisis des pays avec des couts de la vie bas pour dépenser le moins d'argent possible et voyager plus. D'ailleurs, les endroits où je suis resté le plus longtemps étaient toujours peu onéreux : Grenade en Espagne, les Philippines, l'Indonésie, la Colombie, l'Équateur ou la Roumanie. Dans certains pays, le salaire minimum est de 200 € et je peux vous dire qu'avec 1 000 € par mois vous êtes le roi du monde.

La première vraie astuce concernant l'argent et le voyage à long terme est d'ajuster vos destinations selon votre budget.

Observez les pays où le cout de la vie est plus faible qu'en France et dans lesquels vous pourrez avoir un pouvoir d'achat plus élevé. Prenez par exemple l'Asie du Sud-Est, il s'agit d'une destination très populaire auprès des backpackers. Et pour cause, en plus de paysages paradisiaques, d'une culture extrêmement riche, le cout de la vie y est très bas ! Il est possible de se loger et de manger pour trois fois rien, dans beaucoup d'endroits.

Si pour vous l'argent est vraiment problématique, privilégiez des pays en Europe de l'Est par exemple (Roumanie, Pologne, Serbie), plus loin en Asie du Sud-Est (Indonésie, Vietnam, Cambodge) ou bien en Amérique centrale (Mexique, Guatemala). Par contre, si vous souhaitez absolument voyager dans des pays avec un cout de la vie élevé, tel que l'Australie, la Nouvelle-Zélande, le Japon, la Corée, les pays scandinaves, cela est toujours possible, mais plus onéreux.

Dans le compagnon, vous trouverez tous les outils et des cartes qui vous permettront de comparer le cout de la vie pour tous les pays et les villes du monde.

Votre manière de voyager façonne votre budget

En plus du cout de la vie des pays, l'autre composante principale de votre budget est la manière dont vous voyagez.

D'un côté, il existe des voyageurs qui se déplacent en stop, dorment chez l'habitant, font des activités gratuites, mangent de la street food, pratiquent le volontariat et ne dépensent que quelques euros par jours, voire voyagent gratuitement. De l'autre côté, il existe des voyageurs qui restent dans de beaux hôtels, se déplacent uniquement en avion ou taxi, mangent dans de jolis restaurants ou ne jurent que par des visites guidées. À côté de ces deux extrêmes se trouvent 90 % des voyageurs au long cours, dont je fais partie et dont vous faites certainement partie. La manière dont vous souhaitez voyager va considérablement influencer votre budget et le déroulement de votre voyage.

Un budget voyage est réparti en quatre composantes :

- Le transport ;
- L'hébergement ;
- Les activités ;
- La nourriture.

Si vous faites du stop par exemple, votre budget transport sera de 0 €. Si vous prenez l'avion, il sera plus élevé que si vous voyagez en bus.

Si vous décidez de seulement dormir en auberge de jeunesse, votre poste logement sera plus élevé que si vous dormez chez l'habitant, mais moins élevé que si vous louez un appartement.

Vous n'êtes pas obligé de rester dans un hôtel, de faire tous les musées ou toutes les activités touristiques qui existent. En voyage, vous êtes maitre de toutes les variables et il y en a pour tous les budgets de quelques euros à quelques centaines d'euros par jour. Votre aventure peut prendre la forme que vous souhaitez, avec le budget que vous avez à disposition.

Des exemples de budgets

Pour vous donner une idée de ce que peut couter un long voyage, j'ai récupéré quelques chiffres intéressants de budgets, publiquement disponibles par quelques blogueurs voyageurs.

Alex (1 543 €/mois)

Alex, célèbre pour son blog voyage en vidéos, Vizeo.net, détaille toutes les dépenses d'un tour du monde complet qu'il a fait il y a quelques années. On y apprend qu'il a dépensé 4 118 € avant le départ (billets d'avion, vaccins, visas, assurance…). Il a ensuite voyagé pendant 345 jours (presque un an) et a dépensé au total 14 401 €. Ce qui fait, tout compris, un total de 18 519 €, soit 1 543 € par mois.

C'est un tour du monde un peu cher, comparé aux chiffres moyens, mais Alex s'est vraiment fait plaisir pour ce tour du monde. Que ce soit de la montgolfière en Birmanie, de la plongée en Thaïlande, une randonnée à cheval en Mongolie, un trek en Papouasie, du saut en parachute en Nouvelle-Zélande, une expédition au Salar d'Uyuni ou encore la visite du Machu Picchu. Il a d'ailleurs fait une vidéo magnifique qui résume ce tour du monde que vous pouvez voir dans le compagnon.

Sachez qu'en moyenne le budget total pour un tour du monde « classique » tourne autour de 15 000 € pour un an.

Eve et Matthieu (1345 €/mois)

Eve et Matthieu, un couple de voyageurs et blogueurs sur jaiuneouverture.com sont partis en tour du monde pendant deux ans ! Sur leur site, ils détaillent leur budget, avec comme somme finale 64 575 € !

Cela fait une belle somme, mais il faut prendre en compte qu'ils sont deux, soit 32 287 € par personne, divisé par 24 mois de voyage, soit au final 1 345 € par mois. Un cout plus que raisonnable étant passé par toute l'Amérique latine, l'Afrique australe, l'Asie du Sud-Est ou encore l'Océanie.

Pour ces deux exemples, vous allez peut-être vous dire : c'est beaucoup d'argent ! Mais réfléchissez à votre budget mensuel en France, entre le loyer, la nourriture, les sorties et achats de toute sorte, vous êtes peut-être au-dessus des chiffres précédents. Par contre, sans vivre les expériences de dingue que vous pouvez vivre à l'autre bout du monde.

Laurent (666 €/mois)

Prenons l'exemple de Laurent, du blog onechai.fr que j'ai interviewé sur le thème des voyages hors des sentiers battus. Il y a 15 ans, il a pris une année sabbatique et a fait un long voyage d'un an entre la France et le Laos. Le tout par voie terrestre.

Son budget total pour cette année de voyage s'est élevé à 8 000 €. Il a traversé la Turquie, l'Iran, l'Inde ou encore la Thaïlande tout en prenant des transports locaux ou en dormant dans des auberges le tout pour 666 € par mois.

Lucie (619€/mois)

Dans un autre registre, Lucie du blog voyagesetvagabondages.com nous explique son budget lorsqu'elle est restée 9 mois en Argentine pour faire un PVT (Programme Vacances Travail). Ses dépenses totales sont de 5 572 € pour l'ensemble de son voyage, soit 619 € par mois.

Cela comprend la majorité de son temps passé en Argentine, mais aussi ses excursions au Brésil, au Chili, en Uruguay ou encore en Bolivie. Ce budget global est relativement faible, car Lucie utilise certaines techniques pour soulager son budget comme faire du house sitting ou bien du Couchsurfing pour économiser sur le logement.

Caroline (81 €/mois)

Je voulais vous donner un dernier exemple, celui de Caroline. Elle fait actuellement un tour du monde à pied pendant 10 ans. Après plus de cinq ans, elle se trouve actuellement (été 2016) en Alaska après avoir traversé toute l'Europe et l'Asie en marchant.

Lorsque je l'ai interviewée, elle m'a indiqué que son budget jusqu'à présent est de 2,7 € par jour, soit 81 € par mois ! Non, je ne me suis pas trompé sur la virgule ! 81 € par mois pour toutes ses dépenses quotidiennes sur la route. Il faut cependant y ajouter les visas qui lui ont coûté 807 € pour le moment.

Elle ne dépense pas d'argent pour les transports (elle marche), pour l'hébergement (elle a sa tente ou dort chez l'habitant) ou bien pour les activités (elle a le temps de découvrir un pays en profondeur tous les jours). Son budget concerne principalement la nourriture.

Si vous avez un budget riquiqui, prenez vos chaussures, votre sac à dos et une tente. Vous pourrez alors voyager pour moins de 100 € par mois !

Adaptez votre voyage à votre budget

Personnellement, je voyage avec un budget de 1 000 € par mois en moyenne.

C'est ce que j'ai fait lors de mon tour du monde d'un an en 2015 et cela a bien fonctionné. Par contre cela veut dire qu'il faut faire attention à ses dépenses et aux pays sélectionnés. En effet, avec 1 000 € dans certains pays vous êtes très à l'aise, dans d'autres, c'est un peu plus galère.

Par exemple en Indonésie, je dépensais 600/700 € par mois. Je vivais très bien, j'ai pu faire plein d'activités (plongée, trek) et je mangeais tous les jours au restaurant. Mais lorsque je suis arrivé en Californie, mon budget a explosé ! En seulement deux semaines, j'ai dépensé près de 800 €, car le cout de la vie était beaucoup plus important. Bon, je me suis fait plaisir, j'avais loué une belle Mustang décapotable pour me faire un road trip le long de côte Californienne. Pour contrebalancer ces dépenses, j'ai fait beaucoup de Couchsurfing pour ne pas payer le logement.

La différence était importante entre les restaurants à 2 € sur l'ile de Java et les restaurants au minimum de 10 € aux États-Unis. En arrivant ensuite en Colombie, j'étais bien heureux de pouvoir manger copieusement pour 3/4 €.

Vous pouvez partir, il suffit de s'adapter. Il vous est surement arrivé de repousser un voyage pour cause de budget insuffisant. Mais si votre envie de voyager est vraiment forte, vous pouvez envisager le processus d'une autre manière : prenez votre budget et ensuite regardez où et comment vous pouvez voyager.

Il est évident que nous avons tous des moyens différents, mais ce n'est pas une raison pour vous empêcher de partir. Inutile de comparer vos revenus ou vos économies par rapport à votre voisin. Vous avez l'argent que vous avez et c'est souvent suffisant pour voyager. Vous n'avez pas forcément besoin de partir loin, de prendre l'avion, de loger dans de beaux hôtels ou de faire les activités les plus onéreuses. Regardez donc combien vous avez d'argent pour votre voyage, à partir de là, étudiez les options possibles. Vous allez voir dans les prochains chapitres que vous pouvez faire bien plus de choses que vous ne l'imaginez.

Imaginons que vous avez 2 000 € de budget par exemple. Vous pouvez très bien passer deux semaines sur l'ile Maurice ou bien passer trois mois à vadrouiller en Europe de l'Est. Vous pouvez aussi très bien partir un peu plus loin, comme en Asie, voyager chichement pendant quelques mois en faisant du volontariat par exemple, afin de garder vos dépenses quotidiennes très basses. Pourquoi ne pas prendre un vol longue distance à bon prix vers une destination peu chère comme le Cambodge, une fois sur place les dépenses seront minimes.

Ce qu'il faut retenir :

✓ Voyager ne signifie pas « all inclusive » avec des prix exorbitants

✓ Il existe autant de façons de voyager que de personnes

✓ Jouez sur le cout de la vie pour voyager plus longtemps

✓ Votre façon de voyager est l'élément le plus important sur l'influence de votre budget

✓ Vous pouvez voyager avec 100 € comme avec 1 500 € par mois et vivre des expériences extraordinaires

✓ Le budget ne doit pas être un facteur bloquant

12

DÉPENSER MOINS EN VOYAGE : LE TRANSPORT

LA PREMIÈRE COMPOSANTE D'UN BUDGET VOYAGE est celle du transport. Habituellement, il s'agit du poste de dépense le plus important à cause du prix des billets d'avion. Il est dès lors primordial de comprendre comment vous pouvez réduire vos dépenses de transport pendant votre voyage.

Vous allez découvrir comment réduire le prix de vos billets d'avion, utiliser intelligemment les trajets en train ou bus, mais aussi cinq moyens alternatifs de vous déplacer qui vont fortement soulager votre budget.

Dépenser moins en billets d'avion

L'avion est l'une des dépenses les plus onéreuses en voyage, mais souvent un passage obligatoire. Par exemple, lors d'un tour du monde d'un an avec un cout de 15 000 €, le budget observé pour les billets d'avion est d'environ 3 500 €, soit 23 % du budget total. Ce n'est pas rien !

Si vous devez prendre l'avion pour votre voyage, sachez qu'il existe des moyens pour réduire les couts, parfois de manière drastique. Je vous présente ici les six meilleures astuces pour trouver des vols moins chers.

1 - Achetez vos billets sur Internet

Je sais, cela peut paraitre idiot, mais encore beaucoup de gens passent par des agences de voyages pour réserver des vols d'avions. Si vous souhaitez trouver des vols au prix le moins cher, il est préférable de les acheter sur Internet.

La meilleure option est d'acheter vos billets directement sur le site de la compagnie aérienne. Si vous avez vu un vol pas cher Easyjet de Paris vers Madrid, achetez votre billet sur le site d'Easyjet. Pareil, pour un vol Paris/Bangkok avec Thai Airways, allez sur leur site pour obtenir votre billet.

En faisant cela, vous éviterez certaines commissions que prennent certaines agences de voyages en ligne et surtout vous aurez moins de problèmes si quelque chose ne se passe pas comme prévu avec votre vol (retard ou annulation). Je me souviens que la seule fois où j'ai eu un problème avec mon billet d'avion, j'étais passé par une agence de voyages en ligne appelée Orbitz. C'était pour un Toronto/New York en 2009. Manque de chance, il y a eu une tempête de neige sur New York et mon vol a été annulé. Orbitz ne m'a jamais prévenu et vous imaginez que pour les joindre c'était sportif !Après plusieurs appels et emails, je n'ai jamais été remboursé. Ce fut franchement une mauvaise expérience.

Au moins, avec une compagnie aérienne, vous êtes certain de les trouver à l'aéroport s'il y a un problème. À savoir que je suis passé deux fois par Expedia pour acheter mes billets d'avion en Amérique du Sud. Je n'ai jamais eu de problèmes, que ce soit pour les tarifs, le service ou le vol.

Au final, préférez les sites des compagnies aériennes ou bien une agence de voyages en ligne en qui vous avez confiance.

2 - Comparez les prix

Il s'agit probablement de l'astuce la plus importante à connaitre pour trouver les vols les moins chers possible. Il est indispensable d'utiliser les comparateurs de prix sur Internet avant d'acheter un billet d'avion.

Leurs prix varient énormément et il faut faire beaucoup de recherches sur des critères différents. Comme pour les billets de la SNCF, la principale variable d'ajustement est l'offre et la demande. Un billet d'avion sera plus cher en période de vacances scolaires, car tout le monde veut partir, plutôt qu'en période creuse où il y a peu de « demande ». Pour les billets d'avion, les prix changent tous les jours, c'est-à-dire qu'il faut régulièrement comparer les prix pour bénéficier des bonnes occasions. Les deux comparateurs de prix les plus efficaces et que j'utilise tout le temps sont Skyscanner et Google Flight. Avec ces deux sites, vous pourrez voir les meilleurs prix très rapidement.

Par exemple, si vous souhaitez prendre un aller simple pour New York depuis Paris, vous pouvez sélectionner « mois de septembre » et vous verrez alors les jours où le prix sera le plus avantageux pour vous.

Lorsque je fais cette recherche, les prix vont de 208 € le mercredi 21 à 347 € pour le lundi 5. Ce qui fait un prix 40 % moins cher si votre date de départ est flexible.

« Jouez » un maximum avec les comparateurs de prix, changez les dates, observez l'évolution des prix et commencez à voir les compagnies aériennes les plus concurrentielles sur votre destination. À noter que vous pouvez aussi mettre en place des alertes sur certains vols afin de recevoir des emails avec la fluctuation des prix, cela peut vous permettre de gagner du temps.

3 - Soyez flexible

Si vous partez pour un voyage à durée indéterminée, et non pour des vacances avec des dates fixes, vous allez bénéficier d'un élément indispensable pour payer moins cher vos billets d'avion : la flexibilité ! Depuis des années, je choisis mes dates de vols selon le prix du billet. J'observe les prix pendant quelques semaines et lorsque je vois une opportunité avec un prix vraiment bas, c'est celui que je choisis. Je pense avoir mis de côté quelques milliers d'euros en choisissant toujours le vol le moins cher !

Je suis actuellement en Roumanie et j'aimerais revenir en France une semaine aux environs de fin septembre. En regardant les prix maintenant, je remarque que les prix varient entre 20 € et 133 € entre le 20 et 30 septembre. Je vais observer les prix durant quelques semaines et puis je prendrais le moins cher. Même si pour 20 € cela vaut vraiment le coup, je ne pense pas que je trouverais moins cher.

Évidemment, si vous avez un travail prenant, que vos dates sont fixes, vous avez très peu de marge de manoeuvre et vous allez probablement passer à côté de belles occasions. C'est pour cela que je préconise les voyages longs, pour gagner en flexibilité et voyager moins cher. Si vous prévoyez un long voyage, regardez dès maintenant les prix et observez les périodes qui seraient les plus propices pour vous et votre portefeuille.

4 - Étudiez les alternatives

Lorsque vous recherchez des vols d'avion, il faut fouiner ! Il n'y a rien de pire que de faire une recherche « stricte » comme partir le 23 novembre de Paris CDG à New York JFK avec un vol direct. Pour une raison simple, vous passez à côté d'alternatives moins onéreuses.

Il y a trois manières de chercher des alternatives :

- Changer d'aéroport : il y a parfois plusieurs aéroports dans une grande ville, par exemple à Paris, il y a Roissy, Orly et Beauvais. Pareil pour New York. Il faut inclure ces différentes options dans votre recherche, d'un aéroport à l'autre, les compagnies présentes peuvent changer, et donc les prix.

Mais vous pouvez aller plus loin que ça et chercher des aéroports proches de votre point départ et/ou destination. Par exemple, au lieu de partir de Paris, essayez de partir de Bruxelles et voir s'il y a des tarifs avantageux.

- Faire des escales : on préfère tous avoir des vols directs, mais bien souvent pour avoir des prix avantageux il faut faire une escale. Les compagnies aériennes se développent autour de hub, par où passent la majorité de leurs avions. Roissy pour Air France, Madrid pour Iberia, Kuala Lumpur pour Air Asia, etc.

Par exemple pour aller en Asie, il est parfois moins cher de passer par une compagnie du golfe persique comme Emirates ou Qatar Airways. En testant Paris/Bangkok le 10 octobre, j'ai trouvé un vol aller à 316 € avec Etihad Airways qui propose une escale de trois heures à Abu Dhabi. Les vols directs, eux, sont tout de suite plus chers avec 556 € pour Thai Airways et 2 625 € pour Air France.

Faire des escales rend toujours le trajet plus long, mais peut vous permettre de réduire véritablement votre budget.

- Prendre deux vols à la suite avec deux compagnies différentes : une dernière astuce liée aux escales existe, mais elle est un peu plus avancée. Il s'agit de prendre deux vols simples avec deux compagnies différentes pour atteindre votre destination. Ici, il faut vraiment fouiner à fond et tester plein d'alternatives possibles, mais sur certains trajets, cela vaut vraiment le coup. Ici, on va essayer en majorité de prendre deux compagnies low-cost à la suite.

Avec cette stratégie, j'ai déjà trouvé des Paris/Mexico avec 55 % de réduction ou Paris/Carthagène avec 65 % de réduction. Au lieu de me contenter de prendre des vols directs ou de suivre les suggestions du comparateur de prix, j'ai testé mon trajet en deux parties : Paris à Miami, puis de Miami à ma destination. J'ai découvert que l'on pouvait faire Paris/Fort Lauderdale (proche Miami) pour seulement 179 €, ensuite il existe des compagnies low-cost pour une bonne partie de l'Amérique latine.

C'est une astuce qui demande plus de temps et qui n'est pas forcément innée pour les débutants. Vous trouverez une vidéo dans le compagnon dans laquelle j'explique en détail ce concept avec l'exemple de l'Amérique latine.

5 - Prenez-y vous à l'avance

Vous pensez qu'attendre la dernière minute va vous permettre d'avoir des vols à prix bradés ? Désolé de vous décevoir, mais c'est rarement le cas. Il vaut mieux prévoir son voyage et acheter son billet d'avion à l'avance.

Selon plusieurs sources, pour bénéficier des prix les moins chers sur les vols internationaux, il faut s'y prendre entre deux et quatre mois à l'avance. Une étude précise même que le jour idéal serait le 81e jour avant la date souhaitée, ce qui fait 11/12 semaines avant. Il y a toujours des cas particuliers, mais généralement je trouve que ces règles sont confirmées dans la réalité. N'attendez donc pas trop !

6 - Profitez des compagnies low-cost

Vous êtes certainement au courant de cette astuce, mais il est important de le rappeler. Si vous voulez prendre des vols pas onéreux, utilisez les compagnies low-cost (à « bas couts » en français), elles sont présentes presque partout dans le monde. Souvent, elles seront moins chères que les compagnies classiques, par contre le niveau de services (nourriture, boissons…) sera de moins bonne qualité.

Parmi les compagnies low-cost les plus connues, on peut citer Ryanair en Europe, Norwegian qui opère en Europe et fait des transatlantiques, ou encore Air Asia qui quadrille toute l'Asie du Sud-Est. Je prends quasiment tout le temps Ryanair lorsque je voyage en Europe et franchement, quand vous savez que vous pouvez voyager pour 30 € au Portugal, en Croatie, en Irlande ou en Grèce, il ne faut pas se priver !

Un petit inconvénient concernant les compagnies aériennes low-cost, il faut faire attention aux frais qui s'additionnent sur votre billet d'avion. Souvent, le prix affiché est un « prix d'appel » particulièrement bas pour attirer les gens. Certaines compagnies vont ensuite ajouter des frais, notamment pour les bagages ou le choix d'un siège, il faut donc rester vigilant. Je vous conseille de tester l'achat jusqu'à voir le prix final avant de vous décider sur la compagnie à prendre.

À noter que les compagnies low-cost utilisent parfois des aéroports qui sont loin du centre-ville. Par exemple l'aéroport de Beauvais pour Paris, celui de Girone pour Barcelone ou de Stansted pour Londres sont tous situés à plus de 60 km de leurs villes de destinations. Cela va donc engendrer des frais supplémentaires en bus, navette, train ou taxis. N'oubliez pas de le prendre en compte.

Le cas du « billet tour du monde »

Si vous décidez de faire un tour du monde d'un an, vous devez connaitre l'existence du « billet tour du monde ». Ce fameux billet permet d'acheter tous vos vols avant le départ, en s'arrêtant sur plusieurs villes et continents pour vous permettre de faire le tour complet du globe. Un tel billet est rendu possible grâce aux trois alliances aériennes principales : Star Alliance, One World et Skyteam

Les tarifs de ces billets vont généralement de 1 500 € à 5 000 €, avec une moyenne tournant autour de 3 000 € pour 10/12 vols. Pour ce prix vous façonnez votre voyage et choisissez les endroits où vous souhaitez aller. Ce prix varie quand vous ajoutez un stop, changez de continent, de destination ou le niveau de flexibilité voulu.

Il est recommandé de passer par une agence de voyages spécialisée pour réserver votre billet tour du monde. C'est quelque chose d'assez technique et leur assistance vous permettra d'avoir un service fiable pour votre tour du monde. En France, il existe Connaisseurs du voyage et ZipWorld. En Angleterre Travel Nation est très connu avec des interlocuteurs français.

J'ai acheté un billet tour du monde avec Travel Nation, entre novembre 2014 et novembre 2015 qui m'a fait passer par l'Asie, les États-Unis et l'Amérique du Sud. Outre un petit hic avec mon billet au moment de revenir des Galapagos, j'ai cru que j'allais y rester prisonnier ! Tout s'est bien passé. J'ai pu modifier mes dates quand j'en avais envie. Par contre, j'ai bien ressenti cette contrainte d'aller à tel endroit alors que j'avais peut-être envie de changer mes plans.

Voici mon itinéraire exact : Paris / Bali / Kuala Lumpur / Los Angeles / Bogota / Quito / Galapagos / Lima / Rio de Janeiro / Buenos Aires / Paris. J'avais payé 2 900 € avec la possibilité de changer les dates de mes vols en cours de tour du monde.

Les avantages d'un tel billet sont le cout moins élevé et la possibilité d'aller dans des destinations de rêve. En revanche, le manque de flexibilité est un gros inconvénient, notamment pour sa durée maximale d'un an et l'interdiction de changer de ville-étape en cours de route.

Je recommande le billet tour du monde si vous avez un plan précis de votre voyage et si vous êtes limité dans le temps. Dans le cadre d'un voyage à durée indéterminée, ce type de billet n'est pas vraiment conseillé. Vous manquerez sérieusement de liberté. Vous pouvez dès lors passer à la méthode alternative : acheter vos billets d'avion au fur et à mesure grâce à toutes les astuces ci-dessus. Vous serez beaucoup plus flexible et pourrez aller où bon vous semble.

Dépenser moins en billets de bus

Si vous souhaitez économiser de l'argent en voyageant, il faudra privilégier le bus. Dans 90 % des cas, il s'agit du moyen de transport le moins cher, par contre il est assez lent.

En France, les bus ont été mis de côté au profit du train depuis des décennies, mais les choses ont changé en 2015 avec la loi Macron. Les Français découvrent le voyage en bus, plus lent, mais plus économique. Apparemment cela marche plutôt bien et plus de deux millions de personnes ont voyagé en bus un an après la promulgation de la loi.

Dans beaucoup de pays dans le monde, il n'y aucun véritable système de train, le bus étant le moyen de transport roi. J'y assimile les minibus, jeepney, bus-couchette, bus en bois, collectivos, etc. Il y en a pour tous les gouts ! Les locaux les prennent, vous le pouvez aussi. À distance équivalente, le bus sera (presque) toujours moins cher que l'avion ou le train. Si vous n'avez pas un budget énorme, prenez le bus, même pour des longues distances, vous économiserez de l'argent.

Par contre, le revers de la médaille se trouve au niveau du confort, les longs trajets en bus sont assez pénibles. Il n'y est pas toujours facile de se reposer ou d'y dormir. Si vous en avez la possibilité, je vous conseille d'opter pour des bus « haut de gamme » pour les longs trajets. Vous aurez plus de confort, voire des petits « lits ». Au lieu d'être long et douloureux, votre trajet peut très bien se passer et cela ne coute généralement pas beaucoup plus cher.

C'est d'ailleurs l'un des avantages du bus. En optant pour un bus de nuit si votre trajet est long, vous pourrez y dormir et économiser un peu d'argent que vous auriez dépensé en hébergement, c'est toujours ça de pris. J'ai recouru à cette méthode à plusieurs reprises en Amérique du Sud, où les distances sont longues et tout s'est toujours bien passé. Par contre, il faut toujours faire attention à la sécurité de ses objets.

Voici deux astuces supplémentaires concernant le bus :

- Pour les bus haut de gamme, il est conseillé de réserver votre siège. Il y a souvent un système d'augmentation de prix, donc comme pour l'avion, essayez de prévoir.

- Pour les bus classiques et bus « folkloriques » que les locaux utilisent, attention à ne pas vous faire arnaquer. Autant que faire se peut, achetez votre billet dans un guichet où les tarifs sont officiels.

Dans beaucoup de cas, vous prendrez un bus dans des endroits « à l'arrache » où des personnes plus ou moins officielles vendent des billets, soyez prudents. Demandez au préalable à des personnes de confiance, voyageurs ou locaux dans une auberge par exemple, le prix du bus. Si vous n'avez pas eu le temps, demandez aux gens qui sont déjà dans le bus le prix qu'ils ont payé. Vous pourrez donc négocier avec votre « vendeur » en toute connaissance de cause.

En plus d'être bon marché, les bus locaux permettent de vivre des petites aventures en soi. Je me souviendrais toujours de ce bus en « bois » que j'ai pris dans la ville de Dumaguete aux Philippines. Le sol, les sièges, les vitres, tout était en bois, amusant, non ? J'allais dans la campagne, il y avait des jeunes, des vieux, des bébés. Les locaux transportaient tous un tas de babioles, voire des animaux ! Les poules faisaient partie intégrante du voyage et bien qu'elles se tenaient tranquilles, je vous assure que c'est toujours drôle de prendre le bus avec les poules. Bon je vous épargne le fait qu'on était tous serrés et qu'il faisait 35° dehors !

Comme je vous aime bien, je vous donne une dernière astuce confort. Bien souvent, les conducteurs de bus mettent la climatisation à fond durant le trajet, j'ai pu tester cela en Asie ou en Amérique du Sud. Alors qu'il fait 30 degrés dehors, il en fera parfois 10 à l'intérieur et ça n'a rien de marrant. Prenez toujours au minimum un pantalon et un pull pour vos trajets en bus. Encore mieux, avoir un foulard voire une couverture pourra rendre votre trajet beaucoup plus agréable. Si vous n'y pensez pas, vous allez avoir froid et potentiellement tomber malade.

Dépenser moins en billets de train

Souvent plus onéreux que le bus, le train peut être une façon sympa de voyager et parfois plus rapide.

Les trains sont plutôt bien représentés dans le monde, notamment en Europe et en Asie. Ils sont par contre moins nombreux en Afrique et en Amérique latine. Il faut que vous sachiez que tous les trains dans le monde ne sont pas des TGV, loin de là ! À part en Europe de l'Ouest ou quelques pays asiatiques (Japon, Corée…), les trains sont plus lents, voire très lents. En moyenne vous roulerez entre 100 et 150 km/h, mais sur certains réseaux, comme en Roumanie, il est courant de se balader à 50 km/h, ce qui vous laisse le temps de profiter du paysage !

Le train n'est pas le moyen le plus économique de voyager, en revanche c'est une manière de voyager qui peut vous permettre de vivre des expériences inoubliables. On peut citer le Transibérien qui traverse la Russie de Moscou à Vladivostok, l'Indian Pacific qui traverse toute l'Australie ou El Chepe, train qui part du désert mexicain jusqu'à la côte Pacifique. Vous avez un large choix de voyages en train à travers le monde.

Il n'y a pas beaucoup de moyens d'économiser de l'argent avec les trains, j'ai néanmoins trois astuces intéressantes pour vous :

1 - Utilisez le Pass Interrail pour un voyage en Europe

Le Pass Interrail vous permet de voyager en train dans 30 pays d'Europe pour une durée comprise entre quinze jours et un mois. En achetant un pass, vous pourrez prendre des trains n'importe quand, pour la destination de votre choix. Avec un prix de 246 € pour sept jours de voyages en train étalés sur un mois, il y a de quoi voir du pays ! Il existe plusieurs options selon le nombre de trajets, période maximale, classe, âge… avec des tarifs qui varient.

Avec un mois de voyage, on est loin d'être dans un VDI avec ce pass, mais cela peut-être un excellent moyen de vous tester ou bien de vivre le début d'une grande aventure si vous souhaitez continuer vers l'Est et l'Asie Mineure.

2 - Profitez des trains-couchettes

Comme pour le bus, vous pouvez dormir dans les trains ! Vous êtes certainement familier des trains de nuit et ses fameuses voitures-couchettes qui existent en France et en Europe depuis plus d'un siècle.

Je me souviens notamment d'une nuit passée dans un train reliant Surat Thani à Bangkok en Thaïlande. Au lieu de passer dix heures dans le train comme prévu, nous en avons passé seize, ce qui m'a fait manquer ma correspondance en avion (petit conseil : toujours prévoir large en Thaïlande !). Dans mes souvenirs nous étions en deuxième classe et les lits étaient confortables. La transformation du train de nuit en « train normal » (les couchettes se rangeaient et laissaient place à de confortables sièges) était plutôt atypique. Le ticket était aux alentours de 10/15 €.

Pour un peu plus d'économies, n'hésitez pas à dormir dans les trains pour ne pas payer une nuit d'hébergement.

3 - Réservez

Comme pour les avions ou parfois les bus, il est préférable de s'y prendre à l'avance pour réserver votre train. Ceci est valable pour les trains à grande vitesse ou « haut de gamme » qui ont des tarifs plus élevés. En vous y prenant à la dernière minute, vous n'avez plus de flexibilité sur le prix. Cependant, dans beaucoup de cas, un tour au guichet avant de partir suffira, car les prix sont fixes.

Voyager en train peut vous amener différentes émotions ou de nouvelles expériences, proches des locaux. Je recommande souvent ce type de voyage, notamment en Asie où son cout est très abordable, voire moins cher que le bus.

Utilisez les transports publics

Une règle générale à utiliser en voyage pour dépenser moins est d'imiter la façon de vivre des locaux, c'est aussi valable pour les transports.

Comme nous l'avons évoqué dans le chapitre précédent, le salaire minimum est parfois très bas, mais les gens vivent et se déplacent sans soucis. Pour économiser, faites comme eux ! Utilisez les bus locaux, les mototaxis, les métros, les tramways ou encore les services de vélo. Ce seront les moyens les moins chers pour vous déplacer, mais pas forcément les plus rapides. Avec ces transports, vous aurez une meilleure connaissance de l'endroit où vous êtes et vous comprendrez mieux le quotidien des locaux.

Je me souviens par exemple à Barranquilla en Colombie où j'ai vécu pendant trois mois.

Le prix d'un trajet en bus était de 0,50 €, celui d'un taxi de 4 € pour un trajet d'environ 6 km. Le bus mettait vingt minutes, le taxi dix minute. Pour le premier, il fallait rejoindre l'arrêt de bus, attendre, essayer de trouver une place confortable, endurer les stops toutes les deux minutes, les musiciens et vendeurs qui montent faire leur business et deviner l'arrêt le plus proche de sa destination. Du coup, les 20 minutes se transformaient souvent en plus de 30 minutes. Le taxi quant à lui, arrivait devant chez toi et t'amenait tranquillement à ta destination sans soucis s'il n'y avait pas trop d'embouteillages.

Les deux ont des avantages et des inconvénients, mais j'avais un bien meilleur sens des réalités lorsque je prenais le bus et je pouvais profiter du folklore local. Je peux vous dire que les Colombiens ne manquent pas de dynamisme ! C'est comme prendre le métro à Paris, rien de mieux pour sentir le quotidien des locaux.

Je conseille à tout le monde de tester au minimum une fois les transports publics. Même si c'est plus compliqué, ça vous fera une petite aventure. Surtout, votre portefeuille vous remerciera !

5 moyens alternatifs de se déplacer

Pour économiser plus d'argent et essayer d'autres moyens de transport, il existe plusieurs options qui s'offrent à vous.

1 - Voyager en faisant du stop

Il s'agit d'une option radicale pour dépenser moins d'argent sur votre budget transport. Vous connaissez probablement le principe : celui d'aller sur le bord de la route, lever le pouce et attendre patiemment qu'une voiture s'arrête pour vous emmener à destination.

Le résultat : votre budget transport est à zéro et vous pouvez aller n'importe où dans le monde. Il peut s'agir d'autostop, de bateau-stop, de train-stop, de camion-stop, voir même d'avion-stop, tout est possible ! Il y en a même qui font du brise-glace-stop, c'est pour vous dire !

Certains passent d'ailleurs des années à voyager de cette manière comme Ludovic Hubler, qui a passé cinq ans à faire du stop autour de la planète. Il a même écrit un livre intitulé *Le monde en stop : cinq années à l'école de la vie,* dans lequel il raconte toutes ses aventures. Colombie, Inde, Australie, États-Unis, Antarctique, Sahara, traversée des océans, 59 pays traversés, 170 000 km parcourus et les 1 300 conducteurs l'ayant pris en stop durant son voyage ! Lecture conseillée si le voyage en stop vous intéresse.

La question de la sécurité se pose bien évidemment, mais comme toujours on entend les mauvaises histoires et pas les 99 % de celles où tout se passe bien. En respectant des règles de sécurité de base, tout devrait bien se passer. Vous trouverez dans le compagnon des liens vers des blogs et témoignages sur le stop, fille comme garçon, qui vont sans conteste vous rassurer.

Les avantages du stop : gratuit, faire des rencontres, écologique et vivre des aventures spontanées.

Les inconvénients du stop : la perte de temps, parcours incertain, demande de l'énergie et parfois le manque de confort

2 - Voyager en van/voiture/moto

Voici l'un des grands classiques du voyage : le road trip et le voyage itinérant de façon motorisée. Si les transports de masse ce n'est pas pour vous, voyagez par vos propres moyens. On voit parfois des articles-chocs avec quelqu'un qui décide de tout plaquer, d'acheter un van et de parcourir le monde. Loin d'être utopique, vous pouvez très bien partir en road trip à durée indéterminée. C'est un moyen de voyager qui peut revenir beaucoup moins cher que le voyage classique.

C'est d'ailleurs l'un des modes de voyage préféré des backpackers en Australie. Il est commun d'acheter un van à plusieurs et de passer quelques mois à sillonner le pays, puis de le revendre avant de partir du pays. Certains font le tour d'un continent ou carrément le tour du monde en van. Je pense par exemple à la famille Ducaluf et leurs deux enfants qui viennent de faire le tour de l'Amérique du Sud et de l'Afrique en camion, puis se dirigent vers le Moyen-Orient. Ou encore Astrid du blog histoiredetongs.com, qui s'est acheté un van pas cher en aout 2015 et qui parcourt toute l'Europe depuis avec tout petit budget.

La moto peut aussi être un moyen de voyager en toute liberté avec un prix d'achat qui peut être assez bas. Par exemple, Jonathan Salomon du blog worldpokertrip.net a parcouru l'Amérique du sud au nord, depuis le Paraguay jusqu'à Los Angeles, sur sa moto.

Tout en procurant une liberté extrême, vous pouvez voyager moins en cher en étant motorisé. Il faudra par contre prendre en compte les frais en cours de route, comme l'essence ou les réparations éventuelles.

Les avantages : énorme liberté, dans certains cas ne pas payer l'hébergement, vivre des expériences audacieuses.

Les inconvénients : manque de confort, cout initial souvent important, pollution engendrée, maintenance sur la route.

3 - Voyager en faisant du covoiturage

Blablacar a démocratisé le covoiturage en France, dans l'Europe et maintenant dans le monde. Vous faites d'ailleurs peut-être partie de ses

25 millions de membres. Si vous n'avez jamais fait de covoiturage, sachez que c'est un excellent moyen de voyager sans trop dépenser d'argent. Le but est de mutualiser les couts du transport (essence et péage) sur un trajet spécifique. Un conducteur présente son parcours et vous payez le site de covoiturage pour participer au trajet.

Comme le stop, le covoiturage favorise les rencontres, que ce soit avec votre chauffeur ou les autres passagers qui font du covoiturage comme vous. Je me souviens avoir rencontré Alexandra lors d'un trajet de Barcelone à Perpignan, une Équatorienne super sympa. Je l'ai revu à plusieurs reprises sur Barcelone et ce fut toujours sympa, j'adorais son accent espagnol très chantant !

Je n'ai pas eu l'occasion de faire beaucoup de covoiturage, mais c'est clairement quelque chose qui se développe. Actuellement en Roumanie, j'ai remarqué que le prix d'un trajet en covoiturage est plus ou moins le même que le bus, mais plus rapide. De plus, j'ai lu récemment que Blablacar était maintenant au Mexique et en Inde, les possibilités d'utiliser le covoiturage s'étendent désormais un peu partout dans le monde et c'est une excellente nouvelle !

Les avantages du covoiturage : cout du voyage réduit, rencontrer des gens.

Les inconvénients du covoiturage : trajet voulu pas forcément disponible, présence surtout en Europe.

4 - Voyager en vélo

Avez-vous déjà pensé à voyager en vélo ? Moyen de transport écologique par excellence, le vélo pourra vous emmener partout dans le monde pour un cout modique : la force de vos jambes. Des milliers de voyageurs partent chaque année en vélo arpenter les routes du monde, ce n'est pas juste un truc de « barjots », vous pouvez vraiment le faire.

D'ailleurs, j'ai deux bons amis qui viennent de partir pour un voyage de dix-huit mois en tandem, ils ont commencé leur voyage à San Francisco en aout 2016 et comptent rejoindre la Patagonie. En voyant leurs premières vidéos, je peux vous confirmer qu'ils sont vraiment heureux d'avoir fait ce choix. En parlant de voyage en vélo, je ne peux omettre le projet associatif Solidream, une bande de potes qui a fait le tour du monde en trois ans pour 50 000 km parcourus. Avec un livre et un film à leur actif, ils ont inspiré plus d'un voyageur à s'essayer à la bicyclette ! Gautier, que j'ai récemment interviewé, est parti faire un tour du monde en solo à vélo pour une durée de trois à cinq ans. Il a déjà traversé l'Europe et l'Afrique, du Nord au Sud, en un an et demi !

En ce qui concerne le cout, outre l'apport initial pour acheter le vélo, vous n'avez plus à payer de frais de transport. Si vous couplez ça avec une bonne tente, vous pouvez aussi faire sauter vos dépenses de logement. Gautier m'expliquait qu'il avait dépensé en tout 1 000 € pour un an de voyage, de Rennes au Cap, principalement pour la nourriture et les visas, ce qui est vraiment peu ! Vous pouvez écouter les détails de son voyage durant notre interview qui se trouve dans le compagnon.

Voyager à vélo constitue un excellent compromis entre une manière de voyager qui permet d'être proche de la population locale, tout en avançant assez rapidement pour parcourir un pays.

Les avantages du voyage en vélo : peu onéreux, permet de rester en forme, rencontrer les locaux facilement, écologique.

Les inconvénients du voyage en vélo : plutôt lent, incidents mécaniques, apport initial pour le matériel.

5 - Voyager à pied

Vous ne l'avez peut-être pas vu arrivé, mais oui, vous pouvez voyager à pied ! Comme nos ancêtres, vous pouvez aller où bon vous semble sur cette planète grâce à vos jambes et sans aucune aide des technologies modernes. Certains voyageurs optent pour la marche, comme pour le vélo et le stop, c'est un moyen de voyager assez peu connu.

En parlant de voyage à pied, je pense bien sûr à Caroline du blog piedslibres.com que j'ai déjà évoquée. Partie depuis le premier juin 2011, elle a parcouru plus de 20 000 km à pied et n'est pas près de s'arrêter. Elle est arrivée à l'été 2016 en Alaska avec la ferme intention de descendre le continent américain. Voyager à pied ne doit pas être obligatoirement un projet aussi long. Par exemple Julia et Matthieu, du blog europedespetitspas.com viennent de réaliser un super voyage en Europe. Leur objectif : partir de Tallinn en Estonie pour rejoindre Lisbonne au Portugal, le tout à pied évidemment. Ils ont réussi leur challenge en un an et 7 000 km à pied avec en tout, douze pays traversés.

Voyager à pied s'inscrit très bien dans un VDI : il peut durer longtemps, il a un cout peu élevé, il est flexible et permet de partir à la découverte d'autres pays en profondeur. Malgré l'avantage d'être le moyen de transport le moins cher et le plus écologique du monde, il faut néanmoins bien s'équiper avant de partir dans un tel voyage pour rester autonome.

Les avantages du voyage à pied : gratuit, facilitateur de rencontres, liberté absolue, écologique.

Les inconvénients du voyage à pied : très lent, assez monotone, nécessite une forte autonomie.

Ce n'est que le début

Vous pouvez aussi vous déplacer en bateau en tant qu'équipier, grimper dans des trains de marchandises, acheter un canoë et descendre les fleuves, conduire un tuck-tuck, acheter un cheval ou encore une charrette. Bref, les moyens de vous transporter en voyage n'ont de limites que votre imagination.

Sachez que ces moyens alternatifs de voyager sont pour tout le monde, pas seulement pour une minorité. Vous n'avez pas besoin de vous conformer aux types de voyages classiques, soyez imaginatifs et créez votre propre voyage. Vous pouvez très bien prendre l'avion, le bus, faire du stop, acheter une moto à l'autre bout du monde. Dans le compagnon, vous retrouverez plein d'autres exemples de voyageurs qui se déplacent de manière alternative.

Ce qu'il faut retenir :

✓ Il faut toujours chercher à acheter des billets d'avion les moins chers possible

✓ Le bus est le moyen conventionnel le plus économique de vous déplacer

✓ À l'étranger, utilisez les mêmes types de transports que les locaux

✓ Envisagez de partir de manière alternative pour dépenser moins d'argent

✓ Voyager à pied est le moyen le moins onéreux de vous déplacer

---

13

DÉPENSER MOINS EN VOYAGE : L'HÉBERGEMENT

L'HÉBERGEMENT EST LA DEUXIÈME GRANDE PARTIE d'un budget voyage. Incontournable, vous devez trouver un endroit où dormir pour passer vos nuits. Que ce soit dans une métropole ou dans un petit village, il y aura toujours une solution pour que vous dormiez en sécurité avec un toit au-dessus de votre tête.

Quand on pense voyage, on pense souvent à hôtel. Pourtant, sachez que c'est l'option la plus onéreuse et qu'il existe plein d'alternatives pour dépenser moins d'argent lors de votre voyage. Votre hébergement en voyage sert principalement à dormir, nul besoin de dépenser des sommes énormes pour cela.

Vous allez découvrir les alternatives moins chères par rapport à l'hôtel, les différents moyens de dormir chez l'habitant pour se loger gratuitement ou encore des astuces méconnues comme le house sitting.

Auberge de jeunesse

Solution classique et incontournable en voyage, les auberges de jeunesse constituent la base de l'hébergement pour une majorité de voyageurs. Elles sont bon marché, bien situées, facilitent les rencontres, sécurisées et présentes partout dans le monde.

Le concept d'une auberge de jeunesse est simple : vous partagez tout. Vous aurez un lit dans un dortoir, qui comporte en moyenne 6/8 lits. Vous aurez une salle de bain commune. Vous aurez une cuisine commune que tout le monde peut utiliser, ce qui permet d'économiser sur le budget nourriture. Enfin, il y a souvent des espaces communs comme un salon, une salle à manger ou une terrasse, accessibles à tous.

En termes de prix, la moyenne se trouve autour de 15 € la nuit. En sachant que ce prix varie d'un pays à l'autre et de la qualité de l'auberge. Vous pouvez trouver des auberges à 5 €, notamment en Asie ou bien à 30 € dans les pays occidentaux. Dans tous les cas, l'auberge sera 99 % du temps moins cher que l'hôtel.

Je ne compte plus le nombre d'auberges dans lesquelles j'ai passé mes nuits, mais je peux vous dire qu'on trouve de tout ! Des plus miteuses aux plus luxueuses. Les auberges peuvent être festives, ternes, bruyantes, familiales. Il y en a vraiment pour tous les gouts.

Je me souviens d'une auberge particulièrement sympa à Cali en Colombie appelée « El Viajero », ce qui signifie « le voyageur ». Vu le climat tropical de Cali, ils ont installé une piscine à l'intérieur de l'auberge, on retrouve un grand bar pour satisfaire les assoiffés, une salle de danse pour prendre des cours de salsa, des dortoirs propres, petit-déjeuner inclus et une ambiance très colombienne qui respire la joie de vivre. Je suis resté à Cali deux semaines, dont une dans cette auberge et je dirais qu'elle fait partir de mon TOP 5. Sans compter un prix abordable de 9 € par nuit ! Pour faire un rapide comparatif, je viens de regarder sur booking.com les hôtels et il est très compliqué de trouver quelque chose à moins de 30 € la nuit dans ce quartier.

Pour faire votre choix d'auberge, rendez-vous sur le site référence hostelworld.com où vous trouverez une liste presque exhaustive de toutes les auberges, ainsi qu'énormément d'avis pour vous aider à choisir celle qui vous correspond. Sachez que beaucoup d'auberges proposent des chambres individuelles, mais on peut vite se retrouver à des prix d'hôtels.

Les avantages de l'auberge de jeunesse : option économique, favorise les rencontres.

Les inconvénients de l'auberge de jeunesse : manque d'intimité, attention aux possibles vols.

Location de chambre/appartement

Une alternative à l'hôtel s'est récemment développée : celle de la location d'appartement. Ce type de logement a pris un essor considérable ces dernières années grâce au site Airbnb. Créée en 2008, cette entreprise veut concurrencer les hôtels en laissant des propriétaires faire de la location saisonnière auprès de particuliers.

Le principe est simple : au lieu de louer une chambre d'hôtel, vous louez un appartement entier auprès d'hôtes locaux. À savoir qu'il est aussi possible de louer des chambres individuelles à moindre prix. Partout dans le monde, de telles offres existent et ont changé la façon de se loger à l'étranger. Si vous n'êtes pas partant pour les auberges de jeunesse ou toutes autres formes de logement trop alternatives, la location d'appartement est une excellente option. Vous y trouverez tout le confort et une certaine authenticité que les hôtels n'ont pas vraiment.

La meilleure situation pour louer un appartement serait d'être plusieurs et de rester pour une durée assez longue, au moins une semaine. Cela vous permettra de diviser le cout de la location et la possibilité de négocier les prix. Que ce soit pour quelques jours ou quelques mois, vous pouvez trouver votre bonheur.

Je me souviens avoir loué un bel appartement pendant un mois à Joao Pessoa, dans le Nordeste brésilien. Dans une résidence neuve, avec piscine et salle de sport, j'avais un appartement deux pièces tout équipé, à cinq minutes d'une plage de rêve sur l'océan. Je l'ai réservé quelques semaines avant d'arriver, comme je ne connaissais personne et ne parlais pas portugais, Airbnb m'a clairement facilité la vie ! J'ai payé 500 € pour le mois, tout compris. Ce qui revenait à 16 €/jour. Un très bon prix au vu des prestations !

Je me souviens aussi de ma semaine passée à Lima, où j'avais trouvé une chambre dans une grande maison tenue par des Péruviens. Au coeur du quartier historique de Barranco, j'ai payé 85 € pour huit nuits. J'ai pu socialiser avec des locaux, j'avais accès à la maison et tous ses équipements, tout en ayant mon intimité avec carrément deux lits dans la chambre ! Airbnb peut aussi être un moyen de trouver facilement une colocation. J'aurais pu rester beaucoup plus longtemps dans la maison, tout en réduisant le prix global.

Les avantages de louer un appartement : bon confort, sentiment de vivre comme un local.

Les inconvénients de louer un appartement : les prix peuvent être élevés si vous êtes seul.

Dormir chez l'habitant

Se loger gratuitement et découvrir en profondeur la culture locale, ça vous tente ?

Si vous avez un tout petit budget pour votre voyage, dormir chez l'habitant est une manière sure et fiable de ne pas dépenser d'argent. En France, nous n'avons pas vraiment cette culture d'accueillir les étrangers chez soi, par contre dans certains pays c'est quelque chose de répandu. Ce concept peut vous paraitre un peu étrange de prime abord.

Dormir chez l'habitant peut revêtir différents formats, mais le principe reste le même : votre hôte vous invite à dormir chez lui gratuitement, là où il aura de la place, souvent sur un canapé ou sur un matelas. Pensez à cette façon de vous loger, comme si un ami vous invitait à passer un weekend chez lui. Ici, c'est le même principe, sauf que cet ami, vous ne le connaissez pas encore !

1 - Couchsurfing

Il s'agit du site incontournable pour dormir chez l'habitant lorsque vous êtes en voyage. Ce site Internet qui existe depuis 2004 permet d'accueillir des voyageurs chez soi ou bien d'aller passer quelques nuits chez quelqu'un, le tout gratuitement. Généralement, sur le canapé, « couch » en anglais. Tout le système repose sur le principe de l'entraide.

Couchsurfing est présent partout dans le monde et compte en 2016 plus de 11 millions de membres. Malgré quelques changements controversés ces dernières années, Couchsurfing reste un moyen extraordinaire de rencontrer du monde et de dormir chez l'habitant. Tout est assez simple d'utilisation et sécurisé grâce à un système d'évaluation que vous pouvez laisser aux personnes que vous rencontrez. Même si cela peut sembler étrange de dormir chez un inconnu, voire dangereux, je n'ai jamais eu aucun problème et je connais beaucoup de voyageurs qui l'utilisent sans soucis. Préférez dormir chez des personnes avec de bons commentaires et faites confiance à votre instinct une fois sur place, si vous ne vous sentez pas à l'aise, allez dans une auberge.

J'utilise Couchsurfing depuis 2010. Tout d'abord lorsque j'habitais à Paris et que nous recevions avec mon coloc, des voyageurs tous les weekends sur nos canapés, puis durant tous mes voyages pour dormir chez l'habitant. Je ne compte plus les rencontres faites grâce à Couchsurfing ! J'utilise encore ce site régulièrement. Je me souviens l'avoir utilisé à Rio de Janeiro en septembre 2015, où João m'a hébergé pendant quatre jours dans son appartement à quelques stations de métro de Copacabana. Ou encore plus récemment dans la ville de Cluj, en Roumanie où Kati m'a gentiment prêté son canapé et son vélo pour aller explorer la ville pendant quelques jours.

Couchsurfing est un réseau de voyageurs très puissant qui vous permet de voyager avec un petit budget !

À savoir que d'autres sites Internet fonctionnent sur le même principe : Hospitality Club, Global Freeloaders, Bewelcome et Warmshower pour les cyclistes.

2 - Se faire inviter chez l'habitant

L'autre option pour dormir chez l'habitant est tout simplement de se faire inviter.

Vous rencontrerez énormément de personnes au cours de votre voyage et il est possible que l'on vous invite à prendre un repas ou bien à dormir. Ceci est notamment vrai pour les personnes qui font du stop, voyagent à pied ou encore à vélo. Les types de voyages où vous êtes constamment en contact avec les locaux. Certains facteurs vont jouer sur ces invitations : votre histoire, votre personnalité, le pays dans lequel vous êtes, etc. Comme partout, plus vous attirez de la sympathie et la confiance, plus vous aurez de chance que l'on vous aide.

Personnellement, j'ai très peu recours à ce type de pratique, car j'aime bien planifier, savoir où je vais dormir ou au minimum avoir quelques adresses quand j'arrive dans un endroit. Certains par contre, ne planifient pas grand-chose, vivent au jour le jour et cueillent les opportunités lorsqu'elles se présentent.

Je me souviens tout de même d'une belle expérience aux Philippines, en 2012, lorsqu'une amie d'un couchsurfeur m'a invité à passer quelques jours dans son village un peu perdu dans la campagne. Sans trop réfléchir, je l'ai suivi et j'ai passé trois jours hors du commun. J'ai dormi avec la famille sur le sol en bois, utilisé des toilettes qui n'étaient qu'un trou dans une petite cabane, vu un cochon se faire tuer, grillé à la broche et en manger des parties étranges, jouer au tong-its, un jeu de cartes prisé par les Philippins et participé à une petite fête locale arrosée de Tanduay, un des pires rhums qui vous garantit une gueule de bois légendaire le lendemain ! Finalement, ce fut une expérience très enrichissante qui m'a clairement mis en dehors de ma zone de confort.

Deux points à prendre en compte avant de dormir chez l'habitant :
- Sécurité : si vous utilisez un site Internet, soyez sûr que votre hôte a de bonnes évaluations afin d'éviter d'éventuels problèmes. Si vous vous faites inviter, utilisez votre bon esprit et votre feeling, si quelque chose cloche, ne prenez pas de risques.

- Rendre la pareille : la plupart des personnes qui vous accueillent le font de manière désintéressée, mais il est toujours préférable de « donner » quelque chose à votre hôte. Que ce soit un petit cadeau, cuisiner un repas ou tout simplement le divertir en jouant de la musique ou en racontant de jolies histoires.

Les avantages de dormir chez l'habitant : gratuit, permet les rencontres, la possibilité de vivre une expérience unique.

Les inconvénients de dormir chez l'habitant : manque de confort et d'intimité.

Camping

Il existe un autre moyen de vous loger gratuitement durant votre voyage et je suis certain que vous le connaissez : le camping.

Aller où bon vous semble, plantez votre tente dans la nature, vous endormir en observant les étoiles et vous réveiller dans un petit coin de paradis, c'est possible. Le camping et le fait de dormir dehors existent depuis la nuit des temps et vous pouvez en profiter pour votre voyage à durée indéterminée.

Il existe quatre manières de faire du camping :
- Bivouac : campement temporaire dans une zone non aménagée en pleine nature ;
- Camping sauvage : campement de plusieurs nuits au même endroit, plus proche de la civilisation ;
- Camping « jardin » : camper dans le jardin de quelqu'un, proche d'une maison ;
- Camping privé : accès à des sanitaires et autres commodités comme une cuisine, salle commune…

Dans les deux premiers cas, cela sera gratuit, dans le quatrième il faudra généralement payer pour votre emplacement, mais cela sera tout le temps moins cher qu'un hôtel ou une auberge.

Avoir une tente avec vous et faire du camping sera particulièrement utile si :

- Vous faites un voyage thématique, particulièrement à vélo ou à pied ;
- Vous voulez faire beaucoup de treks et randonnées en autonomie ;
- Vous avez un tout petit budget.

Pour le camping en voyage, il faut faire attention à la qualité de votre matériel (votre tente, duvet, matelas…). Ne lésinez pas sur ce point au risque d'avoir des problèmes sur la route et de devoir racheter quelque chose.

Sachez que dans certains pays, surtout les « pays riches », il existe des règlementations concernant le camping et vous ne pourrez pas poser votre tente n'importe où. Renseignez-vous toujours au préalable.

Les avantages du camping : peu onéreux, forte sensation de liberté et contact avec la nature.

Les inconvénients du camping : transport de l'équipement et manque de confort.

Se faire héberger en échange de services

Il existe d'autres moyens de vous loger gratuitement en voyage, celui d'être hébergé en échange de vos services. Pour simplifier, vous allez travailler ou offrir un service à votre hôte, qui en retour vous offrira l'hospitalité.

1- House sitting

Habiter dans une belle maison gratuitement à l'autre bout du monde, c'est devenu possible pour tout le monde. Le House sitting a ouvert de nouvelles possibilités pour les voyageurs et permet de se loger gratuitement.

Le concept du house sitting ou « gardiennage de maison » en français est simple : vous gardez la maison d'une famille qui part en vacances pour vous occuper de leurs animaux. Il peut y avoir d'autres tâches comme entretenir le jardin ou récupérer le courrier, mais le principe reste le même, veiller sur la maison en y habitant, gratuitement. La durée moyenne d'une mission de house sitting varie de quelques semaines à quelques mois et vous pouvez en faire un peu partout dans le monde. Cependant, vous trouverez le plus d'offres dans les pays occidentaux.

Je connais de nombreuses personnes qui en ont fait et sont généralement ravies ! C'est vraiment un arrangement gagnant/gagnant pour les deux parties. D'ailleurs, certaines personnes aiment tellement ça, qu'elles ne vivent que du house sitting, allant de maison à maison et sont logées gratuitement toute l'année !

Le house sitting s'inscrit dans ce qu'on appelle le « slow travel » ou le « voyage lent » où l'on prend le temps de vivre dans un endroit donné, comme les locaux, ce qui permet vraiment de comprendre un pays étranger en profondeur.

Dans le compagnon, Lucie vous explique ses expériences de house sitting et comment vous pouvez trouver des maisons.

2 - Helpx / Workaway

Assimilé à du volontariat, vous pouvez réaliser des missions variées comme la construction d'une maison, aider à la réception d'une auberge, donner des cours de langues, aider à la maintenance d'un jardin, etc. En échange de ces missions (25 heures hebdomadaire), vous aurez un logement et une partie de vos repas.

Sur Workaway on retrouve plus de 22 000 missions disponibles dans 55 pays, ce qui vous laisse un choix énorme ! Un petit nouveau est arrivé sur ce marché, il s'agit de Worldpackers avec un fonctionnement similaire.

3 - WWOOFING

Le principe est similaire, sauf que cette fois vous travaillerez dans une ferme qui pratique l'agriculture biologique. Le réseau WWOOF est présent partout dans le monde et tout le monde peut participer.

Si l'écologie et l'agriculture sont quelque chose qui vous intéresse, vous trouverez facilement un hôte qui pourra partager ses connaissances et son savoir-faire. On compte plus de 75 000 personnes qui font du WWOOFING chaque année !

4 - Hébergement contre des cours de langues

C'est quelque chose de nouveau, que j'ai d'ailleurs découvert en faisant des recherches pour écrire ce livre. Deux services vous proposent d'échanger vos compétences linguistiques contre l'hébergement chez une famille : GoCambio et TalkTalkBnB.

L'hôte partage son hébergement et vous partagez vos compétences, ici, les langues que vous maitrisez. Je trouve le concept super sympa, encore une fois sur un principe gagnant/gagnant.

Privilégier les petits hôtels locaux

Guesthouse, pension, B&B, hostal, casa particular, ils ont des noms et typologie différents selon l'endroit où vous êtes dans le monde. Cependant, leur point commun est d'être géré par des locaux avec une ambiance plutôt familiale, loin des hôtels aseptisés.

Il s'agit généralement d'une maison privée entièrement reconvertie pour accueillir des invités, plutôt de petite taille et à l'atmosphère plus chaleureuse. Très courant en Asie, ce type d'hébergement existe un peu partout dans le monde où il y a du tourisme. D'ailleurs, vous êtes parfois chez les gens ! Ils ont juste aménagé une partie de leur maison ou bien des étages dédiés aux invités.

En général, les prix de ces guesthouses sont plus bas que les hôtels. Votre job sera donc de comparer sur place les différentes options et voir ce qui vous plait le plus, voire même de négocier les prix. Ce type d'établissement est plus flexible que de grands hôtels. À savoir que vous ne trouverez pas toutes ces guesthouses sur Internet, surtout dans les pays moins développés.

Je me souviens d'une guesthouse super sympa dans laquelle je suis resté dix jours à Canggu sur l'ile de Bali. Je voulais quitter l'hôtel dans lequel je restais à Kuta et je me suis donc baladé avec mon scooter en frappant à toutes les portes où je voyais qu'il y avait une guesthouse. Au bout de 5/6 essais, je tombe sur une guesthouse en forme de temple, en mode très typique. Le propriétaire avait une grande chambre disponible, avec un lit double et salle de bain incluse pour 10 € la nuit. Étant à deux minutes de la mer en scooter, j'ai dit banco tout de suite ! Tous les jours, les enfants jouaient dans la cour, il y avait parfois des cérémonies religieuses, ce qui donnait un côté vraiment authentique.

En restant dans de tels hébergements, on permet aussi de faire marcher l'économie locale, ce qui est toujours préférable, plutôt que de rester dans de grands hôtels, souvent possédés par des étrangers.

La saisonnalité et la négociation

Comme en France et dans tous les pays du monde, il existe une saisonnalité tout au long de l'année. Avec une haute saison durant les vacances du pays, les jours fériés ou les périodes de vacances des touristes étrangers. Par exemple, en France, la Côte d'Azur est bondée en juillet/aout alors qu'en octobre, tout sera beaucoup plus tranquille.

Durant ces périodes de haute saison, tous les prix, dont l'hébergement, seront plus élevés. Comme la fréquentation est plus forte, les hôtels peuvent afficher des prix plus importants, car ils seront sûrs de remplir leurs chambres. Si vous souhaitez dépenser moins pour votre budget logement, évitez les hautes saisons ! De plus, comme il y a beaucoup de monde, votre pouvoir de négociation pour faire baisser le prix sera quasiment nul.

D'ailleurs, saviez-vous que vous pouvez négocier le prix de votre hébergement ? En France ou dans les pays occidentaux, ce n'est pas vraiment courant, mais dans beaucoup de pays, il est normal de négocier les prix. C'est valable pour l'hébergement.

Mon conseil est toujours d'essayer de négocier le prix. Au pire, votre interlocuteur vous dira non et vous paierez le prix annoncé. Dans le meilleur cas, vous aurez économisé de l'argent en quelques minute. C'est juste une question d'habitude !

Ce qu'il faut retenir :

- ✓ L'auberge de jeunesse reste la base pour l'hébergement d'un voyageur
- ✓ Optez pour la location d'appartement si vous êtes plusieurs
- ✓ Tentez de dormir chez l'habitant pour ne pas payer vos nuitées
- ✓ Rendez service pour dormir gratuitement avec workaway ou wwoofing
- ✓ Il est préférable d'être sur place pour trouver des guesthouses pas chères
- ✓ Évitez d'arriver dans un pays durant les hautes saisons

DÉPENSER MOINS EN VOYAGE : LA NOURRITURE

LA NOURRITURE EST LE TROISIÈME poste de dépense en voyage après le transport et l'hébergement. Il va bien falloir vous nourrir tous les jours, sinon vous n'allez pas voyager longtemps !

Le restaurant est comme l'équivalent de l'hôtel, mais pour la nourriture. On pense souvent que voyager équivaut à manger au restaurant. Probablement dû à une déformation venue des vacances de quelques semaines, où l'on veut se faire plaisir. Par contre, manger au restaurant tous les jours pendant des années, cela va compliquer l'équation de votre budget.

Dans ce chapitre, vous allez découvrir les moyens alternatifs au restaurant pour vous nourrir en voyage.

Manger comme les locaux

Dans des pays avec un cout de la vie plus bas, vous allez remarquer que les locaux mangent comme vous et moi. À part dans certaines régions du monde où malheureusement des personnes meurent de faim, les gens mangent tous les jours et vivent correctement. Encore une fois, s'ils ont des salaires plus bas et mangent normalement, vous pouvez le faire aussi, pour moins cher qu'en France. Si vous souhaitez manger pour moins cher, faites comme les locaux.

Mangent-ils au restaurant ? Chez eux ? Dans la rue ? Dans les centres commerciaux ?

Quels aliments sont privilégiés ? Du riz produit sur place ou de la viande importée ?

Où font-ils leurs courses ? Dans un hypermarché ou un petit marché local ?

Observez, demandez et imitez les comportements des locaux concernant la nourriture, cela vous garantira de ne pas dépenser trop d'argent. Par contre, ne vous attendez pas à manger comme en France ! Chaque pays a ses particularités culinaires et pour manger le moins cher possible, il faut manger local. Si vous souhaitez absolument manger du saucisson et du camembert importés, cela va vous revenir cher !

Quand j'étais au Brésil, je mangeais du riz et des haricots quasiment tous les jours, il s'agit de l'alimentation de base. Accompagné de viande de porc et de farine de manioc, il s'agit de la fameuse « feijoada ». En plus de ça, les Brésiliens mangent beaucoup de fruits et il est très simple d'obtenir des jus de fruits délicieux (mangue, banane, goyave et autres fruits inconnus en France) pour trois fois rien.

Par exemple, en France on mange du pain tous les jours, cela fait partie de notre nourriture de base. Dans de nombreux pays, vous ne trouverez jamais une bonne baguette comme chez nous, ils ont d'autres habitudes alimentaires. Bref, attendez-vous à quelques chocs culturels et des petites découvertes pour vos papilles gustatives. C'est aussi ça les joies du voyage.

Acheter de la nourriture

Et si vous achetiez directement votre nourriture, votre matière première, plutôt que d'aller au restaurant ? Il s'agit d'une astuce de base, mais tellement importante à intégrer en voyage. En France, nous allons tous faire des courses pour ensuite manger ou cuisiner chez nous. Vous pouvez faire de même à l'étranger, c'est même fortement recommandé si vous êtes dans un pays où le cout de la vie est élevé. Que ce soit dans un grand supermarché ou un petit marché local, vous pourrez toujours acheter de la nourriture à l'état brut.

Si vous n'avez pas accès à une cuisine, il y a énormément d'aliments que vous pouvez acheter et manger quand vous le voulez, comme :

- Des fruits, souvent délicieux, qui apportent une bonne énergie. Mention spéciale à la banane, présente partout dans le monde, pas chère et remplie de vitamines !
- Des légumes, comme des tomates, des carottes, betterave, concombre, que vous pouvez manger n'importe où.

- Des fruits secs et oléagineux (noix, amandes…) qui font d'excellents snacks.

- Du chocolat, des gâteaux ou autres barres de céréales si vous avez un penchant pour le sucre et les aliments un peu moins « sains ».

- Acheter du pain et de quoi faire des sandwichs, c'est toujours utile pour un bon déjeuner.

Il y a encore plein d'aliments que vous pouvez acheter et qui vont changer selon les pays où vous vous trouvez. Le principe est d'éviter le restaurant qui va revenir cher et privilégier l'achat de votre propre nourriture.

Cuisiner

C'est un peu le Saint Graal pour manger pas cher en voyage, celui de cuisiner lorsque vous avez accès à une cuisine. En faisant vos courses et en préparant vos plats, vous serez sûr de dépenser un minimum d'argent. C'est d'ailleurs l'une de mes options préférées en voyage, car elle me permet de manger ce que je veux, de la nourriture saine et pas chère.

En soi, avoir une cuisine en voyage n'est pas si compliqué au vu de toutes les options de logement qui s'offrent à vous. En auberge de jeunesse, en location d'appartement, chez l'habitant ou même dans certaines guesthouses, vous aurez accès à une cuisine. Pour les plus roots d'entre vous qui partent à pied ou en vélo, l'option réchaud à gaz existe !

Ma recette favorite un peu partout dans le monde est une salade géante. Je vais au marché, j'achète plein de légumes, je trouve toujours un peu de riz, puis j'ajoute du poulet ou des oeufs. On lave tout ça, on découpe, on cuit, on assaisonne et c'est parti !

Je me souviens lorsque je suis resté deux semaines dans une guesthouse à Puerto Lopez, sur la côte Pacifique de l'Équateur. Le matin, c'était salade de fruits, le midi j'allais dans un petit restaurant avec un menu du jour à 2 € et le soir c'était salade géante ! Je m'en tirais à moins de 5 € de nourriture par jour sans soucis.

Il est aussi courant de faire de gros repas à plusieurs dans les auberges de jeunesse, souvent à base de pâtes ! Il suffit de trouver d'autres voyageurs motivés pour préparer une bonne plâtrée, tout le monde participe au cout et généralement, cela revient très peu cher. Sans oublier la nourriture laissée par les voyageurs. Il y a toujours des restes ou de la nourriture non utilisée dans les cuisines d'auberge de jeunesse. Que ce soit dans les frigos ou placards, il y a souvent un espace « commun » avec des aliments que vous pouvez utiliser, il faut savoir en profiter !

Dernière astuce pour les buveurs de thé ou café. Vous pouvez très bien emporter avec vous des sachets de thé ou du café soluble, cela vous évitera de les payer au restaurant.

Ne négligez pas vos qualités de cuistot, même si elles sont basiques elles vous seront très utiles et vous permettront de dépenser moins en voyage.

Street Food

La nourriture de rue, appelée internationalement « street food » est l'un des ingrédients essentiels pour manger pas cher en voyage. Assez peu répandue en France, la street food est quelque chose de courant dans de nombreux pays, surtout en Asie. Si vous allez en Thaïlande et ne mangez pas dans la rue, c'est comme venir en France et ne pas manger une baguette. Inconcevable.

Même si en France, on voit l'émergence assez récente de street food avec les fameux food trucks. Cela n'a pas grand-chose à voir avec ce qu'on peut retrouver à l'étranger. Souvent moins règlementé, plus bordélique et plus authentique.

Comme son nom l'indique, on mange dans la rue, il n'y a pas forcément de quoi s'assoir et on peut manger de tout et n'importe quoi. Il y a plusieurs avantages à manger de la street food. Tout d'abord le prix très abordable, la possibilité de s'imprégner de la culture locale, de manger des plats savoureux, de faire travailler les locaux et puis c'est convivial !

Je me souviens d'un employé d'une auberge lors de mon passage dans la ville de Malang, en Indonésie. Il ramenait toujours un plat tout prêt à midi, qui avait l'air délicieux. En discutant un peu, il m'explique que cela s'appelle « Gado-Gado » une sorte de salade composée de haricots, de pommes de terre, de choux, d'épinards, de tofu et d'oeufs, le tout accompagné d'une « peanut sauce ».

Il m'indique où se trouve le vendeur de ce succulent repas. Il s'agissait juste d'un couple, qui était au coin d'une intersection de deux rues, avec une moto transformée en « restaurant mobile ». Il ne faisait qu'un seul plat, le fameux « Gado-Gado » et je peux vous dire qu'il y avait tout le temps du monde. Pour 1 €, tu avais un bon plat, sain et prêt en 30 secondes. J'y suis retourné tous les jours durant mon séjour à Malang !

Ce n'est qu'un exemple parmi tant d'autres, mais la street food peut prendre toutes les formes et surtout n'importe quel type de nourriture. Viande grillée, nouilles, salade, gâteaux, hot dog, soupe, sandwich, raviolis, jus de fruits… vous trouverez de tout ! Si vous n'avez aucune idée à quoi ressemble la street food en Asie, tapez « street food bangkok » dans google images pour avoir une petite idée.

Les restaurants à privilégier

Ne pas manger au restaurant du tout durant votre voyage est quelque chose qui frise l'impossible. Mais comme pour les hôtels avec les guesthouses locales, votre choix des restaurants va largement influencer votre budget.

Où que vous alliez, il faut généralement éviter les restaurants à touristes. On les repère facilement, ils se trouvent dans les endroits fréquentés, les menus sont traduits dans toutes les langues, ils sont tout beaux, tout propres et vous verrez une majorité de touristes dedans. Le rapport qualité/prix sera bien souvent médiocre dans ce type d'établissement. C'est le cas dans toutes les grandes villes du monde. À Paris par exemple : on voit bien bien les restaurants à touristes près des monuments, avec des prix démesurés pour une qualité qui laisse à désirer. Alors qu'on peut trouver des petits bistrots, bien plus sympa avec une bien meilleure qualité et des prix raisonnables. C'est partout pareil.

Le premier réflexe pour choisir un restaurant est tout simplement de demander aux locaux ou aux expats. Je demande toujours un restaurant « good, local and cheap », quelque chose de bon, local et pas cher. Vous aurez toujours de bonnes adresses à tester. Pour les plus technophiles d'entre vous, TripAdvisor est une bonne option pour trouver des restaurants pas chers. Choisissez le prix le plus petit et allez voir les avis des restaurants les mieux notés. Si tout le monde dit que c'est bon et pas cher, il doit y avoir un peu de vrai là-dedans. Enfin, comme indiqué dans la première astuce, si vous voyez un restaurant plein de locaux, c'est un bon signe, vous devriez y faire un tour !

Je me souviens à Barranquilla en Colombie, j'avais trouvé une « cantine » à deux minutes de chez moi, j'y allais 3/4 fois par semaine. C'était un petit restaurant qui ne payait pas de mine, mais qui avait une sorte de menu du jour tous les midis pour 3 €. Les locaux et travailleurs mangeaient là-bas, donc pas de soucis au niveau de la qualité. Le menu était composé d'une soupe en entrée, d'un plat principal généralement composé de riz/viande/salade/plantain frit ainsi qu'un jus de fruits. Loin de tous lieux touristiques, mais dans un quartier riche de la ville, je peux vous dire que le rapport qualité/prix était excellent.

Oubliez les grandes chaines de restauration internationales et les fast foods, il est tellement plus intéressant de manger local, que ce soit pour le gout, la découverte et surtout pour votre portemonnaie.

Petit-déjeuner et buffet

Bon, ici je vais vous donner une petite astuce de radin : utiliser les petits-déjeuners et les buffets pour faire votre stock de nourriture.

Que ce soit dans une auberge avec le petit-déjeuner offert ou bien dans des hôtels avec un buffet pour le petit-déjeuner, vous avez l'occasion de « gratter » un peu de nourriture. Prendre quelques fruits en plus, des tranches de pain, se faire un sandwich ou mettre n'importe quelle nourriture dans son sac. Tout est possible.

Je me souviens à Bruxelles, lorsque je suis resté en hôtel pendant trois jours pour un salon professionnel sur le voyage, le buffet du petit-déjeuner était vraiment excellent et en grande quantité. Je n'ai pas hésité une seconde à me faire de copieux sandwichs pour mon repas du déjeuner. Malgré quelques regards interrogateurs, je fus ravi de voir que je n'étais pas le seul à faire ça parmi mes collègues blogueurs. J'avoue, je suis un peu radin sur les bords, mais voyager à temps plein à travers le monde demande une certaine discipline financière !

Sachez enfin que lorsqu'il y a un buffet, il y a du gaspillage, donc il n'y a pas matière à être gêné. Surtout quand on sait que la plupart des aliments, encore comestibles, sont jetés directement dans les poubelles.

Récupérer de la nourriture gratuitement

Pour les plus économes d'entre vous, il existe une solution alternative, celle de récupérer de la nourriture gratuitement. Un mouvement né en 1999 aux États-Unis, le freeganisme, met en avant la récupération des aliments destinés à être jetés pour les consommer ou les partager.

Savez-vous le gaspillage alimentaire représente 1,3 milliards de tonnes par an dans le monde ? Soit environ 30 % de la production de denrées alimentaires destinées à la consommation humaine. Ce gaspillage de nourriture provient à 42 % des ménages et 39 % de l'industrie agroalimentaire. C'est un réel problème qui a de lourds impacts économiques, environnementaux et sociaux. En tant que voyageur à petit budget, vous pouvez utiliser ce problème à votre avantage en faisant du dumpster-diving et du table-diving un peu partout dans le monde.

Le dumpster-diving, en français « glanage alimentaire » est le fait de récupérer dans les poubelles des produits encore consommables. Que ce soit les grandes surfaces, les marchés de fruits et légumes, épiceries ou des commerces de bouches (boulangerie, pizzerias…). Beaucoup de produits encore consommables, souvent dans leurs emballages, sont jetés tous les jours, à vous d'être à l'affut et d'aller regarder ce qui peut se cacher dans les poubelles.

Table diving, en français « récupérer de la nourriture abandonnée sur les tables » est assez explicite, mais un peu plus compliqué à mettre en pratique. Il s'agit du même principe, de manger ou récupérer la nourriture que les autres n'ont pas finie.

J'ai récemment eu l'occasion de regarder le film documentaire « Let's eat it ». Pour résumer, c'est un couple américain qui décide, pendant 6 mois, de ne plus acheter de nourriture, mais seulement de manger avec de la nourriture destinée à être jetée. Ils sont donc allés dans les poubelles du supermarché, à la fermeture des restaurants et ont réussi à vivre sans soucis. D'ailleurs, ils avaient même trop de nourriture ! Leur frigo et leurs armoires étaient remplis et ils donnaient leurs aliments à des amis et voisins. Au bout de six mois, ils ont calculé qu'ils avaient récupéré gratuitement pour 20 000 € de nourriture !

Au final, vous allez me dire que cette technique est un peu extrême. Je suis plutôt d'accord, mais c'est une possibilité qui s'offre à vous et qui est entièrement gratuite si vous avez un petit budget voyage. Vous trouverez dans le compagnon des articles de voyageurs sur ce sujet, c'est passionnant !

Je voudrais finir cette section avec une citation du livre de Benjamin Lesage, *Voyager sans argent* :

> « Las Palmas (Espagne), c'était le retour forcé à la civilisation, les conteneurs des supermarchés étaient pleins à craquer de nourriture et si nous mangions comme des rois, nous ne pouvions nous empêcher de ressentir une amertume pesante en pensant à tout ce gaspillage. Tous les deux ou trois jours, nous allions à l'arrière d'un supermarché situé à cinq-cents mètres du squat où nous dormions. À 16H30, les employés sortaient les poubelles et

nous avions jusqu'à 17H, heure à laquelle passe le camion-benne, pour en extraire ses merveilles. Et à chaque fois, c'était environ cinquante kilos de fruits, légumes et produits laitiers que nous trouvions… Sans compter les kilos de viandes et de poissons que nous laissions pourrir dans les poubelles.

Dans la ville, il y avait une dizaine de supermarchés comme celui-là, chaque enseigne jetait cette même quantité chaque jour. Pas la peine de faire de calculs compliqués pour comprendre l'ampleur du gaspillage et visualiser de nos propres yeux les chiffres alarmants énoncés pas la FAO (Organisation des Nations Unies pour l'Alimentation et l'Agriculture) : dans le monde, plus d'un tiers de la nourriture terminait à la poubelle, que ce soit au niveau des industries, des agriculteurs ou chez le consommateur. Chaque seconde, quarante et un mille deux cents kilos de consommables étaient jetés. Nous divisions dans l'abondance, se gavant de produits périmés, mais encore consommables, de fruits et légumes légèrement abimés ou trop bizarres esthétiquement pour être mis en rayons. »

Doucement sur l'alcool

L'alcool fait partie du budget nourriture, parfois il peut même le plomber dangereusement.

Boire de l'alcool fait partie des expériences de voyage. Vous pouvez tester des boissons inédites, faire la fête comme les locaux et en apprendre un peu plus sur la culture d'un pays. Tester une Guinness en Irlande, une Caïpirinha au Brésil, de l'Aguardiente en Colombie, la Tequila au Mexique, un Porto au Portugal, de la Vodka en Russie ou un Mojito à Cuba, il y en a des choses à boire ! Comme les touristes qui viennent en France veulent boire du vin ou du champagne.

Je ne suis jamais le dernier lorsqu'il s'agit de boire quelques verres, surtout à l'étranger. Par contre attention, le cout de l'alcool s'additionne vite et la note peut se révéler salée pour vos repas et sorties. Lorsqu'on commence à prendre un verre, généralement les autres suivent beaucoup plus facilement.

Dans certains pays, l'alcool va être cher et va exploser votre budget. Imaginons que vous ayez un budget de 10 € par jour pour manger, si vous prenez quelques bières dans un bar, vous allez directement doubler votre budget. Sur le long terme, ça ne fonctionnera pas si vous avez un petit budget.

La modération sur l'alcool est primordiale, autant pour votre santé, votre sécurité que votre compte bancaire. Faites attention à vous et ne vous prenez pas des cuites jour après jour, il y a tellement d'autres choses à faire en voyage.

Ce qu'il faut retenir :

✓ Imitez les locaux pour manger moins cher
✓ N'hésitez pas à acheter et cuisiner votre nourriture
✓ Mangez dans la rue, c'est souvent délicieux et peu onéreux
✓ Privilégier des restaurants locaux et non les grandes chaines
✓ Tentez de récupérer de la nourriture gratuitement
✓ Ne prenez pas trop de cuites !

15

DÉPENSER MOINS EN VOYAGE : LES ACTIVITÉS

LES ACTIVITÉS CONSTITUENT LE DERNIER poste de dépense en voyage, il s'agit de tout ce que vous allez faire durant votre voyage.

Cette catégorie forme une variable d'ajustement pour votre budget. C'est-à-dire que vous pouvez ne rien payer ou dépenser énormément d'argent pour vos activités. Tout est question de choix et de préférences personnelles.

Vous allez découvrir l'étendue des activités possibles en voyage et toutes les astuces pour en profiter sans martyriser votre compte en banque.

Aperçu des activités en voyage

Il y a tellement de choses à faire que vous ne serez jamais à court d'idées. D'ailleurs, cet univers est tellement vaste qu'il est difficile d'en faire une classification stricte. Voici tout de même un aperçu des types d'activités (souvent payantes) que vous pouvez faire en voyage :

- Activités sportives : rafting, surf, plongée sous-marine, vélo de montagne, trek, boxe thaïe…
- Activités extrêmes : parapente, saut en parachute, tyrolienne, nager avec des requins…
- Activités culturelles : visites de musées, d'églises, séjour en famille, cours de cuisine…
- Activités détente : massage, matelas de plage, parc d'attractions, snorkeling…

- Activités orientées nature : entrée parc national, safari, guide, randonnée, observation d'animaux…
- Activités évènementielles : match de foot, festival de musique, carnaval, soirées…
- Location : moto, voiture, buggy, vélo, équipement camping…
- Activités diverses : cours de langue, bénévolat, jouer de la musique, chanter, danser…
- Les possibilités sont infinies, votre imagination est votre seule limite.

Certaines activités se croisent et n'appartiennent pas forcément à une typologie. En tout cas, cela vous donne une petite idée des possibilités qui s'offrent à vous, payantes ou gratuites.

Les activités gratuites

Vous trouverez énormément d'activités payantes, partout où vous irez. De fait, le tourisme est l'un des piliers de l'économie dans beaucoup de pays, on retrouve plus de 200 millions de personnes qui travaillent directement pour l'industrie touristique dans le monde !

Heureusement pour nous, il est tout à fait possible de profiter de son voyage sans dépenser trop d'argent en loisirs. Il existe un grand nombre d'activités que vous pouvez faire sans débourser un euro, parmi celles-ci :

- Balade en ville / Randonnée : ça ne coute rien et c'est bon pour la forme ;
- Musée gratuit : dans beaucoup de villes, les musées sont gratuits tout le temps ou certains jours ;
- Visite de cathédrales, temples ou autres lieux de culte, souvent gratuit ;
- Visite des marchés, que ce soit pour la nourriture, des objets, des vêtements c'est toujours intéressant et distrayant ;
- Évènements Meetup/Couchsurfing : locaux qui organisent des évènements ;
- Évènement culturel : cinéma en plein air, concert, carnaval…
- Profiter de la nature : parcs, plages, forêts, montagne, il existe énormément d'activités que vous pouvez faire dans ces endroits ;

- Tours gratuits : on retrouve souvent des locaux qui proposent des tours gratuits d'un quartier, autant en profiter !
- Aller dans l'office du tourisme et demander toutes les choses gratuites qui existent ;
- Vivre : parler aux gens, jouer de la musique, aller danser, partager vos histoires, lire un livre, jouer aux cartes, regarder la télé, écrire un journal, voir un coucher de soleil…

Cette liste n'est évidemment pas exhaustive et vous pouvez y ajouter encore pas mal de choses ! D'ailleurs, voici une astuce pour trouver des activités gratuites localement : partout où vous allez, tapez dans Google « activités gratuites à… », cela vous permettra de trouver plein de choses à faire. Si l'anglais ne vous fait pas peur, je vous conseille aussi « Free thing to do in… » vous y trouverez généralement plus de résultats.

Enfin, voici une règle d'or qui se confirme très souvent à l'étranger : il est plus avantageux et moins cher de faire des activités quand vous êtes accompagné de locaux. En effet, ils connaissent les choses à faire, les prix, ils parlent la langue et ils ont peut-être des contacts. Cela peut éviter certains désagréments et arnaques qui sont malheureusement courants dans les lieux touristiques.

Les activités proposées par des locaux

Une nouvelle tendance est apparue ces dernières années, celle d'éliminer les intermédiaires touristiques et laisser les locaux proposer eux-mêmes des activités pour les touristes. On est toujours dans cette tendance d'économie collaborative qui a fleuri avec Airbnb et le fait de lier les individus entre eux.

Le premier, vous le connaissez : Couchsurfing

En plus d'avoir ce système d'hébergement gratuit, vous pouvez contacter tous les membres du site et participer à des forums par ville ou pays. Avec un peu de chance, il est possible d'entrer en contact avec des locaux qui ont un peu de temps et souhaitent vous faire découvrir leurs villes ou leurs régions.

Je me souviens par exemple de Rodney qui vivait à Dumaguete, aux Philippines. Il m'avait répondu sur le forum de Couchsurfing et on s'est rencontré pour boire une bière. Le courant est plutôt bien passé et le lendemain il m'embarquait sur sa moto pour découvrir les environs de la ville avec un final de toute beauté en haut d'une colline surplombant une vallée luxuriante, d'où on pouvait observer le coucher du soleil.

Quelques mois plus tard, je retournais à Dumaguete accompagné de mon cousin. Encore une fois, Rodney a fait preuve d'une belle générosité en nous emmenant aux cascades de Pulangbato avec sa fameuse « eau rouge ». Je ne savais même pas que ces cascades existaient et ce fut une journée bien rafraichissante sous les chaleurs tropicales des Philippines !

Le deuxième service est beaucoup moins connu, mais entièrement gratuit, il s'appelle « Greeters ».

Selon le site Greeters France :

> « Les Greeters sont des bénévoles amoureux et passionnés de leur ville ou de leur région qui ont plaisir à accueillir des visiteurs comme ils accueilleraient des amis. Ils offrent de leur temps pour découvrir les endroits qu'ils aiment, raconter leur histoire, leur quartier ou village et partager leur façon de vivre le quotidien. Un Greeter n'est pas un guide professionnel. Il accueille les visiteurs dans son environnement de vie et l'explique avec passion. Venez seul ou en groupe de six personnes au maximum et découvrez les bons plans lors d'une balade ou d'une discussion autour d'un verre. Quelle que soit la forme de la découverte, l'essentiel réside dans la rencontre. »

Le concept de Greeters est né en 1992 à New York. Ils sont présents partout dans le monde, avec une forte représentation en Europe. Ce site met donc en relation des bénévoles qui aiment leurs régions et des touristes assoiffés de découverte, plutôt génial comme concept !

Ces deux sites sont gratuits et permettent de vous mettre en relation avec des locaux dans le monde entier.

Sachez qu'il existe aussi des sites Internet vous mettant en relation directe avec un local qui propose des activités, payantes cette fois. Découverte de bars et restaurants locaux, de quartiers historiques, des conseils personnalisés, sessions photo, visites à thèmes, rencontres d'artistes, excursion en bateau, etc. Ici, c'est beaucoup plus organisé et il y en a pour tous les gouts. Les locaux expliquent l'activité et donnent un prix, vous pouvez directement réserver sur Internet. J'ai repéré trois sites principaux : gladtrotter.com, trip4real.com et bubble-globe.fr

Nul doute qu'avec ces différentes options vous aurez accès à des activités un peu différentes et moins chères qu'à l'accoutumée.

Prenez le temps

L'avantage d'un long voyage par rapport à de courtes vacances, c'est que vous avez le temps. Pas besoin de vous presser, pas besoin d'enchainer les activités et pas besoin de dépenser une tonne d'argent, car vous n'avez pas de marge de manœuvre.

Ce temps que vous permet le voyage à durée indéterminée est précieux, il signifie que vous :

- N'avez pas besoin de faire quelque chose de spécial tous les jours ;
- Pouvez profiter du temps présent et faire des activités gratuites ;
- Pouvez tisser un réseau de contacts sur place ;
- Pouvez décider si telle ou telle activité vaut le coup ;
- Pouvez éviter les arnaques en étant mieux informée.

Je me souviens de mon passage de deux semaines à San Gil, en Colombie, c'était en 2015. Cette ville est réputée comme « la capitale des sports extrêmes de Colombie » avec beaucoup d'activités à faire aux alentours de la ville. Parapente, Kayak, vélo de montagne, visites de caves, canyoning ou saut à l'élastique.

La plupart des backpackers restaient trois jours en auberge, remplissaient leurs journées en activités tous les jours et repartaient ensuite vers leur prochaine destination. Lorsque je suis arrivé, pendant une semaine, je n'ai rien fait de spécial, je me suis baladé, j'ai rencontré les locaux, j'ai travaillé sur mon premier livre, testé des restaurants ou visité des villages aux alentours. Mais je me renseignais tout de même sur les meilleures activités à faire, les tarifs, etc.

Au final, durant la deuxième semaine, j'ai fait une descente en canoë et une journée de vélo de montagne. Et ce fut génial. J'ai eu l'impression de dépenser à bon escient et que ces activités étaient faites pour moi, alors que certains étaient déçus.

Parfois, on fait des choses qui nous paraissent incontournables ou géniales. Mais prendre le temps d'avoir des retours et réfléchir à ce que vous voulez permet de se concentrer sur les activités qui vont vous faire plaisir au maximum. Il n'est pas nécessaire de dépenser tout votre argent dans tout ce qui est proposé !

Savoir se faire plaisir

Par contre, il y a quelque chose qu'il ne faut jamais oublier en voyage : il faut savoir se faire plaisir.

Se retrouver sur une ile paradisiaque aux Philippines et ne pas faire ce baptême de plongée qui vous tente tellement à cause du budget est dommage. Il est plutôt simple d'économiser sur le transport, la nourriture ou l'hébergement, mais si vous souhaitez vraiment faire une activité, faites-la ! D'abord, car vous risquez de le regretter plus tard et ensuite, car l'occasion ne se représentera plus.

Pour les activités, je pense qu'il faut vraiment en faire moins, mais mieux. Préférez la qualité de l'expérience vécue à la quantité. Je me souviens lorsque je suis allé aux iles Galapagos, toutes les activités étaient chères. Dès que tu voulais faire des sorties en bateau pour une journée, ça montait tout de suite à 150 $, il fallait donc bien réfléchir. Du coup, j'ai fait une seule activité payante sur les iles Galapagos : deux plongées sous-marines d'exception au milieu des requins, tortues, lions de mer et des poissons magnifiques. Malgré un prix élevé, ce fut la meilleure plongée de ma vie, un souvenir qui restera gravé à jamais.

Et les autres jours alors ? Je me suis éclaté tous les jours ! Il y a plein de balades à faire, plein de criques à découvrir, des musées gratuits à visiter, des vagues à surfer, regarder les locaux jouer au volley… Je me souviens d'une journée où je suis parti en balade vers une plage sauvage avec plein de lions de mer et des iguanes, puis j'ai continué seul pour monter en haut des falaises où se trouvait un repère d'oiseaux sauvages magnifiques. Tout était gratuit et j'ai été émerveillé pendant des heures.

Vous allez parfois vivre l'expérience d'une vie, un truc unique. À ce moment, il ne faut pas hésiter et le faire. Quitte à dormir dans une auberge pourrie pendant une semaine. Vous vous souviendrez de l'expérience vécue toute votre vie et vous oublierez les mauvaises nuits passées rapidement.

Ce qu'il faut retenir :

✓ Il existe énormément d'activités gratuites à faire lors d'un voyage

✓ Aidez-vous des locaux pour faire des activités peu connues et peu onéreuses

✓ Ne vous précipitez pas sur chaque activité proposée, préférez la qualité de l'expérience

✓ Vous avez le droit de vous faire plaisir et de faire quelque chose d'extraordinaire de temps en temps

16

VOYAGER DIFFÉREMMENT AVEC LE VOLONTARIAT

DANS LES CHAPITRES PRÉCÉDENTS, NOUS AVONS VU comment vous pouvez impacter directement chacune des composantes d'un budget voyage. Il est temps d'étudier des stratégies qui agissent sur le budget de façon plus globale.

Le volontariat est un mot utilisé à tort et à travers avec beaucoup de significations possibles. Il est souvent associé à du bénévolat, mais avec un caractère plus formel et organisé. Il existe plusieurs façons de faire du volontariat à l'étranger et c'est sans conteste une manière alternative de voyager. Vous allez découvrir ce que ce cache derrière le mot volontariat et comment il peut vous permettre de réduire votre budget tout en continuant à voyager à l'étranger.

L'échange de services en voyage

Il existe un moyen de réduire drastiquement vos dépenses et de voyager en même temps, celui de faire du volontariat et des échanges de services. C'est une méthode encore assez peu connue, mais qui se développe énormément avec Internet et l'échange d'informations entre voyageurs. Nous l'avons évoqué rapidement dans la partie hébergement, mais il est important de creuser le sujet.

On parle de volontariat, mais sachez que le terme d'échange de services correspond mieux ici. C'est un système d'entraide, comme un échange de bon procédé : vous travaillez en moyenne 5 heures par jour, 5 jours par semaine en échange d'un logement et de votre nourriture. Cela concerne tout type de travail : travail à la ferme, enseigner des langues, travailler en cuisine, aider à la réception d'un hôtel, s'occuper d'enfants, construire une maison, ou encore s'occuper du marketing d'un service touristique.

L'avantage est double :

- Faire sauter deux gros postes de dépenses lors d'un voyage : hébergement et nourriture ;
- Avoir un voyage plus « riche », que ce soit en expérience, rencontres ou la compréhension de la culture locale.

Tout le monde peut faire du bénévolat, il n'y a pas de restrictions d'âge, de diplômes, nationalités ; et vous n'avez pas besoin de compétences spécifiques, car les travaux demandés sont souvent de la main d'oeuvre facile. En revanche, certaines offres demanderont des conditions particulières, comme ne pas accepter un couple ou bien une expertise spécifique comme la charpenterie.

Il faudra donc chercher un lieu, un travail et des conditions qui vous correspondent afin d'avoir une bonne expérience. Comment trouver ces offres de volontariat ?

1 - Sites Internet

WWOOFING : Pour travailler dans des fermes bio. Vous y retrouverez uniquement des fermes, exploitations et jardins issus de l'agriculture biologique. Il faudra adhérer au service WWOOFING d'un pays pour avoir accès à tous les contacts des fermes, les prix varient selon les pays.

Site Internet : wwoofinternational.org

WORKAWAY / HELPX : Pour tous types de travail, pas seulement de l'agriculture. Vous y trouverez un peu de tout en termes de structure d'accueil : auberges de jeunesse, constructions écologiques, écoles, entreprises touristiques, familles... Pour ces deux sites, le service est payant : 23 € pour workaway et 20 € pour HelpX. Vous pourrez alors contacter tous les hôtes qui vous intéressent.

Sites Internet : workaway.info et helpx.net

2 - Sur place : bouche-à-oreille et proposition spontanée

Au cours d'un voyage à durée indéterminée, des opportunités en tout genre apparaissent tout le temps. Que ce soit de nouvelles rencontres, des lieux à visiter non prévus, des idées qui germent à tout va, mais aussi des possibilités de travailler.

En discutant avec d'autres voyageurs, des expats ou des locaux, vous pouvez très vite découvrir des opportunités de travail et de volontariat. Soyez ouvert, dites que vous souhaitez faire du volontariat à toutes les personnes que vous rencontrez et quelqu'un vous donnera surement de bonnes pistes.

Vous pouvez aussi proposer vos services spontanément à des hôtels, auberges de jeunesse, cafés, restaurants, agences de tourisme, exploitations agricoles, etc. Par contre, il faudra être assez direct. Dire ce que vous êtes capable de faire et ce que vous voulez en échange. Plus vous aurez de compétences (langues, construction, marketing…), plus vous aurez de chances de trouver quelque chose. En général, plus il y a de tourisme, plus il y a d'argent, plus il y a d'opportunités.

Je me souviens à Canoa, un petit village de surfeur en Équateur, j'avais rencontré une Allemande qui voyageait dans le pays depuis quelques mois. Elle se rendait sur la côte pour rejoindre un ami qui avait acheté du terrain sur les hauteurs du village pour construire une sorte d'écolodge pour les touristes. Il recherchait des bras pour finaliser sa construction et m'avait proposé de les rejoindre. En ayant les oreilles grandes ouvertes, vous trouverez des opportunités du même genre.

J'ai rencontré beaucoup de voyageurs qui alternaient mois de voyage et mois de volontariat et c'est clairement un gros avantage pour le budget ou les expériences vécues. Pour l'échange de services, vous n'êtes pas salarié, vous n'avez pas de contrat de travail et vous pouvez partir quand vous en avez envie. Ce qui signifie une grande flexibilité et la non-nécessité d'avoir un visa de travail.

Dans le compagnon, vous trouverez plein de retours d'expérience de volontariat en tout genre et un peu partout dans le monde. Cela vous donnera de bonnes idées !

Le volontariat officiel et encadré par le gouvernement

Tout ce qui a été évoqué plus haut concerne du volontariat hors cadre, sans échange d'argent et sans contrat.

Cependant, il existe une autre forme de volontariat à laquelle on pense le plus souvent. Celui de s'engager pour une mission de type humanitaire, environnemental ou culturel dans une ONG (Organisme Non Gouvernemental), une association ou une entreprise. Il faut faire attention, car ici on peut retrouver de tout et n'importe quoi. Du gratuit au payant. Des ONG reconnues aux organismes privés douteux. D'un statut encadré à une autonomie totale. De quelques semaines à des années.

En tout cas, il existe plusieurs moyens de partir faire du volontariat de manière officielle, encadré, contractualisé et parfois indemnisé. C'est une manière sure de partir à l'étranger et de faire du volontariat pour une mission utile.

1 - SVE : Service Volontaire Européen

Le SVE est une composante du programme Erasmus +, il offre une expérience de mobilité et d'engagement dans un autre pays. Il permet de découvrir une autre culture et d'acquérir des compétences utiles à l'insertion socioprofessionnelle. Peuvent participer les jeunes entre 17 et 30 ans, aucune formation ou expérience n'est requise. La durée du SVE se situe entre 2 et 12 mois et s'effectue dans un pays partenaire en Europe.

Le volontaire s'engage dans une mission d'intérêt général au sein d'une structure à but non lucratif (associations, collectivités…). Les domaines d'intervention sont très larges : art et culture, social, environnement et protection du patrimoine, médias et information des jeunes, lutte contre les exclusions, santé, économie solidaire, sport… Par exemple, j'ai interviewé Ophélie qui est partie un an à Budapest en Hongrie pour un SVE. Sa mission en tant que journaliste était d'étudier le marché de l'emploi des jeunes en Europe et réaliser des interviews vidéo pour une association.

Le SVE est gratuit pour le volontaire, qui est nourri, logé et assuré tout au long de la mission. En plus de cela, il reçoit une indemnité qui dépend du pays où il se trouve.

2 - Service civique à l'international

Mis en place depuis 2010, le service civique est la rencontre entre un projet d'intérêt collectif et un projet personnel d'engagement du volontaire. Il peut se dérouler à la fois en France et à l'étranger. Seuls les jeunes de 16 à 25 ans peuvent participer, sans aucune condition. La durée du service civique est comprise entre 6 et 12 mois.

Pour le volontaire, l'objectif est de contribuer à des actions utiles pour la société, découvrir une autre culture et développer de nouvelles compétences. Voici les domaines d'intervention du service civique : culture et loisirs, développement international et action humanitaire, éducation pour tous, environnement, mémoire et citoyenneté, santé, solidarité, sport, etc.

Le volontaire reçoit une indemnité d'environ 500 € par mois. En ce qui concerne les couts de transport, hébergement et nourriture, ils sont répartis entre l'organisme agréé en France, l'organisme d'accueil et le volontaire.

3 - VSI : Volontariat de Solidarité Internationale

Le VSI est un dispositif qui a pour objet l'accomplissement d'une mission d'intérêt général à l'étranger dans les domaines de la coopération au développement et l'action humanitaire au sein d'une ONG. Il n'y a pas de limite d'âge pour faire un VSI, mais la grande majorité des volontaires ont entre 18 et 40 ans. Un contrat de VSI est compris entre 12 et 24 mois, avec un maximum de 6 ans au cours d'une vie.

Pour un VSI, le volontaire met vraiment ses compétences au profit de la mission visée, il est donc important d'avoir de réelles qualifications et expériences professionnelles. Les domaines d'intervention du VSI sont : enseignement, action sanitaire et sociale, information et communication, développement durable, gestion de projets, administration publique et territoriale…

Logiquement, tous les frais du volontaire sont pris en charge par les différents organismes et s'y ajoute une indemnité mensuelle de 100 €.

4 -VNU : Volontaires des Nations Unies

Il s'agit d'un autre programme sûr de faire du volontariat, piloté au niveau des Nations-Unies cette fois, mais les conditions pour y participer sont beaucoup plus strictes.

« Le programme des Volontaires des Nations Unies (VNU) est l'organisation de l'ONU qui promeut le volontariat afin de soutenir la paix et le développement de par le monde. Le volontariat peut transformer le rythme et la nature du développement et il profite à la fois à l'ensemble de la société et à la personne qui se porte volontaire. »

Il faut être âgé d'au moins 25 ans, avoir un diplôme universitaire ou de technicien supérieur et plusieurs années d'expériences professionnelles. La grande majorité des affectations du programme VNU reposent sur des contrats de six à douze mois renouvelables.

Concernant la prise la charge, elle est plutôt bonne, car le volontaire a le droit à une allocation de transport, une allocation de subsistance mensuelle, remboursement des frais de déplacement, des congés et une assurance maladie .

Tous les sites Internet et les informations pour aller plus loin se trouvent dans le compagnon. Ces quatre programmes ne sont pas exhaustifs, mais cela vous donne déjà un bel aperçu des possibilités existantes.

Le volontourisme, ONG et organismes privés

Le volontourisme, c'est-à-dire le fait de permettre aux gens de faire du tourisme tout en venant en aide aux populations locales, s'est développé ces dernières années. Pour être honnête avec vous, c'est un peu le bazar et il faut faire très attention. On retrouve tout et n'importe quoi et les gens commencent à payer pour faire du volontariat. Beaucoup en ont fait un business et ont perdu l'objectif initial d'aider son prochain.

Cette contraction de « volontariat » et de « tourisme » est apparue récemment, d'ailleurs, voici ce qu'en dit Fabienne dans un de ses articles du blog jaiecrit.com :

> « Le volontourisme s'est développé, car il ne semble plus suffisant maintenant d'être un simple touriste. Avec la circulation de l'information et le développement d'Internet, la misère, la pauvreté de ces populations pourtant lointaines, sautent aux yeux et les gens, notamment les plus jeunes, veulent faire quelque chose. L'idée est très bonne, les intentions sont louables. Mais je crois qu'il est important de se concentrer sur ce quelque chose, pour que ce quelque chose ait le plus d'impact et soit le plus sain possible, pour soi-même et pour ceux à qui on veut venir en aide. »

Ce phénomène transforme peu à peu l'humanitaire comme une attraction touristique avec toutes les dérives que cela peut comporter. Les missions sont vraiment diverses : aider des orphelins, donner des cours aux enfants, s'occuper de la protection d'animaux, chantiers de construction, accueil de réfugiés... Mais derrière l'aide que vous êtes censé apporter, les coulisses sont moins reluisantes.

Une campagne publicitaire menée par Friends-International a attiré l'attention sur ce problème. Intitulée « les enfants ne sont pas des attractions touristiques », elle montre que visiter des orphelinats et la mode du volontourisme peut être très néfaste et contreproductif. Par exemple, au Cambodge 74 % des enfants dans les orphelinats ne sont pas orphelins. Certains sont même montés de toutes pièces pour accueillir des volontaires ou recevoir de l'argent. Vous l'aurez compris, certains personnes n'hésitent pas à gagner de l'argent sur la prétendue misère des autres.

Beaucoup d'entreprises utilisent ce principe de « missions humanitaires » pour amadouer des jeunes à payer de fortes sommes, afin d'aller à l'autre bout du monde pour « aider » des gens en difficultés. On découvre même un phénomène inquiétant, celui de faire du bénévolat à l'étranger afin de « faire bien » sur son CV et de prendre des selfies montrant sa générosité. Cela peut faire du bien à l'égo de s'occuper d'enfants pauvres, mais il faut vraiment réfléchir à l'impact rendu.

Si vous souhaitez réellement faire du volontariat ou de l'humanitaire, voici quelques principes :

- Passer par des ONG et des associations reconnues ;
- Ne pas payer pour faire une mission ;
- Un engagement de moyen/long terme.

L'humanitaire est un métier et cela ne s'improvise pas. Si vous souhaitez vous engager, il faut le faire avec des professionnels qui connaissent l'impact que vous pouvez avoir et sur une thématique qui vous tient à cœur. Autrement, vous pouvez toujours faire de l'échange de services où vous pourrez aider les gens sous différentes formes.

Pour aller plus loin sur ce sujet, j'ai ajouté d'excellents articles et ressources dans le compagnon.

Ce qu'il faut retenir :

✓ L'échange de services peut vous permettre d'être nourri et logé
✓ Il y a une abondance d'offres et d'opportunités pour travailler en tant que volontaire
✓ Des programmes de volontariat encadrés et indemnisé existent pour partir à l'étranger
✓ Attention au mélange des genres entre le tourisme et l'humanitaire

VOYAGER SANS ARGENT

CE CHAPITRE EST CERTAINEMENT LE PLUS CONTROVERSÉ du livre et va à l'encontre de tout ce que les sociétés modernes nous inculquent. Il est aussi révélateur des possibilités qu'offrent notre planète et les personnes qui la peuplent.

Voyager sans argent. En lisant cette phrase, vous allez peut-être penser : « Tu rêves mon gars », « Encore un fantasme de hippie » ou bien « Tout le monde le ferait si c'était possible ». J'ai été aussi sceptique que vous au départ, et pourtant certaines personnes voyagent avec très peu d'argent, voire pas du tout.

Vous allez découvrir comment vous pouvez pratiquement éliminer l'argent de l'équation d'un VDI avec des exemples déconcertants de voyageurs qui ont décidé de prendre un chemin un peu différent.

Une combinaison détonante

Lors des chapitres précédents, je vous ai indiqué tous les moyens pour voyager moins cher. En y réfléchissant un peu plus, on remarque qu'en mélangeant certaines de ces techniques on peut arriver à voyager sans argent ou presque.

Pour les transports, vous pouvez marcher et faire du stop, c'est entièrement gratuit. Pour l'hébergement, vous pouvez faire du Couchsurfing ou dormir chez l'habitant, là encore, gratuit. Pour la nourriture, vous pouvez récupérer de la nourriture gratuitement grâce au glanage alimentaire. Pour les activités, vous pouvez juste profiter de toutes les activités gratuites qui s'offrent à vous.

En théorie, vous pouvez donc voyager gratuitement partout dans le monde, rien ne vous y empêche, rien ne vous retient. Dans la pratique, c'est un peu plus nuancé. Je ne suis pas ici pour vous vendre du rêve, mais vous expliquer la réalité des choses. Il existe deux éléments à prendre en compte qui peuvent enrayer ce concept du voyage sans argent.

Le premier, c'est qu'il y aura inévitablement des frais à engager à un moment. Avant le départ, comme une assurance voyage ou un peu d'équipement et durant le voyage pour les visas. Si vous souhaitez vous aventurer dans des pays lointains, il faudra à un moment demander un visa et cela coute de l'argent. C'est inévitable et il n'y a pas vraiment moyen de négocier cela.

Le deuxième point, probablement le plus important : avez-vous envie de voyager d'une telle manière ? Est-ce que cette liberté suprême vous fait rêver ? Ou bien vous rebute profondément ? Voyager ainsi signifie beaucoup d'imprévus et une certaine dépendance à l'autre. Certaines personnes aiment ces situations, d'autres non. À vous d'y réfléchir.

Je n'ai personnellement jamais adopté le voyage sans argent, car j'affectionne particulièrement mon indépendance, quant à l'imprévu, je l'apprécie à petite dose. Par contre, j'ai déjà utilisé certaines des techniques employées comme le Couchsurfing ou l'autostop que je conseille à tout le monde !

Pour mettre en lumière ce concept du voyage sans argent, j'ai décidé de vous présenter quelques cas d'études captivants de voyageurs qui sont partis sans rien ou presque sur les routes du monde.

Jérémy Marie : autostop pendant 5 ans

Je prends souvent l'exemple de Jérémy car j'adore son parcours, sa personnalité et son humilité par rapport à son incroyable voyage. Il a voyagé pendant cinq ans en faisait du stop, en traversant 71 pays et parcouru plus de 180 000 km.

Il est parti de Caen, a traversé toute l'Europe, a descendu toute l'Afrique de l'Est pour prendre un bateau au Cap qui lui a permis de traverser l'Atlantique jusqu'en Amérique Centrale. Il est ensuite monté jusqu'en Alaska et a découvert toute l'Amérique du Nord avant de redescendre vers le Sud et découvrir le Brésil, l'Argentine ou la Colombie. En arrivant au Panama, il a trouvé un nouveau voilier avec lequel il a traversé le Pacifique en s'arrêtant sur des iles comme Tahiti, les Tonga ou la Nouvelle-Zélande avant de mettre pied en Australie. Enfin, un long chemin le ramènera en France en passant par l'Indonésie, la Thaïlande, la Chine, l'Asie centrale puis l'Europe de l'Est.

Un parcours impressionnant, réalisé à la seule force de son pouce ! Durant mon interview avec Jérémy, il m'a indiqué son budget pour l'ensemble de son voyage qui a duré cinq ans : 15 000 €. Soit 3 000 € par an, soit au final 250 € par mois.

Alors oui, ce n'est pas du voyage gratuit, mais il s'agit là d'un budget extrêmement bas à la vue des pays parcourus ! Le budget de Jérémy est passé majoritairement dans l'équipement, l'assurance voyage, les visas et la nourriture. D'ailleurs, Jérémy explique exactement comment il a fait sur son blog ainsi que dans son livre *Mon tour du monde en 1980 jours* qui retrace tout son voyage.

Benjamin Lesage : une année sans argent de la France au Mexique

En 2010, Benjamin et deux amis se sont lancés dans un défi un peu fou : partir des Pays-Bas et rejoindre le Mexique absolument sans argent !

Avec des inspirations écologiques et d'une société où il n'y aurait plus d'échanges monétaires, ils se lancent dans ce challenge avec une motivation de fer. Ils voyagent en stop, récupèrent de la nourriture, travaillent en échange de logement ou dorment dehors avec toujours comme objectif de ne pas dépenser un seul euro.

Au final, ils auront mis onze mois pour atteindre leur objectif : le Mexique ! Ils ont traversé la France, l'Espagne et le Maroc, à partir duquel ils ont trouvé un voilier pour rejoindre les iles Canaries. Après sept semaines d'attente, ils trouvent à Las Palmas deux Italiens qui vont au Brésil et qui recherchent des équipiers, voici leur ticket pour l'Amérique du Sud ! S'en suivent des aventures rocambolesques à travers la Guyane, le Vénézuéla, le Panama ou le Honduras avant d'arriver 11 mois plus tard au Mexique.

Au total, ils sont montés dans 271 véhicules, ont parcours 24 000 km et ont dépensés… 100 €. Leur budget a été consacré aux visas et à refaire un passeport perdu. D'ailleurs, ils essayaient d'éviter de payer les visas et autres taxes. Benjamin raconte dans son livre *Vivre sans argent,* qu'en arrivant au Belize, ils ont tout fait pour rencontrer la secrétaire générale du territoire afin de lui expliquer leur voyage et éviter de payer la taxe touristique de 35 $. Et ils ont réussi !

Voici une citation de Benjamin sur ce voyage :

« Sans argent, on ne peut pas choisir ni son repas, ni son logement, ni son moyen de transport, on apprend à_ recevoir, à_ vivre avec ce que la vie nous donne et à_ se laisser porter par l'autre. Nous sommes forcés_d'interagir avec le monde qui nous entoure, de le comprendre et de l'accepter tel qu'il est. »

Benjamin a écrit plusieurs livres : *Sans un sou en poche*, *Voyager sans argent : le non guide* et *Vivre sans argent*, toutes les références se trouvent dans le compagnon.

Mathilde et Edouard Cortes : de Paris à Jérusalem à pied et sans argent

Une semaine après s'être mariés le 9 juin 2007, Mathilde et Édouard partent pour une lune de miel particulière. Ils décident de quitter Paris pour rejoindre Jérusalem à pied et sans argent. Leur objectif était de marcher jusqu'à leur destination finale en demandant le gite et le couvert sur le chemin.

Le jeune couple a décidé de faire un tel voyage afin de mieux se connaitre, de vivre quelque chose de fort ensemble et de repousser leurs limites pour réaliser cet exploit. Ils sont partis dans le dépouillement le plus total, ouvert sur les autres afin de rencontrer les locaux, échanger et partager avec eux.

Finalement, ce voyage a duré 232 jours, soit plus de sept mois, ils ont parcouru 6 000 km et 13 pays en passant notamment par l'Italie, la Serbie, la Turquie, la Syrie jusqu'aux Territoires palestiniens. Sur l'ensemble du voyage, ils ont passé la moitié de leurs nuits dans des familles.

Édouard précise que : « c'est pour mieux s'abandonner et rompre un temps avec la logique d'une société marchande que s'est imposé le choix de n'emporter ni liquidités, ni carte bleue. Partir sans argent, cela implique de s'en remettre à la Providence. »

Ils ont écrit un livre racontant cette aventure humaine que je vous recommande chaudement *Un Chemin de promesses*.

Tom Astikainen : 18 mois de voyage à travers l'Europe en stop

On m'a récemment recommandé un livre intitulé *The Sunhitcher, on the road without money*. C'est l'histoire de Remmus, un Finlandais criblé de dettes de prêts étudiants et qui décide de quitter son pays pour partir voyager à travers l'Europe en faisant de l'autostop et sans argent (vous devriez commencer à voir une tendance maintenant).

Dans ce livre il raconte son aventure qui dure 18 mois et qui l'emmène aux quatre coins de l'Europe. Il a parcouru plus de 90 000 km à zigzaguer entre la Pologne, la France, l'Espagne, la Grèce, l'Allemagne… le tout en autostop.

On retrouve dans son histoire un personnage qui se cherche, qui explore ses croyances, découvre d'autres cultures et fait des rencontres qui le changent à tout jamais. Mais surtout, il teste son idéal de vie sans argent. En se déplaçant grâce aux autres, en trouvant de la nourriture destinée à être jetée ou bien en utilisant Couchsurfing pour se loger. Au final, il s'en sort plutôt bien et mène une vie vagabonde remplie d'expériences enrichissantes, qui lui permettent de grandir et d'évoluer.

Tom affirme que ce type d'aventure « montre la nature et l'ampleur à la fois de la gentillesse des gens ou son manque. L'autostop, manger et dormir sont dépendant des autres, car il n'y a pas d'argent impliqué dans ce voyage. Cela garantit une montagne russe de succès et d'échecs. »

Vous pouvez retrouver le livre *The sunhitcher* gratuitement sur le site de l'auteur : astikainen.wordpress.com

Il a depuis écrit un autre livre très enrichissant intitulé *Rich without money* dans lequel il explique comment il vit sans argent depuis plus de 4 ans, j'ai rarement vu autant d'informations sur ce style de vie que dans ce livre. En plus de ça, il est gratuit ! Je vous conseille de jeter un coup d'oeil.

Nus et culottés : l'émission de télé inspirante

Connaissez-vous l'émission « Nus et culottés » ?

Il s'agit d'une émission de télévision créée par deux aventuriers déjantés, Nans et Mouts et diffusée sur France 5. En voici le concept :

« Les deux aventuriers intrépides Nans Thomassey et Guillaume Mouton, alias Nans et Mouts, poursuivent leurs rêves d'enfants. Passionnés par l'aventure et les rencontres, leur démarche est on ne peut plus culottée : partir d'un lieu sans argent ni vêtements pour rejoindre une destination à plusieurs centaines de kilomètres, avec, pour seul espoir de réussite, la solidarité des personnes rencontrées sur leur route.

Munis de leurs deux caméras fixées au baluchon qu'ils portent à l'épaule, ils filment aisément et spontanément leurs aventures. Plus qu'un simple accessoire, leur matériel de prise de vue est un fidèle compagnon de voyage qui joue un rôle à part entière dans leurs pérégrinations. Au travers de l'expérience de Nans et Mouts, Nus & Culottés offre une vision inattendue et alternative du voyage comme de la nature humaine. »

Pour résumer, ils partent à l'aventure, nus et sans argent pour accomplir une mission précise. Cela peut-être rejoindre les Pays-Bas en vélo, rejoindre l'Écosse et dormir dans un manoir hanté, voir une aurore boréale en Islande, trouver une oasis dans le désert marocain, etc.

Bien que ce soit une émission télévisée, Nans et Mouts n'utilisent absolument pas d'argent, du début à la fin de leur voyage. Et comme ils sont eux-mêmes caméramans, ils n'ont aucune aide extérieure pour réaliser leur mission. Grâce au troc, à des services rendus et à la générosité des personnes rencontrées, ils vont trouver vêtements, nourriture, logement et aide pour se déplacer (à pied, vélo, voiture ou avion par exemple).

Et ce n'est pas tout le temps facile explique Guillaume, en Écosse ils n'ont pas trouvé de logement pendant quatre nuits : « on a dormi dans une poubelle pour ne pas avoir froid, une autre nuit dans un grenier abandonné, dans un commissariat. On voit aussi quand ça ne marche pas ».

Leur objectif in fine est de se retrouver à l'essentiel et de prouver qu'il existe d'autres moyens que l'argent pour répondre aux besoins de base. Des épisodes sont disponibles gratuitement sur leur chaine YouTube, ainsi que sur le site de France 5. Si vous ne connaissez pas, je vous recommande chaudement de voir un épisode et d'écouter l'interview que j'ai réalisé de Mouts, l'un des deux protagonistes.

À titre informatif :

J'ai choisi des exemples publics pour que vous puissiez aller plus loin si le sujet vous intéresse. Mais nul doute que des milliers de personnes voyagent sans argent de façon privée à travers le monde.

Ce qu'il faut retenir :

✓ Vous pouvez combiner plusieurs tactiques pour théoriquement voyager sans argent

✓ Certaines personnes voyagent avec très peu, vous pouvez aussi le faire

✓ Vivre des expériences de voyage extraordinaires ne nécessite pas forcément de l'argent

✓ Voyager sans argent est un concept assez obscur, il faut une certaine ouverture d'esprit pour le tenter

✓ Si vous avez fondamentalement envie de voyager, l'argent ne devrait pas être un obstacle

18

LES 7 DERNIÈRES TECHNIQUES À CONNAITRE

NOUS ARRIVONS DANS LE DERNIER CHAPITRE de cette partie 2 consacrée à dépenser moins en voyage. Je suis conscient que vous avez déjà reçu énormément d'informations, mais il y a encore quelques techniques que je souhaite vous dévoiler avant d'entamer la troisième partie du livre.

Parfois essentielles, parfois méconnues, ces techniques peuvent vraiment faire la différence dans le budget de votre voyage à durée indéterminée.

N°1 : Adoptez le « slow travel », le voyage lent

Certains voyageurs préfèrent prendre leur temps une fois sur la route. Au lieu de bondir telle une sauterelle, de ville en ville, de pays en pays ; cette catégorie de voyageurs reste plusieurs semaines ou plusieurs mois dans un seul lieu. Rester plus longtemps à un endroit a pour avantage de réduire plusieurs des couts liés à votre voyage.

Tout d'abord en termes de logement. En restant plus longtemps, vous pouvez négocier le prix de votre chambre, de votre appartement ou de votre lit en dortoir. Il y a presque tout le temps une marge de négociation ou bien une réduction spéciale pour les longues périodes. Pour le transport, vos déplacements seront moins fréquents, vous dépenserez donc bien moins. Il est possible que vous ayez accès à une cuisine, ce qui vous permettra de diminuer votre budget nourriture. Outre les finances, un des avantages principaux du slow travel est de pouvoir vraiment s'immiscer dans la culture, de se lier d'amitié avec des locaux et de prendre place plus facilement dans une communauté.

Je me souviens lors de mon voyage en Indonésie, il me restait un mois dans le pays lorsque j'ai débarqué sur l'ile de Java depuis Bali. Après avoir passé une semaine à changer de lieu tous les jours, à changer d'environnement, gravir des volcans, faire des randonnées et à galérer, je suis arrivé dans la ville de Malang. Il n'y avait clairement pas grand-chose à faire là-bas. Et pourtant, j'y suis resté dix jours ! J'ai dormi dans la seule auberge de la ville, tenue par une Hollandaise bien sympa.

Durant mon séjour, j'ai exploré la ville, testé plein de restaurants, loué un scooter pour me balader dans les montagnes environnantes, rencontré un tas de locaux, fait du parapente, profité des nombreux salons de massage, etc. C'était génial de pouvoir se reposer et explorer la région tranquillement ; j'ai ensuite pris le train pour Yogyakarta où je suis resté deux semaines ! J'ai réussi à me faire héberger gratuitement dans une luxueuse résidence par une fille rencontrée en boite de nuit, c'est une longue histoire ! Mais, dans les deux cas, j'ai pu m'immerger de façon plus intense dans le pays.

Le slow travel permet vraiment de prendre son temps et de découvrir un endroit et sa culture. Il est particulièrement adapté aux personnes voulant faire du volontariat, aux nomades digitaux ou à ceux qui aiment prendre leur temps en voyage. Si vous en avez la possibilité, visitez moins, mais visitez mieux.

N°2 : Négociez

Nous l'avons évoqué rapidement dans le chapitre 13 sur l'hébergement, mais j'en reparle ici. La négociation est une compétence clé que vous allez acquérir en voyage. Ceci pour deux raisons :

- Dans certains pays, il est normal de négocier, notamment en Asie ;
- Cela vous permettra de gagner de l'argent (ou de ne pas le perdre bêtement).

En France, nous n'avons pas cette culture de la négociation, s'il y a un prix, c'est qu'il est fixe ! À part dans les brocantes dont c'est un peu le but du jeu. Imaginez juste que le système de brocante est présent dans beaucoup de pays du monde. Le prix affiché ou annoncé n'est pas celui que vous êtes censé payer. En plus de ça, les locaux nous collent rapidement l'étiquette « touriste » qui vous catapulte comme une belle proie à arnaquer.

J'ai deux conseils simples pour négocier :
- Essayer de payer le même prix que les locaux ;
- Demandez un rabais, peu importe la situation (au pire la personne dit non).

Cela va s'appliquer pour le logement, les activités, dans les marchés de touristes, les taxis, etc. Si vous sentez que c'est trop cher, négociez !

Votre pouvoir de négociation jouera sur différents facteurs :
- L'offre est-elle supérieure à la demande ? Y a-t-il vingt taxis pour un touriste ou l'inverse ?
- Avez-vous les vraies informations ? Connaissez-vous le prix réel d'une visite guidée ou vous n'en avez aucune idée ?
- Êtes-vous flexible ? Pouvez-vous passer deux jours de plus dans un hôtel pour avoir un rabais ou votre emploi du temps est rigide ?

Dans tous les cas, la pire situation sera un refus du rabais, ce qui n'est pas la fin du monde en soi.

Je me souviens de la négociation avec l'hôtel dans lequel je suis resté près d'un mois à Canoa en Équateur. J'avais testé l'hôtel deux nuits et je l'avais beaucoup aimé : confortable, charmant avec ses constructions en bambou, avec une cuisine, à deux minutes de la mer et ambiance à la cool. Le souci est que le tarif était de 20 $/nuit, un peu cher pour mon budget. Ce n'était pas la haute saison, il n'y avait pas beaucoup de touristes et je voulais rester deux semaines de plus, j'ai donc commencé à négocier. Je m'en suis sorti au final pour 150 $ les deux semaines, soit presque 10 $ par nuit. 50 % de réduction, ce n'est pas rien !

La plupart du temps, les petits hôtels préféreront avoir des gens, même s'ils gagnent moins que de n'avoir personne et ne rien encaisser du tout ! Par contre, attention à ne pas se battre pour gagner 20 centimes d'euros lors d'achat de bananes dans un marché local ou pour une course de tuk-tuk. À mon avis, l'énergie passée à négocier n'en vaut pas a chandelle, mais c'est à vous de voir sur la route !

N°3 : Éviter les lieux trop touristiques

Qui dit masse de touristes, dit prix plus élevés. C'est une logique implacable que vous retrouverez partout dans le monde.

Les restaurants, les bars, les activités, le logement, tout sera plus cher que la normale. C'est d'autant plus vrai dans les pays moins développés. Les locaux voient arriver une horde de touristes, tous prêts à dégainer leurs cartes bancaires liées à un compte bien garni durant l'année. Ils veulent en profiter et nous ferions probablement tous la même chose.

Pour voyager moins cher, sachez que les destinations que vous allez choisir vont influencer énormément votre budget comme nous l'avons vu dans le chapitre 11 avec le cout de la vie par pays. Mais sachez aussi qu'à l'intérieur même d'un pays, les prix varient du simple au triple selon l'endroit. C'est aussi vrai à l'intérieur d'une ville. Par exemple, un appartement de location en face du Sacré-Cœur à Paris n'aurait pas du tout le même prix que s'il était situé Porte d'Italie, quartier beaucoup moins prestigieux et sans touristes. Vous retrouverez ce phénomène partout.

Je comprends que vous ayez envie de voir les attractions touristiques d'une ville, d'aller sur les meilleures plages, etc. Mais vous pouvez aussi sortir des sentiers battus, allez dans des endroits moins connus où les locaux voient peu de touristes. Le prix des restaurants sera par exemple moins cher et vous gagnerez en authenticité.

Essayez aussi d'avoir votre logement hors des zones très touristiques, dans un quartier plus local. Le prix sera moins élevé et les services environnants aussi. Dans le doute, demandez à des locaux ou des expatriés qui vivent dans le coin quels seraient les lieux à privilégier.

N°4 : Diminuez vos frais bancaires

Cela peut paraitre anodin au premier abord, mais pour de longs voyages, prenez garde aux frais liés à votre carte bancaire.

Que ce soit pour retirer du liquide aux distributeurs automatiques ou faire vos achats, vous allez inévitablement utiliser votre carte bancaire en voyage. Le souci, c'est que dans 90 % des cas, votre banque va prélever des frais sur toutes vos transactions en dehors de la zone euro. Si vous partez pour un an, les sommes peuvent vite s'additionner !

Imaginez que pendant un an, vous retiriez chaque mois 1 000 € en 4 retraits.

Si vos frais sont de 2,5 € + 3 % par retrait, on atteint (4 * 2,5 € * 12) + (12 000 € * 2 %) = 120 € + 360 € = 480 € de frais bancaires

En revanche, si vos frais sont de 2 % par retrait, on atteint 240 €. Soit une économie de 240 €.

Et encore mieux, si vous avez une carte sans frais, vous allez économiser 480 €. Cette économie peut couvrir pas mal de frais, même accessoires, en voyage.

La première chose à faire est donc de regarder quels sont vos frais bancaires liés aux retraits et aux achats à l'étranger. Toutes les banques ont des règles différentes. Par exemple, avant mon tour du monde en 2014, j'avais une carte bleue visa avec la Banque Postale et les frais étaient de 2,5 € + 3 % pour chaque retrait hors zone euro, ce qui est vraiment excessif.

Si c'est frais vous semblent trop élevés, la deuxième chose à faire sera de rencontrer votre banquier, lui expliquer la situation et voir comment les choses peuvent changer. Ou bien prendre une deuxième carte bancaire dans une autre banque.

Par exemple, j'ai ouvert un compte chez Fortuneo avec une carte MasterCard gratuite qui me permet d'avoir seulement 2 % de frais partout dans le monde, ce qui est plus raisonnable. C'est celle que j'utilise pour faire tous mes retraits. Ma carte visa me sert uniquement en cas d'urgence.

En ce qui concerne le choix d'une nouvelle carte bancaire, il serait trop long de faire un comparatif détaillé. Vous trouverez d'autres ressources dans le compagnon. En règle générale, les banques en ligne comme Fortuneo, Boursorama, Monabanq, Number26… permettent d'avoir des frais bancaires plus faibles.

Sinon, il existe l'option de la carte bancaire prépayée qui n'est pas liée à votre compte en banque. Il suffit en fait de se procurer la carte, de payer une cotisation annuelle et de la recharger en ligne. Ensuite, vous pourrez faire vos retraits sans frais dans les distributeurs automatiques du monde entier. Par exemple Paytop, Skrill ou encore Cash passeport.

En tout cas, faites donc bien attention à tout ça et arrangez-vous pour partir avec une carte avec peu de frais.

N°5 : Arrêter de dépenser de l'argent inutilement

Lors de mon tour du monde entre novembre 2014 et novembre 2015, je suis parti avec mon sac de 17 kg sur le dos et je suis revenu avec ce même sac, qui à quelques éléments près avait la même contenance. Pendant un an, je n'ai quasiment pas acheté d'objets.

En y réfléchissant bien, voici les objets que j'ai achetés durant un an : un short de bain (j'en avais perdu un), un short normal, quelques chaussettes et caleçons, 2 t-shirts puis quelques bracelets. Outre les objets de la vie quotidienne (savon, dentifrice...), je n'ai rien acheté d'exceptionnel, ni de grande valeur. De toute façon, je n'avais pas la place de stocker des choses, je ne voulais pas m'alourdir et remplir mon sac à dos à son maximum ! C'est un des avantages à vivre avec un sac à dos (ou une valise), cela vous force à réfléchir avant d'acheter quelque chose, car votre place est limitée.

Imaginez les économies que vous pouvez faire en voyage, pas besoin de télé, d'un canapé, de ce manteau à la mode, ce nouveau gadget dont tout le monde parle, ces chaussures dernier cri, etc. Nous sommes dans une société de consommation et nous faisons tous des achats compulsifs, moi le premier ! Mais que vous soyez en voyage ou non, demandez-vous si vous en avez vraiment besoin. Si votre vie serait vraiment meilleure avec cet objet.

Lorsque vous voyagez, il est moins probable de céder à cette tentation d'achats compulsifs, cependant, elle existe bel et bien ! Des souvenirs, des bijoux, des vêtements, des gadgets pour voyageurs ou de l'électronique, la tentation est bien présente.

Dans ce cas-là, essayez toujours d'avoir en tête votre projet et votre voyage. Préférez-vous la gratification immédiate de votre achat ? Ou la gratification à plus long terme de votre voyage et les expériences que vous pouvez vivre ? Moins vous achetez, plus vous avez d'argent restant sur votre compte en banque, plus vous pouvez faire durer votre voyage.

N°6 : Erasmus et études à l'étranger

Même si les études à l'étranger ne sont pas un réel voyage, il en reprend quelques caractéristiques fortes. Cela peut paraitre un peu hors sujet, mais je voulais l'aborder, car c'est aujourd'hui quelque chose d'abordable financièrement, facile à faire et qui peut vous faire voir du pays !

En 2009, j'ai fait un semestre en Erasmus à Bratislava. Ce séjour de cinq mois en Slovaquie a littéralement changé ma vie et ma vision des choses. J'y ai rencontré des personnes extraordinaires venant de toute l'Europe, j'ai pu visiter une grande partie de l'Europe de l'Est et j'ai attrapé le virus du voyage ! Il y a clairement eu un avant et un après Erasmus. Pour avoir échangé avec énormément de monde au cours de ces 8 dernières années, je suis loin d'être le seul pour qui étudier à l'étranger a été le déclic pour une autre vie. Il peut l'être pour vous.

Le principal moyen de partir étudier à l'étranger se fait grâce à Erasmus+, qui permet une mobilité organisée et encadrée. Plus de 26 000 Français partent avec ce programme chaque année. Une fois vos frais d'inscription payés en France, vous pouvez partir un semestre ou un an pour vos études ou faire un stage. Pour ça, il faut que votre établissement ai bien signé une charte Erasmus+, ce qui est le cas pour toutes les universités françaises.

À savoir que vous recevez une bourse de l'Union européenne qui est une participation aux frais induits par la mobilité. Cette bourse est forfaitaire et intègre systématiquement le cout de la vie du pays de destination. Des financements complémentaires peuvent être proposés par les conseils régionaux ou certains ministères.

Je me souviens par exemple que mes 6 mois en Slovaquie ne m'ont quasiment rien couté. Entre la bourse Erasmus, la bourse sur critères sociaux et le faible cout de la vie à Bratislava (ma chambre coutait 70 €/mois), je n'avais pas trop de préoccupations financières.

Je suis convaincu qu'Erasmus est un excellent moyen de s'initier au voyage pour un cout raisonnable. Le processus est assez simple et cela peut vous apporter tant de choses au niveau académique, professionnel, mais surtout personnel, qu'il faut vraiment envisager cette option si vous en avez l'opportunité.

À savoir qu'il existe bien sûr d'autres possibilités pour étudier à l'étranger. Beaucoup d'écoles privées, comme les écoles de commerce proposent à leurs étudiants d'effectuer un séjour à l'étranger durant leur cursus. Par contre, c'est quelque chose de plus couteux, car il n'y a pas forcément d'aides. Vous pouvez aussi opter pour l'inscription directe dans un établissement à l'étranger, mais là aussi il faut regarder de près le cout des frais d'inscription et surtout le cout de la vie que vous devrez prendre en charge sur place.

N°7 : Les bourses de voyage

Je voulais enfin vous parler d'une technique méconnue qui ne permet pas de dépenser moins, mais de gagner de l'argent. Il s'agit des bourses de voyages et des aides financières qui aident chaque année des personnes à réaliser un projet de voyage en relation avec la découverte, le sport, la culture ou l'aspect social.

Ces bourses sont organisées par des associations, des organismes d'état ou de région. Il faut postuler et réaliser un solide dossier pour postuler et remporter une bourse. Tout le monde y a le droit, dans une certaine limite d'âge, mais elles ne sont pas distribuées aux personnes voulant juste voyager et s'amuser, il doit y avoir un vrai projet derrière.

Voici quelques bourses de voyage réputées :
* Zellidja : bourse de 900 € pour les jeunes âgés de 16 à 20 ans ;
* Déclic jeunes de la fondation de France : une vingtaine de bourses de 7 600 € par an pour les jeunes de 18 à 30 ans ;
* Bourses expé : 34 500 € répartis sur cinq projets dans le cadre de sport de montagne ;
* Bourse AVI international : 3 000 € répartis sur 3 projets par an ;
* Bourse SPB de l'Aventure : 20 000 € répartis sur 5/7 projets par la Guilde Européenne du Raid ;
* Club Teli : 3 500 € répartis entre quatre projets.

Il y a aussi beaucoup d'aides financières régionales, comme Paris Jeunes Aventures de la mairie de Paris avec une aide comprise entre 500 € et 5 000 €, la région Bretagne soutient des projets de solidarité internationale : 150 € par projet, le PASS volontariat de la région PACA qui soutient les jeunes voulant s'engager dans un volontariat international avec une aide de 400 € ou encore le dispositif « citoyen du monde » de la région Nord Pas de Calais qui soutient jusqu'à 6 000 € des initiations citoyennes à l'international.

Il existe encore bien d'autres aides et bourses, à vous d'aller frapper aux portes, de faire des recherches dans votre région si vous souhaitez faire financer une partie de votre projet. Tous les liens pour en savoir plus sur les bourses citées et toutes les autres sont évidemment dans le compagnon.

Ce qu'il faut retenir :

✓ Prendre le temps de voyager permet de réduire vos dépenses

✓ Tentez toujours de négocier les prix en voyage, vous pouvez économiser plus d'argent que vous le ne pensez

✓ En évitant de rester dans les lieux trop touristiques, vous dépenserez moins d'argent

✓ Optimisez vos frais bancaires avant de partir vous éviter de payer trop cher vos retraits à l'étranger

✓ En VDI, dépensez moins en objets et vêtements pas forcément utiles

✓ Si vous êtes étudiant, vous pouvez tenter Erasmus pour vivre une expérience peu onéreuse à l'étranger

✓ Informez-vous sur les bourses et aides financières qui peuvent accompagner votre projet de voyage

CONCLUSION PARTIE 2

NOUS VENONS DE VOIR ENSEMBLE tous les moyens existants pour dépenser moins d'argent durant votre voyage. Vous connaissiez probablement certaines techniques, d'autres vous ont peut-être surpris. Dans tous les cas, vous avez maintenant toutes les armes à votre disposition pour envisager un voyage beaucoup plus long.

Que ce soit le véritable cout d'un long voyage, l'arbitrage avec le cout de la vie relatif dans les pays, toutes les astuces pour diminuer chaque poste de dépenses en voyage, ou encore le volontariat, les possibilités de voyager pas cher sont considérables. Pour les plus motivés d'entre vous, nous avons même vu que vous pouvez voyager à l'autre bout du monde avec moins de 100 €/mois. Avec quelques centaines d'euros sur votre compte en banque, vous pouvez partir demain faire un tour de l'Europe pour quelques mois.

En vous autorisant à prendre votre temps, le voyage à durée indéterminée est intrinsèquement différent des vacances de quelques semaines. En complément de toutes les techniques dont je vous ai parlé dans cette partie 2, il y a un élément bien plus important que vous devez connaitre. Il s'agit d'une idée fondamentale de ce livre :

Vous devez créer votre propre voyage

Tout le savoir que je vous transmets au travers de ce livre ne représente que des ingrédients. Je ne vous donne pas un plat tout préparé, prêt-à-consommé que vous devez absolument manger tel quel. Au contraire, vous devez choisir ceux qui vous intéressent pour réaliser votre propre recette. Il n'y a aucune règle et personne ne doit vous dire comment vivre votre vie ou votre voyage. Vous faites comme bon vous semble.

En allant au marché, vous allez trouver des étals remplis de fruits et légumes. Si vous souhaitez faire une sauce bolognaise pour accompagner vos spaghettis, vous n'aurez surement pas besoin de radis ou de choux fleur. Mais plutôt de tomates, d'oignons, des carottes et d'ail. Que se passe-t-il si vous souhaitez tester une nouvelle sauce ou modifier la sauce bolognaise ? Vous n'avez pas besoin de suivre des indications, faites votre sauce avec ce que vous voulez. Ajoutez-y des champignons, des courgettes, des poivrons ou même des brocolis ! Vous êtes à même de faire ce dont vous avez envie et gouter cette sauce inédite.

Imaginez votre voyage comme un repas et toutes les techniques du livre comme ses ingrédients. Choisissez ceux qui vous plaisent et expérimentez-les. Si le résultat vous convient, continuez. Si cela ne vous plait pas, changez les ingrédients, reformulez votre plat pour trouver la recette idéale de votre voyage parfait.

Dans la troisième partie, nous allons voir comment faire en sorte de transformer votre voyage pour qu'il dure des années, voir éternellement. À un moment donné, vos économies vont se tarir, il faudra alors gagner de l'argent à l'étranger pour continuer votre VDI.

PARTIE 3 : GAGNER DE L'ARGENT PENDANT VOTRE VOYAGE

PARTIE 3 : GAGNER DE L'ARGENT PENDANT VOTRE VOYAGE

APRÈS AVOIR VU DANS LA PARTIE 2 tous les moyens existants pour réduire considérablement les dépenses de votre voyage, il est temps de comprendre comment vous pouvez gagner de l'argent à l'étranger. Ce deuxième levier est déterminant pour voyager durant des années.

Malgré toutes les techniques existantes pour voyager moins cher, l'argent ne tombe pas du ciel. Vos économies vont diminuer au fil des mois, c'est logique puisqu'elles financent votre voyage. Vous aurez alors deux options : rentrer en France ou gagner de l'argent pour continuer. Il est dès lors essentiel de comprendre comment renflouer votre compte en banque de temps en temps et continuer à vivre vos rêves. C'est ce que nous allons étudier dans cette nouvelle partie consacrée à l'argent. Il s'agit du moment pragmatique et très réaliste du livre, un thème assez peu compris dans le domaine du voyage.

Dans cette troisième partie, vous allez découvrir toutes les manières de travailler dans le monde ainsi que tous les métiers que vous pouvez pratiquer. Que ce soit des métiers que tout le monde peut faire ou des métiers liés à certaines de vos passions, nous allons analyser toutes les possibilités qui s'offrent à vous. De plus, nous allons aborder la question du nomadisme digital, cette tendance en pleine croissance, de travailler depuis n'importe où dans le monde grâce à son ordinateur portable.

L'objectif est de vous permettre de voyager sans jamais être obligé de revenir. De pouvoir gagner de l'argent tout en étant à l'étranger. Les opportunités sont présentes partout dans le monde et vous allez comprendre dans cette partie comment mettre toutes les chances de votre côté pour réussir votre VDI.

19

COMMENT TRAVAILLER LÉGALEMENT À L'ÉTRANGER

EN ALLANT VOIR N'IMPORTE QUELLE ENTREPRISE en France, elle peut vous embaucher tout de suite et vous commencerez à travailler en quelques jours, sans encombre et sans problèmes administratifs. Mais est-ce aussi facile de travailler de la sorte, partout dans le monde ?

Évidemment, non. Chaque pays à des règles et lois différentes. Ce n'est pas aussi simple, mais c'est tout à fait possible et il existe beaucoup d'opportunités pour travailler à l'étranger. À savoir que travailler légalement à l'étranger, dans la majorité des cas veut dire que votre employeur vous déclare au niveau de l'État. Vous allez recevoir une fiche de paie et vous allez payer des taxes (cotisations, impôt sur le revenu…) sur votre salaire.

Dans ce chapitre, vous allez découvrir toutes les possibilités qui s'offrent à vous si vous souhaitez travailler à l'étranger.

Travailler dans l'Union européenne

Au sein des 27 pays de l'Union européenne, vous pouvez travailler légalement sans aucun souci. Espagne, Malte, Hongrie, Allemagne, Irlande, Suède… sont autant de pays à votre portée. Peu importe votre profession, votre âge, votre condition, si vous trouvez un travail dans un des 27 pays, vous serez déclaré et vous allez payer vos impôts. Vous aurez un contrat de travail en bonne et due forme et une fiche de paie. Que ce soit pour un emploi qualifié, d'ingénieur, ou bien des petits boulots, tout est possible.

On rencontre d'ailleurs très souvent des serveurs français dans les bars de Dublin ou Londres ! Savez-vous par exemple qu'il y a 70 000 résidents français à Barcelone ? Lorsque je vivais là-bas, j'entendais le français tous les jours dans les rues. J'ai d'ailleurs une bonne copine que j'ai interviewée dans le podcast de Traverser La Frontière, Marion. Elle s'est installée à Barcelone en partant de zéro et a trouvé un job très rapidement en service clientèle, elle y est restée plus d'un an ! Son interview est dans le compagnon.

Il est devenu très facile d'aller d'un pays à l'autre et de trouver du travail n'importe où en Europe. J'entends souvent des personnes qui font des saisons dans toute l'Europe, l'hiver dans les Alpes que ce soit en France, Italie, Suisse et l'été en Méditerranée en Espagne ou en Grèce.

Travailler en Union européenne est intéressant, car :
- Se déplacer en Europe ne coute pas cher avec les compagnies low-cost ;
- Vous pouvez facilement apprendre une langue étrangère ;
- Il est facile de retrouver des francophones dans toutes les grandes villes européennes ;
- Le choc culturel entre les pays est moins important ;
- Les procédures administratives sont assez simples.

Le PVT : Programme Vacances Travail

Si vous avez envie de voyager beaucoup plus loin et de travailler légalement, il existe un système génial : le PVT. Dénommé aussi Programme Vacances Travail ou parfois WHV, Working Holiday Visa. Il s'agit d'un visa qui vous permet d'aller dans un pays durant un an (voire deux selon le cas) et de faire ce dont vous avez envie.

Si vous voulez juste faire du tourisme, pas de soucis. Si vous cherchez un emploi, vous avez un visa de travail qui vous permet de travailler dans n'importe quelle entreprise. Généralement, les PVTistes (ceux qui font un PVT) font toujours un peu des deux !

Voici les 12 pays disponibles en PVT :
- Australie : places illimitées - 1 an (+1 an sous conditions) ;
- Nouvelle-Zélande : places illimitées - 1 an ;
- Canada : 6 400 places - 2 ans ;
- Corée du Sud : 2 000 places - 1 an ;

- Japon : 1 500 places - 1 an ;
- Argentine : 700 places - 1 an ;
- Taiwan : 500 places - 1 an ;
- Hong-Kong : 400 places - 1 an ;
- Russie : 500 places - 4 mois (+8 mois sous conditions) ;
- Colombie : 300 places - 1 an ;
- Mexique : 200 places - 1 an ;
- Chili : 200 places - 1 an.

Cette liste a été mise à jour en septembre 2016. Il faut savoir que des pays viennent s'ajouter à la liste de temps en temps. On compte plus de 40 000 Français qui partent chaque année avec le PVT ! Avec le plus gros des contingents qui partent en direction de l'Australie, la Nouvelle-Zélande et le Canada. Il y a une limite d'âge pour participer au PVT, il faut avoir entre 18 et 30 ans et même jusqu'à 35 ans pour le Canada.

Le PVT est un excellent moyen de partir loin sans avoir un budget énorme, car il est possible de travailler sur place et gagner rapidement de l'argent. D'ailleurs, on ne compte plus le nombre de backpackeurs dans les fermes australiennes qui travaillent pour se payer un van et traverser le pays pendant des mois !

Je trouve que le PVT est l'une des meilleures choses qui existent dans le monde du voyage. Imaginez-vous qu'entre 18 et 30 ans, vous pouvez chaque année allez explorer un pays lointain, tout en travaillant et en vivant des expériences enrichissantes.

D'ailleurs, je suis parti faire un PVT au Canada en 2009. Étant encore novice dans le monde du voyage, ce PVT fut très formateur. J'ai appris à parler couramment anglais, j'ai fait plein de petits boulots, j'ai rencontré d'incroyables personnes, je me suis confronté à une nouvelle culture, je me suis débrouillé tout seul à 6 000 km de chez moi et j'ai aussi fait un incroyable voyage d'un mois aux États-Unis. Ces six mois de vie au Canada m'ont beaucoup apporté et cela ne serait jamais arrivé sans le PVT.

Si vous êtes éligible au PVT, foncez ! Prenez un an pour vous et voyagez. Le budget minimal pour partir en PVT se situe aux alentours de 3 000 €. Bossez en France, mettez de l'argent de côté et partez vivre une incroyable aventure !

Travailler à l'étranger avec un visa de travail

Dans une majorité des pays du monde, vous aurez besoin d'un visa de travail pour travailler légalement à l'étranger. Voici les cas de figure qui peuvent se présenter.

1 - L'expatriation classique

En ayant un bon travail dans une entreprise française, typiquement en tant que cadre (commercial, finance, management...) ou ingénieur. Et si cette entreprise est présente dans d'autres pays, il doit exister des moyens pour travailler à l'étranger, au sein de cette même organisation.

Ce genre d'expatriation forme un package global où l'entreprise vous prend en charge et vous aide dans toutes vos démarches. Que cela concerne l'installation ou la vie une fois là-bas. Visa, hébergement, santé, éducation des enfants, transport, sécurité, etc. Vous serez aidé dans tous ces domaines. Logiquement, l'entreprise à l'habitude de faire ça. Ce genre d'expatriation est bien délimité, le travail bien identifié et il n'y a pas trop de place pour l'imprévu. À savoir que l'âge moyen d'un expatrié est de 42 ans.

Il n'y aura pas trop de problèmes administratifs, mais plutôt un gros challenge au niveau de la culture et de l'adaptation dans le pays. On remarque par ailleurs que cette adaptation est généralement plus simple pour les enfants que pour les adultes. Généralement, un « expat » de ce type a une vie plutôt aisée, il vit dans les beaux quartiers, a un pouvoir d'achat élevé et traine beaucoup avec d'autres expats.

J'ai d'ailleurs fait une interview avec Lili, qui s'est expatriée avec son mari au Brésil pendant deux ans et qui raconte tous les challenges que cela engendre. C'est passionnant et disponible dans le compagnon.

À savoir qu'une partie des expatriés fait partie de la fonction publique et travaille par exemple dans les ambassades ou les écoles françaises à l'étranger. Ici, les choses fonctionnent un petit peu différemment, mais le principe reste le même.

2 - Trouver un travail sur place

Depuis la France ou l'étranger, vous avez réussi à convaincre une entreprise de vous embaucher. C'est quelque chose qui arrive souvent, notamment si vous avez des compétences recherchées ou si vous arrivez à montrer votre énergie à votre futur employeur.

Cela peut-être une entreprise française, locale ou venant d'un autre pays, peu importe. Mais dans la majorité des cas, vous aurez un contrat de travail local, avec un salaire local. Vous pouvez travailler dans n'importe quel secteur et à n'importe quel poste. De serveur dans un restaurant à responsable marketing.

Pour trouver un travail directement à l'étranger, il existe énormément de moyens. De l'envoi d'un CV suite à une offre, après un stage concluant ou bien faire du porte-à-porte, mais ce qui marche le mieux, c'est le réseau. C'est-à-dire les opportunités créées par vos connaissances. C'est l'une des manières les plus efficaces de trouver du travail et pour ça, il n'y a pas de secret : il faut rencontrer des gens, leur parler, entretenir la relation et déceler à un moment une bonne occasion.

La maitrise des langues étrangères prend une importance cruciale lorsque vous souhaitez chercher du travail à l'étranger. Selon le pays, la typologie du travail recherché, vous devrez être capable de vous exprimer dans la langue voulue. L'anglais est généralement un prérequis pour n'importe quel travail dans le monde entier. Ensuite, si vous souhaitez travailler au Mexique par exemple, parler espagnol sera quasi-indispensable.

Dans le compagnon, vous retrouvez l'interview de Romain, qui a trouvé un emploi d'agent de voyage en Nouvelle-Zélande et celle de Jonathan qui a exercé en tant que médecin urgentiste à Tel-Aviv en Israël.

3 - Le VIE : Volontariat International en Entreprise

Le VIE est un contrat réservé aux Français entre 18 et 28 ans, d'une durée de 6 à 24 mois afin de réaliser une mission professionnelle à l'étranger. Il s'agit d'une option intéressante si vous avez des compétences recherchées, notamment en ingénierie, en finance, ou en commerce.

En 2015, 9 000 VIE étaient en poste à travers le monde. Ici, le contrat est bien encadré et géré par un organisme public. Vous bénéficierez d'un accompagnement et l'aide de votre entreprise d'accueil pour votre vie à l'étranger. Il n'y a pas vraiment de surprises. Votre seul objectif est de décrocher une mission auprès d'une entreprise.

En ce qui concerne la rémunération, avec un VIE vous recevrez une indemnité mensuelle située entre 1 446 € et 4 396 € selon les pays et la mission concernés.

Les candidats trouvent leurs missions à travers trois moyens principaux :

- Offres diffusées sur le site CIVI ;
- Candidatures spontanées ;
- Après un stage.

À noter aussi l'existence du VIA (Volontariat International en Administration) pour travailler à l'étranger pour les services de l'État français. Les conditions sont similaires au VIE, mais vous travaillerez dans une ambassade, un consulat, un établissement culturel, un laboratoire scientifique ou tout autre organisme partenaire ou sous tutelle du Ministère des affaires étrangères ou du Ministère de l'économie.

Le VIE est souvent un tremplin, une première expérience à l'étranger enrichissante qui permet d'élargir considérablement votre horizon. À la fin du contrat en VIE, vous aurez plusieurs options : rester dans la même entreprise (en France ou à l'étranger), changer d'entreprise sur place ou chercher du travail dans un autre pays. Vous trouverez dans le compagnon l'interview de Maria qui est partie faire un VIE sur l'île Rodrigues, au milieu de l'océan indien.

Créer une entreprise à l'étranger

Beaucoup de Français, tombés amoureux d'un pays, ont décidé de créer une entreprise sur place. Avoir son entreprise à l'étranger est un autre moyen d'y travailler légalement, par contre le chemin pour y arriver n'est pas de tout repos. Monter une boite à l'étranger est souvent plus compliqué qu'en France, car la culture et les formalités sont différentes.

Certains pays vont être très heureux d'accueillir votre future entreprise (Singapour, Cambodge, Estonie…). Pour d'autres, le processus est beaucoup plus long et douloureux (Chine, Indonésie). En Union européenne, il sera plus facile de créer une entreprise du fait de l'harmonisation qui se fait progressivement entre les pays et la non-nécessité de visa. Dans tous les cas, il va falloir vous renseigner, aller sur place, parler avec d'autres expatriés pour étudier la faisabilité de votre projet.

Car votre projet est avant tout une création d'entreprise. Peu importe le pays, il faut qu'elle soit pérenne sur le long terme et viable économiquement pour vous permettre de vivre. Sachez que tout est possible, vous pouvez créer une entreprise sur ce que vous voulez ! Dans l'immobilier, la restauration, l'hôtellerie, agence de voyage, service à la personne, startup, etc.

D'ailleurs, en voyage on croise souvent des expatriés français qui ont créé une auberge de jeunesse, un restaurant, une boulangerie ou une agence de voyages, ce sont des activités qui fonctionnent partout ! Dans tous les cas, un tel projet se prépare sur la durée et ne doit pas faire l'objet d'un coup de tête. Vous trouverez dans le compagnon des interviews d'expatriés créateurs d'entreprises qui vous racontent la réalité des choses.

Être indépendant et nomade : se déclarer

La dernière option pour travailler légalement tout en voyageant à l'étranger est d'être indépendant.

Être indépendant et mobile géographiquement concerne principalement les nomades digitaux (chapitre 22), mais aussi si vous êtes consultant, écrivain, photographe ou encore « coach » en tout genre. Il s'agit d'une activité que vous pouvez faire de n'importe où sans une attache particulière. Par contre, pour rester dans la légalité, il faut se déclarer soit en France, soit dans un autre pays de résidence.

En France, nous avons le statut d'autoentrepreneur qui permet d'être indépendant facilement. On obtient un numéro d'immatriculation, on peut facturer des prestations et payer les impôts sur le chiffre d'affaires réalisé. À savoir que vous pouvez très bien être autoentrepreneur tout en voyageant. Par exemple, je suis autoentrepreneur et mon lieu de résidence est en France. Je déclare donc mes revenus en France. Mais, cela ne m'empêche pas de passer la grande majorité de mon temps à l'étranger. Le portage salarial ou le régime de microentreprise peut être aussi utile.

Si vous vivez une grande partie de l'année dans un autre pays et que la fiscalité est plus avantageuse qu'en France, vous pouvez envisager de créer une société ou un statut fiscal correspondant là-bas. Par exemple, en Espagne il existe le statut « autonomo » pour les travailleurs indépendants, qui peut, selon votre cas, être fiscalement plus avantageux.

Encore une fois, chaque pays va avoir ses propres règles et législations concernant la création d'entreprise et la fiscalité. Le plus important ici est de rester dans la légalité et de bien s'informer des lois existantes.

Le travail illégal

À côté de toutes les options légales, il y a l'option de travailler illégalement dans le monde entier, c'est-à-dire d'être rémunéré de façon non déclarée. Les avantages seraient de ne pas payer de taxes, de cotisations, d'impôts, et ses inconvénients de ne pas avoir de protection sociale, de droit au travail, de cotiser pour le chômage, la retraite, de se faire attraper, etc.

En soi, tout le monde a déjà fait un peu de travail au black. Pensez notamment aux cueillettes quand vous étiez plus jeunes. Les fois où vous avez fait du babysitting. Au mécanicien qui répare une voiture pour ses voisins en dehors de ses heures de travail… À chaque fois, pas de contrat de travail, pas de taxes et paiement en liquide. On ne déclare rien.

Le travail illégal peut parfois être évité. Par exemple, certains backpackers en Australie travaillent dans des fermes sans contrat de travail, or ils sont en PVT et pourraient travailler légalement, mais pour certaines raisons, ils ne le font pas. Dans d'autres cas, c'est plus compliqué. Par exemple, aux États-Unis, avoir un contrat de travail relève du parcours du combattant. Du coup, il y a un énorme marché du travail parallèle, non déclaré. Rien qu'à New-York, on dénombre 350 000 immigrants sans papiers qui occupent un emploi plus ou moins régulier.

Même si le travail illégal peut vous attirer, notamment si vous êtes jeune, que vous voyagez et que vous n'avez pas envie de vous engager dans quoi que ce soit, à long terme ce n'est pas la meilleure solution. Je vous recommande de trouver une solution pérenne et légale, peu importe votre emploi ou activité.

Ce qu'il faut retenir :

- ✓ Il est possible de travailler dans tous les pays du monde
- ✓ L'Union européenne est un marché ouvert dans lequel vous pouvez travailler très facilement
- ✓ Le PVT est un excellent moyen de voyager et travailler en même temps dans des pays lointains
- ✓ Obtenir un visa de travail peut être compliqué, il est avantageux d'être sur place, parler la langue et avoir un bon réseau
- ✓ Il est possible de créer votre propre activité à l'étranger
- ✓ En tant que nomade ou indépendant, enregistrez votre activité en France pour avoir un statut légal
- ✓ Travailler illégalement n'est pas recommandé, les risques peuvent être importants selon les pays

20

MÉTIERS POUR VOYAGEURS QUI NÉCESSITENT PEU DE COMPÉTENCES

VOUS SAVEZ MAINTENANT QUE VOUS POUVEZ travailler n'importe où sur la planète, mais qu'allez-vous faire exactement ? Dans ce chapitre, nous explorons tous les emplois que vous pouvez faire en voyage. On ne parle pas d'emplois d'ingénieur ou autre contrôleur de gestion ici, mais des emplois que monsieur tout le monde peut faire.

Peu importe votre expérience dans le monde du travail, les jobs proposés ici vous sont accessibles facilement. Généralement, ils demandent peu ou pas d'expérience, ils s'apprennent rapidement ou sont basés sur des compétences que vous avez déjà. Leur objectif n'est pas de faire carrière, mais de vous permettre de continuer à voyager et de poursuivre votre incroyable aventure.

Pour harmoniser et faciliter la lecture, tous les métiers sont au masculin, mais ils sont évidemment tous déclinables au féminin !

Travailler dans un bar

Barman : qui n'a jamais rêvé d'être barman ? J'avoue que j'y ai déjà pensé, mais je ne me suis jamais lancé ! Il y aura un petit temps d'apprentissage pour faire les cocktails et savoir gérer la clientèle, mais par la suite, rien de très compliqué. D'ailleurs, on sert 80 % des mêmes boissons dans le monde entier.

Généralement, les gérants de bar demanderont un peu d'expérience. Pour acquérir vos premières expériences, travaillez gratuitement ou dans des endroits un peu « pourris » pour monter en gamme ensuite. Dans certains pays les pourboires sont importants et permettent d'avoir un bon salaire, comme aux États-Unis ou au Canada. À savoir que dans d'autres, il faut un certificat pour être derrière le bar, comme en Australie.

Serveur : pas de dessin à vous faire ici. Vous prenez les commandes et vous servez les clients. Petit boulot par excellence, il ne nécessite pas de compétences particulières à part votre sens du contact client et une bonne mémoire ! Si vous voulez de bons postes, dans un bar d'hôtel ou des bars hauts de gamme, il faudra par contre accumuler de l'expérience.

C'est un travail facile d'accès partout dans le monde qui permet de faire plein de rencontres.

Rabatteur de clients : très courant dans certains pays comme l'Espagne ou les endroits très touristiques. Le job est simple : vous devez convaincre les gens de venir dans le bar pour lequel vous travaillez. Armé de vos flyers, bons de réduction et votre plus grand sourire vous allez voir les passants et vous vous débrouillez pour les emmener dans le bar en question. Vous serez parfois rémunéré au nombre de personnes rabattues.

Il faut quand même être assez extraverti et avoir le contact facile pour réussir dans ce job. Dans tous les cas, il vous permettra de rencontrer là encore beaucoup de monde !

Travailler en hôtellerie

Réceptionniste : votre job est d'accueillir les clients qui arrivent ou qui partent et parfois de les informer lorsqu'ils ont des questions. Ici, il est impératif de maitriser la langue du pays dans lequel vous travaillez et parler d'autres langues sera un gros avantage. En soi rien de compliqué, même si chaque hôtel va avoir ses propres règles et procédures. C'est un boulot assez répétitif, mais avec de l'expérience vous pouvez travailler dans de beaux hôtels. C'est plutôt sympa !

Portier : votre boulot est d'ouvrir et tenir la porte aux clients de l'hôtel. Tout le monde peut faire ça, vous n'avez même pas besoin de parler la langue locale à part dire « bonjour ». Selon les hôtels, vous allez peut-être devoir aussi porter les bagages des clients, les emmener dans leurs chambres… Pour l'avoir fait, je peux confirmer que c'est un travail assez ennuyeux, mais ça paie les factures.

Voiturier : garer des voitures et ramener les voitures aux clients de l'hôtel. Plutôt monotone comme boulot, mais il y a une certaine excitation à conduire de nouvelles voitures tous les jours. Notamment lorsque ce sont de voitures de luxe. Attention à ne pas avoir d'accidents, ça m'est déjà arrivé au Canada lorsque je travaillais dans un hôtel quatre étoiles.

Concierge : tout hôtel de luxe aura son concierge. Son travail est de répondre à toutes les demandes que peuvent avoir les clients : réserver un restaurant, trouver une voiture de location... Ce boulot demande de bien connaitre la ville et l'environnement de l'hôtel.

Travailler dans un restaurant

Serveur : un peu plus compliqué que serveur dans un bar, il faut ici porter des plats et avoir une attention plus forte envers le client. Mais il s'agit d'un job facile d'accès, que tout le monde peut faire. À savoir que vous pouvez être aussi « runner », rôle dans lequel vous devez seulement apporter les plats et débarrasser les tables.

Cuisinier : avec quelques connaissances en cuisine, vous pouvez vous faire embaucher dans certains restaurants. Je me souviens de mon coloc australien au Canada qui préparait le petit-déjeuner dans un restaurant à Toronto, pourtant ce n'était pas un chef, mais il savait faire des oeufs et du bacon ! Ce qui était largement suffisant.

Évidemment, plus vos expériences sont élevées ou votre réputation bien établie, plus vous aurez des postes intéressants et bien payés. En sachant qu'être Français aide toujours un peu à l'étranger dans ce secteur.

Faire la plonge : pas de qualifications requises ici, vous allez faire la vaisselle comme à la maison, mais multipliée par 1 000 ! Votre boulot est de nettoyer tout ce qui passe sous vos yeux : assiettes, couverts, verres... Si vous n'avez pas d'autres choix de boulot, il ne devrait pas être compliqué de vous faire embaucher. En plus de cela, pas besoin d'expérience ou de parler la langue.

Traduire les menus des restaurants : cela peut paraitre étrange, mais en voyageant, vous allez trouver des menus de restaurant qui ne ressemblent à rien ! Soit il n'y a pas de traductions, soit elles sont très approximatives. Profitez-en et mettez à profit vos connaissances acquises en langues. Proposez aux restaurateurs de faire de belles traductions de leurs menus. Dites-leur que cela augmentera la satisfaction client et qu'ils feront plus de ventes, cela devrait les convaincre ! Pour ce travail, il faut constamment prospecter de nouveaux restaurants et être à l'affut de nouvelles opportunités.

Réceptionniste en auberge de jeunesse

Il s'agit d'un boulot de voyageur par excellence. Dès que vous voyagez un peu, vous allez remarquer que souvent, les réceptionnistes des auberges ne sont pas forcément du pays en question, mais des voyageurs. Les auberges échangent un lit contre quelques heures de travail. Mais, vous pouvez aussi être payé pour travailler. Le job consiste à faire le check-in, le check-out et informer les voyageurs lorsqu'ils ont des questions. C'est assez relax comme travail et l'avantage est de pouvoir rencontrer beaucoup de monde !

À savoir que d'autres boulots sont possibles en auberge : faire le ménage, organiser des évènements, refaire le site Internet, etc.

Travailler sur un bateau de croisière ou yacht

Si vous aimez l'eau, vous pouvez travailler sur un yacht ou bateau de croisière. Le travail principal est celui de steward, de vous occuper des cabines, des pièces communes, de faire en sorte que tout soit propre et organisé. Sur un grand yacht, vous pouvez aussi être marin ou cuisinier, mais cela demande de l'expérience. Pour les bateaux de croisières, le spectre de travail disponible est encore plus grand, avec plus d'opportunités.

En ce qui concerne le boulot de steward, il est accessible assez facilement si vous avez un certificat STCW 95 (sécurité à bord d'un bateau), que vous parlez anglais et que vous êtes motivé.

Généralement, il s'agit d'un boulot de plusieurs mois, nourri et logé, qui permet de voyager. Vous trouverez des offres d'emplois sur des sites spécialisés, bouche-à-oreille ou directement dans les marinas.

Centre d'appels / conseiller clientèle

Il existe des centres d'appels partout dans le monde. Que ce soit pour faire du télémarketing, du service client ou de la vente. Ils sont tout le temps en train de recruter, car il y a une rotation importante des effectifs.

Si vous parlez plusieurs langues, c'est un gros avantage, vous serez une ressource rare et vous serez embauché plus facilement. J'avais fait ce boulot à Toronto au Canada, car ils recherchaient des Français, j'ai été embauché en 30 minutes. Barcelone est très connu aussi pour embaucher à la pelle les Français en centre d'appels, les offres sont abondantes.

Vous allez passer et recevoir des appels, faire ce pour quoi vous avez été entrainé, et parfois lire des scripts. Je vous préviens, cela peut vite devenir répétitif, mais vous vous y ferez aussi vite des amis !

Vendeur en magasin

Tous les magasins (vêtements, électronique, supermarché...) ont besoin de vendeurs. Pour informer les clients, les aider dans leurs choix ou bien vendre un produit spécifique. Ce n'est généralement pas très compliqué, mais la maitrise de la langue locale est impérative. En bonus, vous pouvez aussi être caissier en magasin !

Cueillette et travail agricole

On cultive des fruits et légumes partout dans le monde ! C'est un travail de backpacker par excellence.

Vous pouvez proposer vos services selon les pays et les saisons pour aider à cueillir et ramasser tout ça. Il existe un phénomène de saison qui implique qu'il y a quasiment toujours quelque chose à faire quelque part. On peut bien élargir ce type de travail à tous les emplois proposés dans le secteur agricole au sens large du terme. Cela peut aller de la récolte de perles en Australie, des vendanges en Espagne à l'entretien d'un troupeau de vaches en Patagonie.

Nul doute que vous allez améliorer votre forme physique avec ce type de job, sans compter les avantages de passer vos journées en extérieurs pour obtenir ce bronzage tant recherché !

Travail saisonnier

La plupart des boulots évoqués plus haut peuvent être influencés par les saisons.

En France, pensez notamment à l'été sur la Méditerranée ou l'hiver dans les Alpes. À certaines périodes spécifiques, certaines régions vont embaucher à tour de bras des saisonniers pour satisfaire la demande. Avant d'y aller, renseignez-vous sur les saisons et les possibilités de travailler dans les pays où vous souhaitez aller.

Guide touristique

C'est surement le boulot parfait si vous tombez amoureux d'un endroit, un lieu qui vous passionne et que vous souhaitez en apprendre un maximum. Vous pouvez être guide pour un parc naturel, dans une ville… peu importe. Vous pouvez même vous spécialiser dans les graffitis, l'architecture, la nourriture, il n'y a pas de limites.

Vous pouvez trouver facilement des entreprises qui organisent des visites touristiques ou bien créer votre propre visite et la vendre auprès des touristes. Par exemple, Élise Goujon, qui vit à New York a commencé à faire des visites insolites de la ville avant de créer carrément une entreprise, qui marche maintenant super bien !

Traducteur

Si vous êtes doué en langues, vous pouvez très bien faire office de traducteur à l'étranger. Que ce soit pour des visites guidées, des walking tour, des treks… vous pouvez faire l'intermédiaire entre le guide local et les touristes qui ne parlent pas la langue. Vous trouverez toujours des d'opportunités dans les endroits avec beaucoup de touristes.

Par exemple, j'ai interviewé Evy, une Belge qui travaillait en tant que traductrice sur un safari au Botswana. Les guides parlaient anglais et les touristes uniquement français, son travail était donc de traduire tout ce que le guide racontait. Elle partait ainsi trois semaines en safari avec le groupe pour observer les animaux et camper dans la savane. Elle était nourrie, logée et avait un salaire pour le travail effectué. Plutôt pas mal comme boulot, j'envisage même de faire pareil !

Jouer dans des films ou séries

À l'étranger, la couleur de votre peu ou certaines de vos caractéristiques physiques peuvent vous permettre de travailler dans l'industrie cinématographique et de devenir figurant. J'ai déjà rencontré des voyageurs qui ont vraiment été figurants, ce n'est pas juste un mythe.

Vos meilleures chances de réussir sont en Asie ou en Afrique. Mumbai est notamment connu pour être un bon endroit pour trouver un emploi de ce type. Apparaitre dans un film de Bollywood peut devenir une expérience sympa et unique !

Par contre, à moins de vous spécialiser là-dedans, vous ne gagnerez pas énormément d'argent par apparition, mais cela vous permettra de continuer votre voyage quelques semaines supplémentaires.

Enseigner les langues : français, anglais…

Parler français en France n'apporte pas grand-chose, par contre à l'étranger, c'est une autre histoire !

En voyage, vous pouvez monétiser vos connaissances en langues, notamment le Français. Mais cela aussi concerne d'autres langues que vous parlez très bien et qui peuvent être en forte demande : anglais, espagnol, portugais…

Énormément d'anglophones enseignent l'anglais à l'étranger afin de voyager plus longtemps, j'en ai rencontré des dizaines. C'est une pratique populaire et pas très compliquée. Donc si vous parlez un excellent anglais, ce type d'emploi est à votre portée. Le français est aussi demandé à travers le monde, il a la cote en Asie ou au Canada par exemple. Vous pourrez travailler soit dans une école de langue, dans une alliance française, soit devenir indépendant et trouver vos élèves.

J'ai récemment revu un ami qui venait de passer deux mois au Salvador où il était professeur de français dans une école de langues. Sans qualifications particulières il a été embauché très facilement. Une autre amie qui travaille au Mexique vient de me dire qu'une alliance française manquait de professeurs de français et m'a même proposé un job ! Bref, les opportunités existent, à vous de les saisir.

Mannequin

Vous êtes beau gosse ? Super canon ? Avec des mensurations parfaites ?

Il est possible d'être mannequin un peu partout dans le monde et d'être rémunéré pour votre physique. Pour cela, il est préférable d'avoir un book en ligne et d'avoir des contacts locaux pour avoir du travail intéressant. J'ai une copine qui travaille dans le milieu de la mode à Barcelone et elle me raconte souvent qu'elle a des mannequins qui viennent de France, d'Espagne, d'Italie, de Colombie ou du Brésil. peu importe votre nationalité, dans ce type de métier.

Être au pair

L'idée est plutôt simple, vous allez vivre dans une famille à l'étranger et vous devrez vous occuper des enfants (comme une nounou à temps plein), en échange vous êtes logé, nourri, blanchi. Vous avez aussi droit à une rémunération, variable selon les cas.

La plupart du temps, il faut passer par une agence de placement afin de trouver une famille d'accueil, il en existe beaucoup en France, plus ou moins spécialisées selon votre destination favorite. Un dossier complet et un entretien seront le minimum pour pouvoir trouver une famille, le processus peut-être un peu long, mais cela en vaut la peine.

Je connais quelques personnes qui ont été au pair et cela a toujours été une superbe expérience pour eux. Vous allez apprendre une nouvelle langue, découvrir un nouveau pays, sans rien dépenser et être payé ! La majorité sont des filles, mais les garçons peuvent aussi le faire.

Faites votre job actuel, mais à l'étranger

Cela peut paraitre un peu bête, mais pourquoi ne pas faire le même travail à l'étranger que celui exercé en France ?

Je suis conscient que tout n'est pas possible. J'ai par exemple rencontré en voyage un contrôleur aérien à Roissy, je ne pense pas qu'il puisse changer d'aéroport comme ça. Mais il existe des métiers qui peuvent facilement être reproduits. Je pense notamment aux métiers manuels comme menuisier ou des métiers liés à de compétences spécifiques comme prof de yoga, professeur de langues…

Vous avez déjà des connaissances et vous pouvez surement les transposer dans un autre pays.

Des petits boulots qui ouvrent votre horizon

Vous vous dites peut-être que ces métiers ne paient pas de mine, ils possèdent cependant des avantages indéniables pour votre voyage :

- Ils existent partout dans le monde ;
- Ils nécessitent peu de compétences ;
- Ils permettent d'étendre votre réseau et de faire de nouvelles rencontres ;

- Ils améliorent votre connaissance du pays : culture, langue ou coutumes ;
- Ils permettent d'acquérir de nouvelles compétences ;
- Ils peuvent être source d'opportunités pour un meilleur job ;
- Ils procurent une expérience de vie indispensable pour votre développement personnel ;
- Et surtout, ils vous apportent un revenu pour voyager.

Lorsque je vivais à Toronto au Canada, j'ai décroché ce job de portier/voiturier dans un bel hôtel, avec le recul, ce fut une incroyable expérience. Les tâches quotidiennes en elles-mêmes n'étaient pas les plus intéressantes. En revanche, ce job m'a beaucoup apporté. J'ai amélioré mon anglais de façon exponentielle, je me suis créé des amitiés avec certains collègues, j'ai conduit des voitures de luxe, j'ai mieux compris le marché du travail anglo-saxon, j'ai amélioré mes compétences en service client et j'ai bien sûr financé mon séjour au Canada plus un voyage d'un mois aux États-Unis.

Cette liste pourrait s'allonger à l'infini ! Il existe des milliers de jobs différents partout dans le monde qui vous attendent. Sans obtenir des salaires mirobolants, vous aurez assez pour continuer à voyager et parcourir le monde !

Ce qu'il faut retenir :

✓ Il n'est pas besoin d'être expérimenté pour travailler à l'étranger

✓ Les bars, restaurants et hôtels ont souvent besoin de main d'oeuvre, la rotation des employés est importante

✓ Il y aura toujours des boulots saisonniers ainsi que des emplois agricoles

✓ Utilisez vos qualités ou connaissances pour travailler : parler plusieurs langues, être très sociable, aimer la cuisine…

21

MÉTIERS POUR VOYAGEURS SELON VOS CENTRES D'INTÉRÊT

VOUS PENSEZ PEUT-ÊTRE QUE CUEILLIR DES FRUITS ou laver des assiettes sales, ça peut aller un moment, mais pas toute la vie ! Je vous comprends. Même si c'est un passage quasi obligatoire, l'objectif d'un voyage à durée indéterminée est de pouvoir le prolonger durant des années, alors autant faire quelque chose qui vous plait.

Et si je vous disais que vous pouviez allier passion et voyage ?

Vous pensez surement que c'est « trop beau pour être vrai ». Eh bien non ! Il existe plein de métiers que vous pouvez faire avec plaisir tout en voyageant. Dans ce chapitre, vous allez découvrir les « métiers passion » que vous pouvez exercer en voyageant.

Devenir prof de plongée

Vous aimez la plongée ? Sachez qu'il est possible d'en faire son métier.

Ce n'est pas très compliqué, il faut passer vos diplômes les uns après les autres. Pour commencer à travailler et être rémunéré, il faut atteindre le niveau de Dive Master (organisation PADI). Avant de l'atteindre, il faut passer trois diplômes et avoir fait un minimum de 40 plongées. Il faut savoir que passer les diplômes et effectuer les plongées coutent de l'argent. Il y a donc un budget à prévoir.

Si vous ne faites que ça, en moins de six mois vous pourrez devenir moniteur de plongée et en faire votre travail. Grâce à l'organisation PADI, vous pourrez bosser partout dans le monde où il y a de la plongée ! J'ai rencontré tant de français et d'étrangers qui deviennent moniteur de plongée que ce n'est plus vraiment un truc qui sort de l'ordinaire. C'est vraiment à votre portée si cela vous intéresse.

Devenir prof de surf

Si vous êtes doué en surf, vous pouvez très bien devenir prof de surf !

Là où PADI existe pour la plongée, l'organisation internationale pour le surf se nomme ISA. Elle permet de passer des diplômes de surf, pour pouvoir ensuite enseigner ce sport dans les écoles agréées. Une fois votre diplôme ISA niveau 1obtenu, vous pourrez travailler en tant que prof de surf !

Passez vos journées à la plage, dans des endroits paradisiaques à faire le sport que vous aimez. Ça vous parle ? Au sein d'une école de surf ou bien en indépendant, vous ne serez pas en manque de voyageurs qui veulent apprendre à surfer !

Devenir prof de yoga

C'est la grande activité à la mode depuis quelques années. Le nombre d'adeptes du yoga ne cesse d'augmenter, ce qui signifie qu'il y a de plus en plus de demandes de professeurs à travers le monde. Vous pouvez très bien en devenir un. Si vous aimez vraiment le yoga, il vous est possible de devenir prof sans énormément de difficultés. Là encore c'est une question de diplôme et de formation qui vous aideront ensuite à vous faire embaucher ou bien à travailler pour vous-même. Sans compter les heures de pratique sur votre tapis !

Le milieu du yoga est un peu plus complexe que la plongée ou le surf, car il existe différents types de yogas, différents types de diplômes, etc. Anaïs, une bonne copine qui a beaucoup voyagé en Asie est devenue prof de yoga en passant son diplôme en Australie. Elle vit maintenant à Barcelone où elle donne régulièrement des cours.

Vous trouverez dans le compagnon beaucoup plus d'informations si cela vous intéresse.

Devenir prof de danse

Vous êtes un pro de la salsa, de la valse ou de ballet ? Rien ne vous empêche d'enseigner votre danse favorite, que ce soit en France ou à l'étranger. Il faudra évidemment être très bon et bien connaitre son sujet. Comptez bien 2/3 ans de pratique intensive avant d'enseigner.

J'ai rarement vu des Français être prof de danse à l'étranger, par contre j'ai longtemps suivi des cours de salsa à Paris avec un prof de Porto-Rico ou bien des cours de bachata à Grenade avec un prof de

République Dominicaine. La danse n'a pas de langue et pas de frontière, profitez-en !

Devenir professeur de ce que vous voulez !

La liste des « prof de... » pourrait s'allonger, mais je pense que vous avez saisi le principe.

Vous pouvez être professeur de n'importe quoi. Du moment que cela peut s'enseigner et que les gens sont prêts à vous payer pour ça : musique, chant, danse, cuisine, self défense, céramique, coach sportif... Les possibilités sont en fait illimitées. Vous aurez parfois besoin de passer des diplômes pour travailler dans certaines organisations. Cela vous permettra de vous améliorer, mais aussi de vous faire un réseau. Dans d'autres cas, seul votre expérience et votre talent suffiront.

Photographe

Peu importe l'endroit où vous vous trouvez dans le monde, si vous avez un talent pour la photo, vous pouvez vivre de votre passion. À savoir que c'est un secteur concurrentiel, car il y a beaucoup de photographes sur la planète !

Il y a deux moyens principaux de faire de l'argent avec la photo :
- En vendant des photos directement à un client. Cela peut-être pour un mariage, un hôtel, la couverture d'évènements, des photos de nouveau-nés, etc.
- En vendant vos photos sur Internet. Ici, c'est généralement vers des banques d'images telles que fotolia, shutterstock, getyimages... Ou, si vous êtes reconnu, vous pouvez vendre vos photos en direct via un blog ou une plateforme comme 500px.

C'est un bon moyen de vivre sa passion tout en voyageant.

En voyageant en Indonésie, je suis tombé sur Riadh, un talentueux photographe qui voyage à travers le monde. Il vit de son travail depuis des années, notamment en faisant des photos de mariage, mais pas que... retrouvez son interview au cours de laquelle il explique son travail dans le compagnon.

Vidéaste

Nous sommes dans la même typologie de métier que le photographe, mais pour les vidéos.

Vous pouvez trouver des clients un peu partout dans le monde qui veulent avoir des vidéos de qualité professionnelle. Que ce soit un hôtel, une auberge de jeunesse, une boutique locale, un blogueur, pour un évènement (mariage...) ou encore une association. En plus d'être bon vidéaste, il vous faudra quelques compétences en vente pour trouver des clients.

À savoir que c'est un métier qui explose depuis quelques années avec la prédominance de la vidéo sur Internet, nul doute qu'il perdurera un bon moment encore.

Masser

Certaines personnes sont très douées pour faire des massages. Pourquoi ne pas apprendre sérieusement ce métier et prodiguer des massages aux touristes fatigués à travers le monde ? Une fois que vous avez appris un type de massage, vous pouvez vendre ce savoir-faire à tous ceux qui en ont besoin. À savoir qu'une certification ou un diplôme pourra vous aider à vendre vos prestations.

Petit détail qui a son importance : préférez faire vos massages dans des pays plutôt riches dans lesquels il n'y en a pas une offre trop abondante. Par exemple, le concurrence risque d'être rude si vous proposez des massages thaï en Thaïlande et vous n'allez pas gagner grand-chose. Par contre un massage thaï en Angleterre sera plus rentable.

Musicien

Vous savez chanter, jouer de la guitare ou du piano ? La musique est un langage universel et peu importe l'endroit où vous vous trouvez. Je me souviens avoir rencontré un brésilien à Montanita en Équateur, un très bon chanteur/guitariste qui vivait des concerts qu'ils donnaient dans des bars. Trois ou quatre soirs dans la semaine il faisait un show d'une heure et il était payé par le bar. Ce style de vie avait l'air de lui plaire. Ou encore Astrid, une copine blogueuse qui joue de l'accordéon dans la rue et récolter assez d'argent pour payer l'essence de son van.

Vous pouvez vivre de la musique, soit en donnant des concerts (salle, bar, dans la rue…), soit en enseignant votre art. Partout dans le monde, vous trouverez un ado qui veut apprendre à jouer de la guitare !

Arts de rue

Si vous êtes doué dans tout ce qui a trait aux arts de rues : musique, danse, jonglage… vous pouvez très bien faire des représentations pour gagner un peu d'argent. Que ce soit dans la rue, dans des festivals ou sur la plage, vous pouvez faire des shows pour divertir un public. Si vous vous débrouillez bien et que vous touchez le bon public, cela peut vous permettre de financer en partie la suite de votre voyage.

Par exemple, à Barcelone j'étais en colocation avec un Chilien qui était clown. C'était son métier. Il faisait des shows dans la rue, mais pas seulement à Barcelone ! Il voyageait partout dans le monde (Argentine, Italie, France, Japon…) et était même assez connu. Cela lui permettait de vivre correctement.

Vendre une compétence

Dans la continuité de ce que l'on a évoqué plus haut, vous pouvez bien évidemment vendre toutes les compétences que vous possédez.

- Vous avez fait une formation de coiffeur : vendez des coupes de cheveux ;
- Vous êtes un don juan : vendez des cours en séduction ;
- Vous êtes magicien : vendez des cours de magie avec des cartes ;
- Vous êtes un acrobate : vendez des cours d'acrobaties ;
- Etc.

Il n'y a pas vraiment de limites.

Créer et vendre des objets/choses

L'économie est basée sur le commerce, l'échange de biens ou services contre de l'argent. Ici, au lieu de vendre une compétence, vous pouvez créer quelque chose et le vendre. J'ai quatre exemples en tête :

1 - Lorsque j'étais à Canoa pendant un mois, je me suis fait un pote argentin, Julian. Il vivait là-bas et son boulot était de vendre des empanadas, une sorte de chausson feuilleté rempli de viande, poisson ou

oeuf. Il cuisinait ses empanadas le matin, puis arpentait la plage le reste de la journée pour les vendre. Cela coutait 1 $ par empanada et il en vendait en moyenne 25/jour. 25 $ par jour dans ce coin de l'Équateur est suffisant pour y vivre sans problèmes

2 - Dans la plupart des endroits touristiques, vous retrouverez des «voyageurs hippies » qui fabriquent des bijoux (bracelets, colliers, bagues...) et les vendent dans des petits stands, dans la rue, à la plage ou les places fréquentées. Je me souviens par exemple d'un couple de Philippins qui faisaient des bracelets à Bali et qui les vendaient aux touristes, ce qui leur permettait de voyager plus longtemps.

3 - J'ai interviewé récemment Céline qui a vécu en Patagonie chilienne pendant deux ans. Dans le podcast, elle explique qu'après avoir bossé pour des patrons racistes, elle en avait marre et s'est mise à son compte. Son business : faire des gâteaux et les vendre aux étudiants dans l'université à côté de chez elle ! Apparemment cela marchait bien et cela lui a permis de vivre et voyager au Chili encore un bon moment.

4 - En Équateur, j'ai aussi rencontré un mec qui venait du Cameroun. Il allait chercher de grandes feuilles de palmiers et fabriquait des chapeaux avec ! Il s'en sortait franchement plutôt bien en sachant que sa matière première était gratuite et abondante.

Bijoux, objets touristiques et nourriture sont généralement recherchés ! Mais vous pouvez créer ce que vous voulez, tant que vous arrivez à le vendre ensuite ! La seule limite est votre imagination !

Passion et indépendance

Comme vous pouvez le voir, tous ces métiers liés à votre passion tendent vers le principe d'être indépendant. C'est-à-dire ne pas avoir un lien contractuel et de subordination avec une entreprise. Le voyage procure une sensation de liberté et certaines personnes souhaitent prolonger cette liberté de mouvement dans leur activité. Tous ces métiers permettent de s'affranchir de certains codes conventionnels et d'être plus libre dans sa vie.

Les avantages de ces « métiers passion » sont nombreux :
- Faire des choses que l'on aime ;
- Accomplissement personnel important (se lever le matin motivé !) ;
- Plus grande flexibilité et liberté de mouvement ;

- Rapport plus direct à l'argent et aux clients ;
- Se construire un « capital expertise » qui s'accumule au fil du temps.

Il existe cependant quelques inconvénients :
- Nécessite un côté entrepreneur : sens de l'initiative, de création et persévérance ;
- Nécessite une bonne motivation personnelle pour aller de l'avant et se former ;
- Il est important de savoir se vendre et « commercialiser » ses compétences.

Le plus important dans ce type de métiers est d'oser et se lancer. Beaucoup de choses sont à la portée de tout le monde, le principal va être d'essayer, voir si cela vous correspond et si vous êtes prêt à consacrer du temps et de l'énergie. Même si cela peut paraitre compliqué, pensez à votre récompense : être rémunéré pour faire quelque chose que vous aimez, tout en continuant à voyager. Faites confiance à votre instinct et tentez le coup !

Ce qu'il faut retenir :

✓ Il est possible de faire un travail centré sur l'une de vos passions
✓ Vous pouvez être « prof de » de ce que vous voulez : plongée, yoga, surf, guitare…
✓ Vous êtes en mesure d'apprendre un métier rapidement pour proposer votre service
✓ Si vous avez une passion, vous pouvez la monétiser et la vendre pour gagner de l'argent

22

LA RÉVOLUTION DU NOMADISME DIGITAL

APRÈS AVOIR VU COMMENT vous pouvez travailler de manière « traditionnelle » à travers le monde, il est temps de parler d'un nouveau mode de travail qui est en train d'exploser : le nomadisme digital. C'est-à-dire la capacité de travailler depuis n'importe quel endroit du monde avec un simple ordinateur.

Vous avez peut-être entendu parler de ces nomades digitaux, qui voyagent et travaillent dans le monde entier grâce à Internet. Peut-être que ce concept vous est totalement étranger, mais vous intrigue. Vous allez découvrir comment Internet a bouleversé le modèle classique d'un emploi et comment vous pouvez adopter un nouveau mode de vie en devenant nomade digital.

Une nouvelle façon de travailler avec Internet

Pour comprendre le nomadisme numérique, il faut vous rendre compte qu'il y a eu un avant et un après Internet. À moins d'avoir vécu dans une grotte ces 20 dernières années, vous êtes au courant qu'Internet est en train de changer le monde. Facebook, Google, Amazon, Apple, Airbnb, Leboncoin… sont devenus des compagnies considérables. Ces entreprises font partie des plus puissantes au monde grâce au développement d'Internet et des smartphones. Nous les utilisons tous les jours et notre économie se base de plus en plus sur Internet.

Le monde du travail est lui aussi largement transformé par le développement. De nouveaux métiers émergent (community manager, développeur web, webdesigner…) et de nouvelles façons de travailler apparaissent. Le télétravail s'est incroyablement développé et vous pouvez littéralement travailler de n'importe où sur la planète. D'ailleurs, certaines entreprises se construisent avec des employés répartis partout dans le monde.

Internet offre des opportunités incroyables pour nous :

- Vous pouvez tout apprendre, facilement et quasiment gratuitement, le savoir est disponible pour tous ;
- Vous pouvez créer votre activité uniquement sur Internet et en vivre ;
- Internet connecte le monde entier et vous pouvez toucher des millions de personnes en clic.

Nous pouvons nous estimer heureux de vivre dans cette période de l'histoire. Tout est littéralement possible, vous pouvez faire tout ce dont vous avez envie et avoir votre destinée en main.

Le numérique détruit des emplois d'un côté, mais crée d'immenses opportunités de l'autre. On a détecté deux tendances de fond : celle de l'explosion du nombre de freelances ou indépendants. Ils sont 700 000 en France, avec une croissance de 85 % entre 2000 et 2013. Et celle, depuis 6/7 ans du nomadisme numérique avec le développement du wifi partout dans le monde. D'ailleurs, l'un des experts du nomadisme digital, Pieter Levels, prévoit que dans vingt ans, un milliard de travailleurs seront nomades ! Chiffre probablement exagéré, vu qu'il y en a juste quelques millions actuellement, mais la tendance est en tout cas très forte.

Que vous soyez freelance, employé par une entreprise, entrepreneur ou créatif. Il existe énormément de possibilités pour voyager et travailler en même temps. Je l'ai fait et des milliers d'autres personnes le font. Ce n'est plus quelque chose d'obscur, mais un vrai style de vie qui se développe et qu'on ne peut pas ignorer. Dans ce chapitre, je parle principalement du nomade digital indépendant : le freelance ou bien de celui qui monte son activité grâce à Internet.

La définition d'un nomade digital

Au fait, un nomade digital, c'est quoi exactement ? Selon Wikipédia, un nomade digital c'est : « Un individu géographiquement libre qui exploite les technologies numériques et mobiles pour exercer ses activités professionnelles sur Internet, et plus généralement, procéder à un mode de vie de manière nomade. » En mode plus direct : un nomade digital est quelqu'un qui utilise son ordinateur et Internet pour gagner de l'argent depuis n'importe où dans le monde.

Derrière cette définition se trouve en fait un nombre illimité de profils et de situations. Chaque nomade digital est différent et chacun vit son nomadisme digital de différentes manières. Entre un blogueur voyage qui change de pays toutes les semaines, le webdesigner qui vit tantôt 6 mois en Thaïlande, tantôt 6 mois en Colombie ou encore un traducteur installé à Barcelone, mais qui voyage 2/3 mois dans l'année, les différences sont grandes.

Malgré leurs disparités, les nomades digitaux partagent des traits communs, notamment la liberté de travailler quand et où ils le veulent, sur des missions qu'ils ont choisies.

Mon histoire avec le nomadisme numérique

De 2009 à 2011, j'ai financé tous mes voyages grâce à mes économies accumulées en France ou bien des petits boulots à l'étranger, mais à partir de 2011, l'année où j'ai créé mon entreprise en France, ma vision des choses a changé.

J'avais créé un site Internet appelé etudinfo.com avec mon cousin qui avait pour but d'aider les jeunes à s'orienter après le BAC. On s'est vite rendu compte de l'intérêt porté au site et nous arrivions à générer 500 € chacun par mois grâce à la publicité, suffisant pour voyager avec un peu d'économies ! Au début de cette aventure, je suis parti vivre six mois à Grenade et mon cousin est parti en Australie.

C'est à ce moment qu'un déclic se produit : je réalise qu'il est possible de travailler sur mon projet et voyager en même temps. J'enchaine par un voyage de six mois aux Philippines, où les iles sont toutes plus magnifiques les unes que les autres. Puis je reviens à Paris durant deux ans afin de développer sérieusement cette entreprise. Cette période, entrecoupée de courts voyages m'a fait prendre conscience que je ne voulais plus rester coincé en France, encore moins à Paris. Nous avons revendu cette entreprise en septembre 2014, afin de regagner la liberté que nous avions perdu en cours de route.

Durant toute cette période, j'ai réalisé qu'une autre vie était possible, que je n'avais pas besoin de suivre le parcours traditionnel. Plus je voyageais, plus je creusais le sujet, plus je rencontrais des gens qui vivaient de leurs propres activités sur Internet. C'était hallucinant ! Comme si un nouveau monde s'ouvrait devant moi.

Fin 2014, j'ai donc décidé de créer une nouvelle activité, mais cette fois concernant ma passion de toujours : le voyage. J'ai créé le blog Traverser La Frontière, j'ai réalisé des podcasts, écrit un premier livre en 2015 et un deuxième, que vous êtes en train de lire à l'instant même ! Internet m'a permis de vivre ces cinq dernières années et je me vois rester indépendant le reste de ma vie. Même si le chemin est compliqué, qu'il faut beaucoup travailler et que les revenus ne sont pas tout le temps à la hauteur, la liberté que procure ce genre de vie est juste incroyable.

Les 3 différents types de nomades digitaux

Vous vous demandez peut-être comment cela marche pour être nomade digital. Sachez qu'il existe trois types de nomades digitaux, ceux qui sont en télétravail, contractuellement lié à une entreprise, les freelances et les entrepreneurs ou créateur d'activités.

Télétravail

Ces nomades digitaux travaillent pour une entreprise qui les autorise à travailler de chez eux ou de n'importe où dans le monde. Ici la liberté du nomade digital peut-être réduite, car ils reçoivent des instructions de leurs employeurs et peuvent être limités dans le fuseau horaire où ils si situent. En anglais, on dit que ce sont des « remote worker ».

Freelance

Les freelances forment une grande partie des nomades digitaux. Ils ont un travail qui peut se réaliser à 100 % sur Internet tel que développeur, webdesigner, rédacteur… Les freelances peuvent travailler pour plusieurs clients à la fois et sont rémunérés au projet ou bien à un taux horaire. Souvent, ils ne rencontrent jamais leurs clients.

Entrepreneur / Créateur d'activités

Certains nomades veulent être 100 % indépendants et débutent leur propre activité. Ils ont pour objectif de créer un business rentable qui leur permet de vivre confortablement sur le long terme. Beaucoup s'y essaient et beaucoup échouent, ce n'est pas facile du tout. Cela concerne les créateurs de startups et d'applications, les blogueurs, les youtubeurs, écrivains, créateurs de formations, etc. Ces personnes sont parfois regroupées sous l'appellation « webentrepreneurs ». Nous allons voir en détail tous les métiers que vous pouvez exercer en tant que nomade digital dans le prochain chapitre.

Lieux de travail d'un nomade digital

En tant que nomade digital, vous pouvez travailler n'importe où, c'est la beauté de la chose ! Les conditions idéales de travail seraient d'avoir un endroit calme, avec une bonne connexion Internet et une prise de courant.

On retrouve cela un peu partout dans le monde :
- Un hôtel ;
- Un appartement ;
- Une auberge de jeunesse ;
- Un café/restaurant ;
- Un espace de coworking (bureaux partagés) ;
- Un espace de coliving (appartement/maison partagés pour y travailler) ;
- Une bibliothèque publique ;
- Des bureaux équipés ;
- Etc.

Personnellement, j'aime bien travailler chez moi quand je loue un appartement, sinon je vais régulièrement dans des cafés, bars d'hôtels, bibliothèques ou encore des espaces de coworking. Mais au final, les endroits où je travaille le mieux sont le train et l'avion ! Il n'y a pas d'Internet, pas de distractions et surtout je me sens toujours inspiré quand je suis en mouvement. Malheureusement, cela couterait un peu cher de travailler tous les jours dans un train !

Les endroits pour travailler n'ont donc pas vraiment de limites. Votre bureau peut changer tous les jours et votre environnement aussi. À vous de choisir ce qui vous convient. C'est un bouleversement total par rapport au bureau habituel, mais franchement on s'y habitue très bien ! Plus globalement, un nomade digital peut travailler dans n'importe quel pays. Du moment que vous avez Internet, pas de soucis !

Les nomades digitaux choisissent généralement des pays où le cout de la vie est assez bas et s'installent dans des villes assez grandes. D'ailleurs de véritables hubs se forment avec des espaces de coworking, de multiples cafés, des rencontres organisées et la présence d'une communauté importante. Chiang Mai en Thaïlande est par exemple considérée comme la capitale des nomades digitaux. On retrouve d'autres hubs comme Bali en Indonésie, Berlin en Allemagne, Medellín en Colombie ou Tarifa en Espagne.

Vous trouverez des ressources supplémentaires dans le compagnon sur le choix d'une ville pour travailler en tant que nomade.

Les 7 qualités pour devenir nomade digital

Le nomadisme digital peut paraitre comme un mode de vie idéal, je pense en tout cas qu'il s'en rapproche. Par contre, ce n'est pas fait pour tout le monde. Certaines personnes ne sont pas faites pour exercer une telle activité qui demande un caractère entreprenant.

Voici les qualités et l'état d'esprit à avoir pour réussir à devenir nomade digital :

1 - Entreprenant

En devenant nomade digital, vous créez votre propre destinée. Pour cela il faut avoir le sens de l'initiative, l'envie d'aller de l'avant et de créer des choses qui n'existent pas forcément. La capacité à générer des idées, les exécuter sans que quelqu'un d'autre vous dise quoi faire est capital. Entreprendre, cela veut aussi dire résoudre des problèmes de façon active. Des obstacles se dresseront sur votre route, c'est inévitable. Vous devrez être capable de les surmonter pour avancer.

Comme le dit le Larousse, pour entreprendre, il faut « commencer à exécuter une action, en général longue ou complexe ». Vous devez être actif et non passif pour réussir dans le monde du nomadisme digital

2 - Avoir envie d'apprendre

Qualité essentielle pour tout nomade digital, vous devez avoir une soif d'apprendre et être ouvert d'esprit.

Il est très facile de se concentrer sur ses acquis et compétences qui paraissent suffisants à un instant T. En faisant cela, vous restez dans votre zone de confort et n'avancez pas. En apprenant de nouvelles compétences, en étant curieux des autres, en vous mettant en danger, vous serez plus à même de faire grandir votre activité.

Dans la vie, vous progressez ou vous régressez. Lorsque vous êtes indépendant, il vaut mieux faire partie de la première catégorie vu la vitesse avec laquelle le monde change.

3 - Désir d'être indépendant

Ça parait logique, mais c'est une envie fondamentale du nomade digital. Que vous soyez en télétravail, freelance ou ayez votre activité, vous devez avoir ce désir d'être indépendant, de mener votre vie comme vous l'entendez. Vous n'avez pas envie que quelqu'un vous dise quand vous devez travailler, où et comment.

Si vous avez besoin d'un cadre précis, d'un supérieur derrière votre dos, des horaires subis et que l'on vous guide pas à pas dans votre travail, devenir nomade digital n'est surement pas fait pour vous.

4 - Être créatif

Pas besoin d'être un artiste pour être nomade digital, mais il faut avoir une dose de créativité. Un des traits les plus importants est de penser différemment. Il faut être à même de créer quelque chose de nouveau ou de différent par rapport à ce qui existe. Que ce soit des développeurs, des blogueurs, des rédacteurs, des entrepreneurs... ils construisent ou créent des choses. C'est vital.

Le nomadisme numérique permet cela, car en voyageant, en rencontrant des personnes de tout horizon, en prenant conscience de toutes les possibilités qui s'offrent à vous, votre cerveau va sera en ébullition. Il sera beaucoup plus actif de cette manière que lorsque vous avez un travail classique de 8H à 17H dans un bureau sans inspiration.

5 - Être discipliné

Cette qualité peut forger votre réussite ou votre échec à devenir nomade digital. L'autodiscipline est essentielle pour travailler depuis n'importe quel endroit de la planète. En vous trouvant sur une ile paradisiaque en Thaïlande, pas de doute, il sera beaucoup plus drôle d'aller siroter des cocktails à la plage que de travailler devant votre ordinateur... C'est là l'une des plus grandes difficultés de ce type de mode de vie. Il faut savoir faire la part des choses entre loisirs et travail. Il faut être capable de respecter son emploi du temps, ses deadlines et ses engagements.

En voyageant, les opportunités fleurissent de partout, il faut savoir dire non, garder une discipline, même si c'est moins intéressant. Si vous avez une volonté et une discipline personnelle au ras des pâquerettes, prenez garde !

6 - Être flexible

Créer une activité peut-être stressant, voyager aussi. Combiner les deux peut former une association dangereuse lorsque vous n'y êtes pas habitué. Il va falloir vous armer de patience et travailler sur votre capacité d'adaptation pour faire face à tous les imprévus que rencontre un nomade digital.

Le signal du wifi est médiocre, l'électricité est coupée, un vol a été retardé, vous êtes tombé malade ou vous avez raté une deadline. Plein de choses peuvent se passer lorsque vous travaillez partout dans le monde. À travers toutes ces expériences, il faudra être résilient et trouver des moyens de vous sortir de cette situation.

De plus, vivre dans un autre pays peut engendrer quelques chocs culturels et autres incompréhensions. Ne pas s'emporter inutilement et être flexible sont deux qualités importantes pour poursuivre votre activité sereinement.

7 - Être patient

Je vais peut-être briser le rêve de certains, mais devenir nomade digital prend du temps. Certaines activités vous permettront de gagner de l'argent plus facilement que d'autres, notamment si vous avez déjà des compétences demandées. Par contre, d'autres mettront des années avant de vous fournir les revenus nécessaires pour en vivre pleinement.

Le chemin est long, il y a beaucoup à apprendre, des expériences à vivre et surtout persévérer dans l'effort. La persévérance est un corolaire de la discipline, il faut pouvoir travailler sur le long terme et ne jamais lâcher pour réussir à vivre vos rêves.

—

Avoir toutes ces caractéristiques n'est pas forcément simple. Par contre, si vous n'avez aucune des qualités listées ci-dessus, le chemin vers le nomadisme digital risque d'être compliqué. Même si vous pouvez apprendre énormément de choses, le caractère et l'état d'esprit priment sur les compétences brutes. Vous devez avoir quelques traits dans lesquels vous vous reconnaissez afin de maximiser vos chances de réussir à être nomade digital.

Les 6 Bénéfices d'être nomade digital

Comme vous commencez à le deviner, je suis friand de ce mode de vie, car il permet de prendre sa vie en main et d'être réellement libre.

À mes yeux, voici tous les principaux avantages à être nomade digital et travailler pour vous :

1 - Pas besoin de beaucoup d'argent pour démarrer

Avant Internet, commencer un business physique était compliqué et onéreux. Aujourd'hui, toutes les barrières à l'entrée sont levées. Créer un site Internet coute seulement quelques euros par mois si vous créez votre activité. Si vous êtes freelance, il n'y a aucuns frais et vous avez accès à tous les employeurs du monde sur Internet, votre objectif principal est de trouver des clients.

2 - Travailler n'importe où dans le monde

Vous en avez marre de travailler dans un bureau avec des collègues chiants ?

En étant nomade digital, vous travaillez où vous voulez, vous avez juste besoin d'une connexion Internet. Chez vous, dans un café, un espace de coworking, un hôtel, une bibliothèque… il n'y a pas de limites.

3 - Voyager autant que vous voulez

Avec ce mode de vie, vous aurez parfois l'impression de travailler plus que vous voyagez. Mais sachez que vous financez vos voyages et vous êtes indépendant grâce à cette activité.

À chaque instant vous pouvez changer de pays, changer de ville, allez où bon vous semble et voyagez où bon vous semble.

4 - Créer votre propre emploi

Plus besoin d'écouter les autres, suivre des routines que vous n'aimez pas et faire des choses dont vous n'avez pas envie.

En étant travailleur indépendant, vous choisissez vos tâches et votre emploi du temps. Généralement quand vous voyez vos premiers revenus tomber, vous avez encore plus de motivation pour continuer dans ce mode de vie !

5 - Vivre dans des pays pas chers

Savez-vous où se situe la majorité des nomades digitaux ? En Asie du Sud-Est, dans les pays comme la Thaïlande, l'Indonésie, le Vietnam car le cout de la vie est faible et les conditions de vie sont très bonnes. Par exemple Chiang Mai en Thaïlande est considéré la capitale du nomade digitalisme, une ville agréable où l'on peut vivre confortablement avec 500 €/mois.

L'objectif est d'avoir une belle qualité de vie, sans dépenser trop d'argent. Adieu les grèves et le pessimisme ambiant en France !

6 - Absence de limites

Il n'y a littéralement plus aucune limite une fois que vous prenez gout à ce mode de vie.

Plus de limite géographique, plus de limite dans votre travail, plus de limite à votre créativité. Le monde est grand, les opportunités s'offrent à vous à chaque coin de rue. Vous ne serez probablement pas le plus riche parmi vos amis, mais certainement le plus libre.

Les 4 inconvénients d'être nomade digital

Est-ce le style de vie parfait pour autant ? Évidemment non. Comme toutes choses dans la vie, il existe des mauvais côtés à être nomade digital. Ce n'est pas forcément la solution idéale pour voyager toute sa vie. En voici les côtés moins reluisants.

1- La masse de travail

Il faut beaucoup travailler, surtout au début où vous avez tout à prouver. Si vous glandez, l'argent ne rentre pas, alors qu'avec un travail salarié, il est plus aisé de ne pas faire grand-chose et encaisser son chèque en fin de mois. En étant indépendant, on ne compte pas ses heures, cela peut être usant, notamment si les résultats ne sont pas au rendez-vous.

2- Incertitude sur les revenus

D'un mois sur l'autre, vos revenus peuvent évoluer selon l'activité et cela peut générer du stress. Rien n'est jamais acquis, votre activité peut prendre son envol comme péricliter très rapidement. Si l'instabilité vous angoisse, ce n'est peut-être pas fait pour vous.

3- Dépendance à votre matériel

Si votre ordinateur tombe en panne, vous ne pouvez plus travailler. Si vous perdez votre disque dur externe, c'est des jours de travail qui s'évaporent. Si quelqu'un vole votre appareil photo, vous ne pouvez prendre de photos pour votre mission. Être nomade digital signifie avoir un matériel de qualité et surtout d'en prendre grand soin, car c'est une grande vulnérabilité.

4 - L'asservissement face au wifi

Internet et le wifi constituent l'oxygène d'un nomade digital. Sans wifi, beaucoup d'entre eux ne peuvent tout simplement pas travailler. C'est un peu triste à dire, mais nous en sommes vraiment dépendants. En conséquence, il y a toujours le stress lié à la qualité de la connexion Internet d'une destination quand vos revenus en dépendent.

Ce qu'il faut retenir :

✓ Internet révolutionne l'économie et change la façon de travailler
✓ Un nomade digital utilise son ordinateur et Internet pour travailler et gagner de l'argent
✓ Les trois modèles de nomades digitaux sont : télétravail, freelance, entrepreneur
✓ Un nomade digital est géographiquement libre, il peut travailler d'où il veut
✓ Des qualités comme l'envie d'apprendre, la créativité ou la discipline sont importantes pour devenir nomade digital
✓ Être nomade digital comporte beaucoup d'avantages, mais aussi des inconvénients

23

MÉTIERS POUR DEVENIR NOMADE DIGITAL

LE NOMADISME DIGITAL PERMET de travailler et voyager en même temps, voyons concrètement quels métiers sont accessibles si vous souhaitez devenir nomade digital.

Certains métiers demandent des compétences précises, d'autres sont accessibles quasiment pour tous. Dans tous les cas, Internet permet d'apprendre des compétences que vous pouvez développer pour travailler en tant que nomade.

Avant de commencer, voici des éléments de vocabulaire utiles :
- Freelance : une personne qui travaille à son compte et qui reçoit du travail ou des commandes par une entreprise ;
- Télétravail : une personne employée par une entreprise, mais qui travaille depuis son domicile ou dans un autre pays ;
- Plateforme d'intermédiation : site Internet qui met en relation des donneurs d'ordres et des freelances qui cherchent du travail. Par exemple Upwork ou Codeur ;
- Direct : commande de travail directement de l'entreprise au freelance.

Vous allez découvrir 18 activités principales que vous pouvez exercer en tant que nomade digital, comment trouver un emploi et ce que vous devez savoir si vous vous pensez incapable de vous lancer dans ce type d'aventure.

Rédacteur web

Il s'agit d'un des métiers les plus populaires pour devenir nomade digital. Et pour cause, il est facile d'accès et tout le monde peut s'y mettre rapidement.

La grande majorité des rédacteurs travaillent en freelance. Ils reçoivent des commandes de clients (plateforme ou direct) et doivent écrire du contenu sur le sujet demandé. La problématique est donc d'obtenir des commandes régulièrement pour avoir une rentrée d'argent suffisante afin de vivre. Les sujets sur lesquels vous pouvez écrire sont très variés. Au départ, ils ne seront pas forcément les plus intéressants, mais avec le temps vous pourrez vous spécialiser dans votre domaine d'expertise, que ce soit les voyages, le sport, l'actualité, etc.

Avantage : accessible à tout le monde.

Inconvénient : salaire bas au début, besoin d'expérience et de références.

Traducteur

Dans la même veine de la rédaction, vous pouvez faire de la traduction en freelance, c'est quelque chose de très répandu. Il y a énormément de missions sur ce créneau : traduction de livre, d'articles ou de sites Internet. Il vous suffit de parler très bien au moins une langue étrangère. Que ce soit l'anglais, l'espagnol, l'allemand, peu importe, mais il faut être doué. D'ailleurs en connaissant une langue assez peu commune, comme le portugais ou thaïlandais, vous pourrez avoir des tarifs plus élevés.

Si cela vous tente, mais que vous n'êtes pas sûr de vos capacités linguistiques, partez vivre et travailler dans un pays étranger quelques mois. Apprenez la langue à fond et utilisez ensuite vos compétences.

Avantage : facile d'accès.

Inconvénient : concurrence des traducteurs au cout très faible.

Webdesigner

Si vous savez faire des logos, des designs de sites Internet, des bannières ou que Photoshop n'a plus de secret pour vous. Bonne nouvelle !

En ayant des talents de webdesigner, vous pouvez les exercer partout dans le monde. D'ailleurs, si vous travaillez actuellement sur un tel poste dans une entreprise en France, vous pouvez très bien essayer de passer en télétravail, c'est quelque chose qui se développe énormément.

Il y a constamment un fort besoin de personnes sachant faire du design sur Internet, vous aurez donc toujours du travail. Par contre, il faudra avoir une « patte », vous démarquez afin de trouver votre place et gagner des contrats importants.

Avantage : une forte demande.

Inconvénient : concurrence des designers vivant dans des pays plus pauvres.

Développeur web

Si HTML, CSS, PHP, Wordpress, frameworks, bases de données et tout ce qui permet de créer des sites Internet sont familiers pour vous, bingo ! Il y a des milliers de sites Internet qui se créent chaque jour et la tendance n'est pas près de s'arrêter. Comme une majorité de personnes ne s'y connait pas en technique, c'est l'occasion pour vous d'en profiter.

Vous pouvez travailler en freelance ou bien pour une entreprise qui vous garde en télétravail. Bref, si vous aimez le code, le monde est à vous. C'est un métier très populaire parmi les nomades digitaux et qui ne connait pas la crise.

Avantage : une forte demande.

Inconvénient : temps d'apprentissage.

Développeur applications mobiles

C'est le jackpot du moment ! Si vous savez faire des applications mobiles (Android et iOS), je peux vous garantir que vous aurez un travail garanti durant les 10 prochaines années. Les applications mobiles/tablettes sont à la mode et cela n'est pas près de s'arrêter. Si vous n'êtes pas trop mauvais, vous pouvez trouver un travail ou des missions en freelance sans difficulté.

Si vous ne savez pas trop quoi faire de votre vie, apprenez un langage de programmation pour applications mobile. En moins d'un an, vous aurez les compétences nécessaires pour commencer à travailler.

Avantage : travail garanti.

Inconvénient : temps d'apprentissage.

Blogueur professionnel

Si vous avez une passion ou si vous sentez que vous pouvez aider des gens sur une thématique précise, vous pouvez vous lancer dans le blogging.

Vivre de son blog et voyager à travers le monde. Je sais, cela peut faire rêver, mais beaucoup de personnes ont franchi le cap et c'est vraiment possible. Cependant, la route est longue et ce n'est pas une tactique pour gagner de l'argent rapidement. Si vous voulez en vivre, il faut viser le long terme et construire quelque chose de solide.

Pour gagner de l'argent avec un blog, il y a trois solutions : la publicité, l'affiliation et la vente de produits/services. Dans le compagnon, vous allez voir des blogs qui permettent à leurs auteurs de vivre en nomade.

Avantage : style de vie vraiment libre.

Inconvénient : très dur de gagner de l'argent au début.

Vendre tout et n'importe quoi sur Fiverr

Voici un très bon moyen de gagner de l'argent sur Internet. Utiliser les sites Internet où l'on peut vendre littéralement n'importe quoi depuis n'importe où. Fiverr et les sites similaires permettent d'acheter et de vendre de petites prestations sur ce que vous voulez.

Voici quelques exemples de ce que vous pouvez réaliser : des dessins, enregistrer une voix off, vous prendre en photo dans un lieu spécial, faire les devoirs de quelqu'un, lire les cartes de tarot, créer un logo, faire de la saisie de données, danser en vidéo, retoucher une photo…

Des personnes vivent vraiment grâce à ce site, il suffit d'avoir la bonne idée ou un talent que vous pouvez monétiser. La limite, encore une fois, sera votre imagination. Utilisez donc toutes vos compétences !

Avantage : très facile à faire.

Inconvénient : revenu faible si on reste à 5 $.

Enseigner une langue à distance

Vous rêvez d'être professeur de français, mais vous avez envie de voyager ?

Avec Internet, vous pouvez maintenant devenir professeur à distance, depuis votre ordinateur. Vous avez juste besoin de Skype et d'une connexion Internet. La plupart des gens qui apprennent des langues veulent parler, ils veulent pratiquer leur français pour s'améliorer. Votre travail est donc tout simplement de parler français avec les étudiants. Ce n'est donc pas très compliqué.

Vous êtes rémunéré à l'heure, vous travaillez quand vous le voulez et d'où vous voulez. Le meilleur site pour ça s'appelle italki.

Avantage : très facile à faire.

Inconvénient : salaire faible au début le temps de se construire une réputation.

Community manager

Facebook, Instagram, Twitter, Snapchat n'ont aucun secret pour vous ? Vous êtes peut-être destiné à devenir community manager, en bon français, gestionnaire de communauté.

Votre travail est d'animer les réseaux sociaux d'une marque, augmenter le nombre de fans, interagir avec eux, etc. Vous pouvez faire ce job en télétravail avec une entreprise définie ou bien en freelance pour les marques qui ont besoin d'aide pour leurs réseaux sociaux.

Avoir un blog et être actif sur les réseaux sociaux est indispensable pour faire ce type de travail.

Avantage : secteur en forte progression.

Inconvénient : être expérimenté.

Copywriter

Vous êtes doué avec les mots et vous avez le sens de la vente ?

Vous pouvez devenir copywriter et travailler dans la « rédaction publicitaire ». Pensez par exemple à Peggy Olson dans *Mad Men*, son travail est de trouver les bons mots, le bon slogan ou les bonnes accroches pour leurs clients.

Votre travail est d'écrire des textes convaincants afin d'aider votre client à vendre. Vous trouverez du travail en freelance en faisant du copywriting sur Internet : écrire une lettre de vente, description de livre, ou une accroche pour une formation, votre boulot c'est de faire vendre.

Avantage : revenu important si vous générez des ventes.

Inconvénient : demande de la pratique.

Assistant virtuel

Voici un emploi en plein développement avec l'essor d'Internet et des entrepreneurs indépendants. Lorsque l'on crée son activité seul sur

Internet et que celle-ci grossit, on a plus le temps de gérer toutes les petites tâches du quotidien, alors on délègue cela à un assistant virtuel.

Les tâches peuvent être très diverses : recherche documentaire, organiser des rendez-vous, téléphoner à des clients, faire de la comptabilité, mettre en ligne des articles, organisation d'un voyage ou répondre à des emails.

Votre travail est d'aider au mieux un entrepreneur pour lui faire gagner du temps.

Avantage : tâches simples, accessibles à tout le monde.

Inconvénient : trouver un bon employeur.

Devenir influenceur

Bon... c'est quoi ce truc ? Pensez à des gens comme Jérôme Jarre, Cyprien, Tiboinshape, EnjoyPhoenix ou le voyageur Alex de Vizeo.

Internet et les réseaux ont changé la donne dans le milieu de la communication. Une photo sur Instagram peut maintenant avoir la même valeur qu'une affiche dans le métro ! Et cela crée d'importantes opportunités. Si vous avez des dizaines, voire des centaines de milliers de personnes qui vous suivent sur Facebook, Instagram, YouTube, Snapchat... vous avez un énorme pouvoir auprès des marques qui souhaitent communiquer.

Pour cela, il faut cibler une thématique précise : le voyage, la beauté, la mode, les voitures, la cuisine, peu importe ! Il faut juste quelque chose qui intéresse les gens et surtout développer votre propre marque et avoir une forte personnalité.

Il est généralement conseillé d'utiliser seulement un réseau social pour commencer et construire sa base sur celui-là afin de se faire connaitre. Vous pouvez être ensuite rémunéré de plusieurs manières : par les marques, la publicité, des produits de votre création, etc.

Avantage : travailler en faisant sa passion.

Inconvénient : demande du temps pour construire sa marque.

Faire du consulting en webmarketing

Si vous avez de l'expérience dans le marketing sur Internet, vous pouvez monétiser ces connaissances en tant que freelance.

Les entreprises sont toujours à la recherche de personnes qui peuvent les aider dans leur business. C'est encore plus vrai lorsqu'ils veulent se lancer sur le digital, qui n'est pas forcément compris par tout le monde et où tout évolue très vite. Votre travail sera donc de conseiller ces entreprises ou ces entrepreneurs afin d'améliorer leurs résultats.

Les domaines recherchés :

- Référencement ;
- Stratégie de contenu ;
- Publicité (Adwords, Facebook…) ;
- Réseaux sociaux ;
- Conversions et ventes ;
- Emailing.

Il est généralement conseillé d'être très bon dans un domaine afin d'avoir une forte expertise. Un blog va vous aider afin de vous faire connaitre et de démontrer que vous êtes la bonne personne avec qui travailler sur tel sujet.

Avantage : revenu intéressant.Inconvénient : demande une très bonne expertise.

Créer des sites Internet

Si vous avez des connaissances en développement et en webdesign, vous pouvez très bien créer des sites Internet pour des clients. C'est un des plus gros business qui existe sur Internet. Tout le monde a dorénavant besoin d'un site Internet ! Et votre travail est de répondre à ce besoin.

Au début, il faudra vous tourner vers toutes les plateformes d'intermédiation pour trouver des clients, obtenir des références, gagner en réputation afin de demander plus d'argent. Sachez par contre que la concurrence est rude sur le secteur car le marché est devenu mondial. Il faut vous démarquer des autres et miser sur la qualité pour bien vous en sortir.

Avantage : des revenus importants.

Inconvénient : gestion de projet importante.

Freelance en référencement

Le référencement ou SEO, est l'art de faire ressortir un site Internet dans les premières positions sur les moteurs de recherche comme Google. C'est un type de travail très demandé, car toutes les entreprises veulent être vues sur Google. Si ce domaine est le vôtre, tentez votre chance.

Pour trouver du travail, il faut passer par une plateforme, faire du démarchage, avoir une exposition à travers un blog ou bien networker.

Avantage : bon niveau de revenus.

Inconvénient : demande une expertise pointue.

Écrire des livres

Si vous avez un talent pour l'écriture, sachez que vous pouvez écrire, peu importe où vous êtes sur la planète ! Que vous écriviez vos récits de voyage, des romans d'aventures, des livres pour enfants ou de la non-fiction. vous pouvez vivre de cette activité en voyageant.

Pour vendre vos livres, deux chemins se présentent à vous : trouver un éditeur ou bien éditer le livre vous-même. Les deux options ont des avantages et inconvénients. D'un côté les éditeurs vont vous accompagner dans l'écriture du livre et vous aider à en faire la promotion. En indépendant, vous serez plus isolé, vous devrez être beaucoup plus proactif et faire votre propre marketing. Pour écrire un livre, cela fonctionnera mieux si vous aidez concrètement les gens, si vous avez une histoire captivante à raconter et si vous avez déjà une « audience », c'est-à-dire des gens qui vous connaissent.

Par exemple, j'ai publié en juin 2015 mon premier livre *Pourquoi voyager seul ?* en indépendant. J'ai une version PDF, ebook et papier du livre et je peux le vendre au monde entier sur Internet. Pour l'instant, j'ai vendu plus de 400 livres en un peu plus d'un an. Rien d'exceptionnel, mais en sachant que je n'avais jamais fait ça de ma vie, ce n'est pas trop mal. En sachant que j'ai écrit le livre en Colombie et l'ai publié lorsque j'étais en Équateur !

Avantage : accessible à tout le monde.

Inconvénient : prend du temps et chronophage.

Vendre vos connaissances et créer des infoproduits

Si vous avez des compétences ou des connaissances avancées, sur n'importe quel sujet, sachez qu'avec Internet vous pouvez facilement transmettre votre savoir. Il est même possible d'être rémunéré pour cela.

Le marché de la formation en ligne est énorme. De nos jours, vous pouvez trouver des cours sur tout et n'importe quoi. Que ce soit pour apprendre à jouer de la guitare, à cuisiner, faire du tennis, dessiner un logo ou encore utiliser PowerPoint. On trouve toutes ces formations virtuelles sous forme d'ebook, de formation vidéo ou encore de cours en ligne.

Par exemple, Udemy est l'une des plus grandes plateformes de cours en ligne au monde. Avec plus de douze millions d'étudiants et 40 000 cours en ligne, il y a de quoi faire ! En naviguant sur leur site, je vois que je peux apprendre à faire des applications mobiles, des animations 3D, prendre de meilleures photos, me servir d'Excel 2010, améliorer ma grammaire anglaise, gagner de l'influence sur Instagram, etc.

Bref si vous avez un sujet pour lequel vous êtes passionné, vous pouvez vendre votre savoir à travers une plateforme comme Udemy ou bien via votre blog par exemple.

Avantage : enseigner sa passion.

Inconvénient : demande des connaissances en marketing.

Créer une boutique en ligne

Savez-vous que plus de 50 % des consommateurs achètent au moins une fois par an sur Internet ? Le marché du commerce en ligne est devenu gigantesque, les gens achètent depuis leur ordinateur, plus besoin de se déplacer dans les magasins. Et vous pouvez en profiter !

Vous pouvez facilement avoir votre boutique d'objets physiques en ligne, peu importe le secteur. Sur eBay, tout le monde peut acheter et vendre pratiquement tout, d'ailleurs quatorze millions de visiteurs français vont sur eBay chaque mois. Sur Etsy, il y a 800 000 indépendants qui créent des objets faits main et les revendent. Sans compter le géant Amazon où vous pouvez lister vos produits.

Concrètement, vous pouvez utiliser ces opportunités :
- En créant des bijoux ou objets faits main et en les revendant ;
- Acheter des objets à l'étranger pour les revendre, comme des produits locaux ou exotiques ;
- En montant votre propre boutique (shopify par exemple) où vous achetez des produits que vous proposez en catalogue ;
- En faisant du dropshipping ;
- Etc.

Il faut prendre le temps de comprendre le fonctionnement du commerce en ligne et voir les opportunités qui peuvent se présenter suivant vos intérêts et où vous vous trouvez dans le monde. Ce n'est pas simple, mais je connais des personnes qui vivent exclusivement de ce type de business.

Avantage : avoir sa propre boutique en ligne.

Inconvénient : sujet complexe au début.

Des opportunités de partout

Il existe encore tellement de possibilités pour devenir nomade digital, qu'il est difficile d'aller dans le détail pour chacune d'entre elles. Voici tout de même une liste d'activités complémentaires que vous pouvez créer :

- Faire du trading en bourse ;
- Créer des sites de niches ;
- Youtubeur ;
- Devenir voix off ;
- Faire de l'affiliation sur Internet ;
- Production de vidéos ;
- Production de musiques et effets sonores ;
- Créer des produits sur Amazon (FBA) ;
- Etc.

Cas spécial : vivre d'un blog de voyage

Il y a un métier qui fait souvent rêver : devenir blogueur voyageur ! Parcourir la planète, parler de ses voyages et être payé pour faire ça. Par contre, l'envers du décor est beaucoup moins glamour. Il y a en réalité assez peu de personnes qui vivent entièrement de leur blog voyage en France. Il faut beaucoup de travail pour vivre de cette passion.

Avec un blog de voyage un peu développé, vous pouvez espérer :
- Gagner un peu d'argent en complément (200/300 € par mois) ;
- Vous faire payer des voyages, ce qu'on appelle des « blogtrip ».

Par contre, si vous souhaitez en vivre à 100 %, cela va vous demander énormément de travail. Construire un blog, créer du contenu de qualité, attirer du monde sur votre site, gérer vos réseaux sociaux, faire beaucoup de communication, trouver des clients… Il faut compter plusieurs années pour pouvoir réussir dans ce secteur, rien ne se fait du jour au lendemain.

C'est possible, mais il faut savoir que la route est longue ! Pour aller plus loin, vous trouverez dans le compagnon une interview avec Fabrice, du blog Instinct voyageur où l'on parle de ce sujet en détail.

Comment trouver un job en freelance ?

Si vous souhaitez être nomade digital et travailler en freelance, il va falloir trouver des clients pour générer des revenus.

Ce qu'il faut savoir et mettre en pratique absolument :
- Vous ne bossez pas pour quelqu'un, mais pour vous-même ;
- Vous choisissez quand, où et comment vous travaillez ;
- Vous devez vous vendre pour travailler ;
- Vous avez un statut moins sécurisé, mais plus flexible.

Durant vos premiers pas en tant que nomade digital, vous devez travailler dur pour trouver du boulot. Il faut prospecter, networker ou répondre à des propositions, bref, communiquer sur ce que vous faites. Ce n'est pas quelque chose de passif, au contraire il faut être très actif et réactif. Avec l'expérience, tout devient plus facile et il arrivera un moment où vous n'aurez même plus besoin de prospecter, les clients viendront à vous. Cela peut prendre quelques années.

Les endroits pour trouver du travail :
- Plateformes de freelance : Upwork.com ou Codeur.com en français ;
- Plateformes pour trouver un job « nomade » : Remoteok.io ou Workingnomads.co ;
- Votre réseau/network ;
- Réseau social professionnel : linkedin/viadeo ;
- Votre blog/site vitrine.

Pour ceux qui veulent un boulot stable en télétravail, les principes sont similaires. Mais il faudra chercher un peu différemment : axer principalement sur les sites de recherche d'emploi, envoyer des demandes spontanées et réseauter pour dénicher des opportunités.

Le blog, un élément incontournable pour votre activité

Dans un monde où vous passez une grande partie de votre temps sur Internet à travailler, il est presque obligatoire d'avoir votre plateforme qui permet de vous mettre en avant. Dans la majorité des cas, il faudra créer un blog ou au minimum un site vitrine pour votre activité.

Cela permet plusieurs choses :

- Présenter votre activité ou vos compétences ;
- Vendre vos services ou produits ;
- Montrer votre expertise sur le sujet que vous visez.

Aujourd'hui, il est devenu extrêmement simple de créer un blog avec Wordpress (plateforme de gestion de contenu), il existe des milliers de thèmes personnalisables et vous pouvez réellement créer un site à votre image. Il existe aussi un service simple et gratuit qui s'appelle about.me qui va créer votre page personnelle en moins de 10 minutes.

Si vous pensez que rien n'est fait pour vous

Être digital nomade ça vous dit bien, mais en voyant la liste des métiers, vous pensez que rien ne vous convient. Que vous n'avez pas les compétences nécessaires. Bienvenue au club des débutants ! On est tous passés par la case départ où on ne savait rien.

Au lieu de voir cette absence de compétences négativement, voyez le positif : vous pouvez apprendre ce que vous voulez ! Choisissez ce qui vous plait et mettez-vous au boulot. Aujourd'hui, vous pouvez littéralement tout apprendre avec Internet. Ne pas savoir quelque chose ne doit pas vous rebuter, mais vous motiver à apprendre !

Personnellement, je n'avais jamais écrit de livre avant 2015. Pourtant je me suis mis au boulot, j'ai beaucoup lu, j'ai beaucoup écrit, je me suis formé à l'autopublication et j'ai fait beaucoup d'erreurs ! Mais je m'en suis sorti et j'ai dorénavant acquis des compétences qui peuvent me resservir.

J'ai un autre exemple. Il y a quelques années, j'étais totalement ignorant pour réaliser une vidéo. Travaillant sur Internet, j'ai décidé qu'il était grand temps de m'y mettre ! J'ai donc commencé à lire des blogs et regarder des vidéos sur le sujet. Quel matériel acheter, comment filmer, comment éditer une vidéo, etc. Je me suis beaucoup informé, puis je me suis testé. Au fur et à mesure, j'ai appris plein de choses et je suis aujourd'hui capable de faire des vidéos correctes.

Sachez qu'il existe plein de ressources gratuites comme payantes pour vous former : livres, YouTube, blogs, forums... profitez-en pour apprendre un maximum. Tout est question d'état d'esprit : soit vous êtes passif, soit vous êtes actif. Soit vous attendez que les choses se passent, soit vous prenez le taureau par les cornes et vous vous bougez !

Prenons un exemple concret. Il vous est possible d'apprendre à réaliser des sites Internet tout seul, de chez vous avec votre ordinateur.

Vous pouvez aller sur ce site : openclassrooms.com, choisissez un cours parmi ceux de « développement web » et faites le à fond ! En quelques mois vous aurez acquis une compétence que vous pourrez ensuite vendre en freelance et travailler depuis n'importe où dans le monde. Puis répétez le processus, une nouvelle compétence, un nouveau langage... vous pouvez apprendre sans limites.

Le plus important est d'aller de l'avant. Dans la vie rien ne tombe du ciel, il faut aller chercher ce dont vous avez envie !

Ce qu'il faut retenir :

✓ Vous avez accès à un large panel de métiers pour devenir nomade digital

✓ Des métiers sont facilement accessibles comme rédacteur, traducteur, prof de français, assistant virtuel...

✓ D'autres métiers demandent une compétence avancée : développeur, webdesigner, consultant webmarketing

✓ Une présence digitale est primordiale : blog, sites pour freelance, réseaux sociaux...

✓ Toute compétence peut s'apprendre, même le meilleur designer du monde a commencé en tant que débutant

24

VOYAGER LONGTEMPS SANS TRAVAILLER

DANS LES CINQ CHAPITRES PRÉCÉDENTS, vous avez découvert toutes les manières qui existent de travailler tout en voyageant. J'entends déjà quelques-uns me dire : « Michael, c'est cool tout ça, mais moi je veux juste voyager, pas travailler !»

Je vais vous dire un truc : « moi aussi ! » J'aimerais voyager toute ma vie, sans travailler, ça à l'air d'être le plan parfait pour une vie réussie. Mais à moins d'avoir un compte en banque illimité ou de voyager sans argent toute votre vie, c'est impossible.

Je vous l'ai annoncé au début du livre, je ne suis pas là pour vous vendre une utopie, mais vous montrer concrètement la réalité des choses. Dans ce chapitre, vous allez découvrir que l'équilibre entre voyage et travail est primordial si vous souhaitez vous embarquer dans un voyage à durée indéterminée.

Il n'y a pas de recette magique

Dans la vie comme dans les voyages, il y a toujours deux variables à prendre en compte : vos dépenses et vos revenus.

Le meilleur moyen de voyager pendant des années, de vous rapprocher vers un VDI est la combinaison de deux facteurs :
- Dépenser moins et être frugal pour durer plus longtemps ;
- Gagner des revenus supplémentaires en voyage.

C'est tout. Rien de magique. Pas de mystère. C'est d'ailleurs pour ça que j'ai consacré la moitié du livre à ces deux sujets. Ce sont les deux choses à utiliser pour voyager à l'infini. Si vous n'avez qu'à retenir une chose du livre, c'est ça.

Par exemple, si j'avais fait mon tour du monde de 2015 en passant par la Scandinavie, la Suisse, Dubaï, l'Australie, le Japon, Tahiti, l'Argentine, les États-Unis et les Caraïbes, je n'aurais plus d'économies. Au lieu de cela, j'ai décidé de rester dans des pays au cout de la vie faible, sans trop dépenser, tout en essayant de faire croitre mon activité. Du coup, il reste encore de l'argent sur mon compte en banque et je peux continuer à vivre à l'étranger. Il faut être réaliste. Une fois que vous l'aurez compris, vous pourrez déterminer comment voyager et en profiter au maximum.

Vous devez dépenser moins ou gagner plus pour voyager plus longtemps. Essayez de combiner les deux et c'est le jackpot !

Un exemple concret

Un des moyens les plus utilisés par les voyageurs au long cours est d'alterner période de voyage intense et période de travail intense. Pour illustrer mes propos, je vais vous donner un exemple fictif. Il est basé sur des faits réels et vous pouvez très bien le réaliser concrètement.

Imaginons que vous partiez avec 5 000 € que vous avez économisés en travaillant durant un an en France. Cela fait 416 € mis de côté chaque mois.

Avec ce budget, vous pouvez acheter un aller simple pour Bangkok à moins de 300 € (je viens de vérifier !) et voyager pendant six mois en Asie du Sud-Est. La Thaïlande, le Cambodge, le Vietnam, le Laos ou l'Indonésie sont des pays avec un faible cout de la vie, si vous n'êtes pas trop dépensier vous devriez tenir facilement.

Vous pouvez ensuite enchainer avec un an de PVT en Australie qui est toute proche. Là-bas, il vous sera possible de mixer voyage et remplissage de votre compte en banque. D'ailleurs, beaucoup de voyageurs vont en Australie pour faire des économies !

Cela fait donc 18 mois que vous êtes sur la route et plusieurs options s'offrent à vous :

- Faire un nouveau PVT, mais en Nouvelle-Zélande cette fois-ci ;
- Revenir en Europe et travailler quelques mois ;

- Trouver un bateau pour traverser le Pacifique et rejoindre le Panama ;
- Continuer à voyager en Asie : Chine, Inde, Philippines…
- Etc.

Imaginons que vous décidiez de traverser le Pacifique en avion pour rejoindre l'Amérique. Avec un billet Sydney/Los Angeles à moins de 400 € vous voilà aux États-Unis. Vous pouvez prendre la route panaméricaine en faisant du stop, puis passer six mois au Mexique et en Amérique centrale à faire du volontariat ou du WWOOFING, ce qui vous permet de dépenser très peu d'argent.

En arrivant au Panama, vous entendez une bonne occasion de revenir en Europe en étant équipier sur un voilier. Vous sautez sur l'occasion et pour quelques centaines d'euros de frais de participation, vous revenez en France après une traversée de l'océan atlantique d'un mois.

Après plus de deux ans à voyager, vous pouvez en profiter pour revoir votre famille et vos amis, mais entretemps, vous avez attrapé le virus du voyage et vous ne souhaitez pas rester en France.

Voici de nouvelles opportunités qui se présentent:
- Faire un nouveau PVT, en Argentine ou Chili, vu que vous parlez maintenant espagnol ;
- S'expatrier dans un pays européen pour gagner de l'argent ;
- Acheter un vélo et repartir à l'aventure ;
- Partir découvrir l'Afrique en mode backpacker ;
- Etc.

Vous trouvez un vol à moins de 300 € en direction de Nairobi au Kenya, c'est donc parti pour l'Afrique. Votre budget restant décidera du degré de confort de cette nouvelle aventure. Vous décidez donc de descendre l'Afrique de l'Est pour atteindre l'Afrique du Sud, en mode transport local et auberge pas chère. Cela vous prend trois mois pour rejoindre Le Cap où vous trouvez plein de couchsurfeurs pour vous accueillir.

En rencontrant des expats, vous entendez parler d'un job de traducteur anglais/français sur des safaris au Botswana. Vous postulez et êtes rapidement engagé pour accompagner les touristes. En plus d'être logé et nourri, vous recevez un salaire mensuel qui vous permet de renflouer votre compte en banque.

Après trois mois de travail, la saison se termine. Cela fait maintenant deux ans et demi que vous voyagez. Où allez ensuite ? Que faire ? Vous avez de l'argent sur votre compte en banque et les opportunités sont infinies !

Remonter en Afrique de l'Ouest, opter pour Madagascar et les iles de l'océan Indien, prendre un vol pas cher pour l'Amérique du Sud ou bien l'Inde… Je laisse votre imagination décider de la suite !

Ne pas travailler durant votre voyage

Et si vous n'avez vraiment pas envie de travailler, comment faites-vous ?

Je comprends que vous ayez juste envie de voyager, dans ce cas-là, les choses sont encore plus simples.

La première étape est d'économiser un maximum d'argent en France. Faites-en sorte d'avoir des rentrées d'argent les plus importantes possible. Au même moment, réduisez vos dépenses, votre loyer, n'achetez pas de choses superflues, dépensez moins dans les sorties et loisirs. Vous pourrez alors partir avec un gros pactole et tout dépenser durant votre voyage jusqu'à épuisement.

La deuxième étape si vous ne souhaitez pas travailler en voyageant, c'est de voir combien de temps vont durer vos économies. Comme vous avez pu le voir durant les chapitres précédents, 15 000 € peut vous durer six mois comme six ans. Il faudra donc évaluer votre style de voyage ainsi que les pays que vous voulez voir. Dans ce cas, on passe à un voyage à durée déterminée si j'ose dire, vous savez que votre voyage a une date de fin et que vous devrez rentrer.

Rassurez-vous c'est le cas pour la majorité des personnes. Le voyage à durée indéterminée n'est pas encore très répandu !

En tout cas, si vous ne comptez pas travailler, je vous conseille tout de même d'avoir une sorte de thème, quelque chose qui donne du sens à votre voyage. Que ce soit un engagement associatif, un défi, un blog, une action que vous faites dans chaque endroit… Cela vous occupera un peu ! De plus, avoir un but lors de votre voyage peut le rendre beaucoup plus intéressant. Je vous donne quelques idées dans la quatrième partie.

Ce qu'il faut retenir :

✓ Voyager toute sa vie sans jamais travailler est une utopie, cela n'est pas possible pour 99 % de la population ;

✓ Une balance entre dépenser moins d'argent et travailler sur la route est le « secret » pour voyager indéfiniment ;

✓ Travailler vous permet de façonner votre voyage et d'avoir des périodes « renflouement de compte en banque » ;

✓ Si vous n'avez pas envie de travailler, il faudra alors partir avec de grosses économies pour voyager longtemps.

CONCLUSION PARTIE 3

NOUS VENONS DE VOIR ENSEMBLE comment vous pouvez travailler partout dans le monde durant votre voyage. Même si cela peut paraitre étrange d'associer le voyage et le travail, c'est un élément fondamental à connaitre si vous souhaitez voyager durant des années. L'économie mondiale est basée sur l'échange monétaire et l'argent reste indispensable pour voyager. Je suis d'accord que c'est un peu moins glamour que certaines histoires du genre « il a tout plaqué pour voyager autour du monde à l'infini », mais il s'agit de la réalité des choses. Vous savez maintenant ce qu'il est nécessaire de faire pour faire durer votre voyage indéfiniment.

Travailler n'est pas imposé pour faire un voyage à durée indéterminée, vous pouvez partir quelques années sans avoir besoin de travailler. Soit en ayant beaucoup d'économies sur votre compte en banque, soit en voyageant le moins cher possible. À vous de choisir, mais en combinant toutes les informations des parties deux et trois du livre, vous avez toutes les options disponibles devant vous. Mon conseil serait de tester celles qui vous paraissent intéressantes et observer ce qui marche pour vous.

Par exemple, Sandro, le créateur du blog de voyage tetedechat.com vient tout juste de revenir en France après son voyage qui a duré... dix ans ! Sandro vient donc de voyager dix années autour de la planète sans jamais être revenu. Asie, Afrique, Amérique du Sud... il est allé partout et a vécu son lot d'aventures ! Pour cela, il voyageait lentement, avait un petit budget (300 € par mois) et travaillait sur la route, par exemple en vendant des photos ou en lavant des voitures en Australie. Parti avec un aller simple, il n'avait pas clairement imaginé qu'il ferait ce long voyage.

Partez, expérimentez et tracez votre propre chemin à travers la planète.

Le livre pourrait presque s'arrêter là. Vous avez toutes les informations primordiales pour partir et voyager durant des années. Mais je ne pouvais pas vous laisser à cet endroit du voyage que l'on a entrepris ensemble. Il y a encore trop de questions qui trottent dans votre tête et trop de connaissances que je souhaite vous transmettre.

La dernière partie de *Voyage à Durée Indéterminée* sera beaucoup plus pratique. Vous allez découvrir tous les éléments indispensables pour réussir votre voyage, du nombre de chaussettes à prendre jusqu'à l'état d'esprit à adopter pour vivre les meilleurs moments de votre vie.

PARTIE 4 : RÉUSSIR VOTRE VOYAGE À DURÉE INDÉTERMINÉE

PARTIE 4 : RÉUSSIR VOTRE VOYAGE À DURÉE INDÉTERMINÉE

VOUS AVEZ PU VOIR DANS LES DEUX PARTIES précédentes toutes les problématiques liées à l'argent et au voyage. Vous devriez avoir, à ce point du livre tous les éléments en tête pour imaginer votre voyage à durée indéterminée, mais avez-vous l'impression qu'il manque quelque chose ? Comment allez-vous faire pour concrètement partir ?

J'ai gardé beaucoup de sujets plus pratiques pour cette dernière partie du livre, ceux qui vous propulseront au-delà des frontières. En 8 ans de voyage, j'ai fait des erreurs à foison, mais j'ai aussi énormément appris. Il est temps de vous transmettre toutes les leçons, qui selon moi sont les plus importantes lorsque vous embarquez pour un long voyage. Un voyage se prépare en amont et se vit pleinement à l'autre bout du monde, tout en évitant les galères. Je vous montre comment.

Dans cette dernière partie, vous allez découvrir comment préparer votre voyage avant de partir : la planification, l'évaluation du budget, mettre au carré les problèmes administratifs, savoir préparer son sac à dos ou encore les meilleurs conseils pour garantir votre santé. Vous découvrirez ensuite tout ce qu'il faut savoir pour profiter pleinement de son voyage une fois parti, éviter les incidents malencontreux et enfin comment vous pouvez faire évoluer votre état d'esprit pour vivre une vie inoubliable.

L'objectif est de vous donner toutes les informations essentielles dont vous avez besoin pour profiter de votre voyage au maximum. J'ai fait mon possible pour être complet sans vous noyer dans des détails secondaires. Tous les conseils prodigués dans cette partie coïncident largement avec les avis partagés par la communauté de voyageurs, il n'y a rien de révolutionnaire ou d'extrême. Vous trouverez l'essentiel, expliqué de façon objective, avec comme d'habitude, ma touche personnelle.

LA PLANIFICATION DE VOTRE VOYAGE

LA PREMIÈRE ÉTAPE D'UN VOYAGE, celle de la planification, est toujours très agréable. Elle vous permet de rêver et de commencer à vous projeter vers votre prochaine aventure. Cette planification commence toujours au même endroit : le choix de votre destination.

Savez-vous comment déterminer votre destination ? Comment être sûr de faire le bon choix ?

Il n'est jamais simple d'être sûr de choisir les bons pays et de déterminer comment vous allez voyager. Je vous conseille de passer du temps sur cette partie planification, car c'est elle qui va déterminer la suite de vos actions et de votre préparation.

Vous allez découvrir comment planifier efficacement les grandes lignes de votre voyage, les bonnes questions à vous poser, les éléments à ne pas oublier ou comment faire les bons choix pour assurer le succès de votre voyage.

Choisir les destinations

La première question à laquelle il faudra répondre est plutôt simple : où souhaitez-vous partir ?

Vous avez surement le désir de voir le monde et voyager dans un maximum de pays. Qui ne le voudrait pas ? Pour le moment, essayez de vous concentrer sur les endroits que vous rêvez de voir et prioriser vos envies. Rappelez-vous, on a toute une vie pour voyager !

Voici quelques questions à vous poser :
- Quels sont les pays que vous rêvez de visiter ? États-Unis, Brésil, Kenya, Islande, Australie... ?

- Quels environnements souhaitez-vous retrouver ? Ville, campagne, jungle, désert, plage, montagne… ?
- Quelle culture expérimenter ? Latine, asiatique, pays développé, moyen-oriental… ?
- Quelles activités voulez-vous faire ? Sports aquatiques, trekking, découverte culinaire… ?

Vos centres d'intérêt et votre budget vont être les deux déterminants essentiels pour le choix de vos destinations. Si vous partez plusieurs années, il n'est pas nécessaire de connaitre tous les pays à l'avance. Par contre, il est important de savoir d'où vous commencerez votre voyage et de préparer un itinéraire approximatif. Cela vous permettra de partir mieux préparé au niveau de votre équipement, des visas, de votre budget, du travail, etc.

Avant de partir pour mon voyage en Amérique du Sud, je savais que je commencerais par la Colombie, pour finir par l'Argentine. Je souhaitais rester dans des endroits chauds, toujours près de la mer, ce qui me facilitait la vie pour mon sac. Je connaissais le cout de la vie dans chaque pays. La Colombie ou l'Équateur n'étaient vraiment pas chers, mais le Brésil ou l'Argentine demanderaient un budget plus important. Enfin, je savais qu'il n'y aurait pas de problèmes de visas, car je pouvais rester facilement au minimum trois mois dans chaque pays.

Connaitre par avance les pays où vous voulez allez, facilite votre travail de préparation et vous évite des déconvenues une fois sur place : problème de visa, pays trop cher pour votre budget ou mauvaise saison pour travailler.

Il existe des pays plus touristiques que d'autres et nous sommes logiquement attirés par des destinations dites faciles et médiatisées, comme Bali, la Thailande, New-York ou Barcelone. Sans conteste, ce sont des endroits à visiter. Mais d'après mes expériences, je trouve que les endroits moins touristiques sont plus enrichissants et le rapport avec la population locale souvent plus honnête et intéressant. J'ai adoré me perdre dans l'ile de Java (Indonésie) avec un scooter, pas un touriste à l'horizon, découvrir la campagne et rencontrer des locaux super chaleureux. Si vous avez déjà quelques expériences de voyage, je vous conseille de sortir des sentiers battus et d'explorer des régions moins connues, mais qui restent plus authentiques.

Si vous êtes à court d'idées de destinations, sachez que vous pouvez trouver des suggestions un peu partout : magazines de voyages, blogs de voyages, YouTube, la télévision, des podcasts, votre entourage, etc. Dans le compagnon, j'ai ajouté 6 sites Internet pour vous faire rêver, voyager et vous donner pleins de bonnes idées de destinations.

Prenez garde au climat

Peu importe vos gouts climatiques, froid/chaud, montagne/plage… vous trouverez chaussure à votre pied. Le monde est vaste et très contrasté ! Pour éviter de mauvaises surprises, il est primordial de vérifier le climat de l'endroit convoité lors de votre préparation.

Il y a trois raisons à cela :
- Le climat n'est pas forcément celui qu'on imagine (différentes saisons, micro climat) ;
- Bien préparer son sac à dos selon le climat ;
- Confirmer votre choix entre vos attentes et la réalité.

En France, nous avons un climat tempéré, mais ce n'est pas le cas partout, au contraire ! Saisons inversées, mousson, saison des cyclones… regardez les risques météorologiques des pays où vous voulez aller avant de vous décider. Partir aux Philippines entre septembre et novembre durant la saison des typhons n'est pas une superbe idée au vu des risques encourus.

Pour regarder le climat, je conseille trois méthodes :
- Le site QuandPartir.com ;
- Le site A-Contresens.net ;
- Section climat dans Wikipédia.

Même si ce sont des observations générales, elles se révèlent souvent conformes, surtout pour les périodes qu'il faut éviter. Mon conseil est donc de toujours jeter un coup d'œil au climat lorsque vous mettez en place votre itinéraire pour éviter de mauvaises surprises.

Itinéraire

En connaissant les pays que vous souhaitez visiter ainsi que le climat dans les régions visées, vous pourrez mettre en place un itinéraire de voyage. Il est important d'avoir une idée générale de la direction que vous allez prendre et l'enchainement des pays. Une sorte de fil conducteur. Il n'y a pas de règles en ce qui concerne votre itinéraire, vous êtes libre d'aller dans le sens que vous voulez, de revenir en arrière ou de zigzaguer, le principal est de faire un voyage qui vous convient, selon vos envies.

Plus votre voyage est court, plus un itinéraire est important. En revanche, si vous partez à durée indéterminée, il peut être vraiment plus vague, car vous disposez de beaucoup plus de temps. Les imprévus et changements de plans seront légion.

Voici quelques conseils pour la mise en place de l'itinéraire :
- Utilisez des cartes, en papier ou numériques sur Google Maps, cela permettra une meilleure visualisation ;
- Déterminez des étapes phare et immanquables de votre voyage ;
- Déterminez les dates clés : vol d'avion, impératifs, évènements ou date de retour ;
- Évaluer les distances et moyens de transport disponibles, le site rome2rio.com est parfait pour cela ;
- Laisser de la souplesse à votre itinéraire, les imprévus sont inhérents au voyage.

C'est probablement la partie la plus amusante d'un voyage, alors profitez-en. Rêvez et planifiez votre trip sans prise de tête !

S'assurer de la sécurité des pays en question

Avez-vous déjà entendu le proverbe « Un voyageur averti en vaut deux » ? Bon, je viens de l'inventer, mais rien de plus vrai !

Vous pouvez aller dans un pays au hasard, sans avoir fait aucune recherche et voir ce qu'il se passe, au petit bonheur la chance. Mais pour les voyageurs peu expérimentés, je ne le conseille pas. Au contraire, il faut faire un peu de recherches avant de partir et savoir si le niveau de risque dans les pays que l'on veut visiter est acceptable. En effet, partir trois mois en Thaïlande ou trois mois en Libye, ce n'est pas pareil ! Le premier réflexe à avoir est de regarder le site du Ministère des Affaires étrangères.

Il est tenu à jour et vous indique les risques liés à tous les pays du monde, qu'ils soient sécuritaires, politiques ou sanitaires. Sachez que le site a tendance à être pessimiste et à aggraver la situation sur place. Il faut impérativement coupler ces informations officielles avec un retour « terrain ». C'est-à-dire des informations provenant de personnes qui vivent sur place ou qui y ont voyagé récemment. La réalité est parfois éloignée de l'image véhiculée par les médias ou les instances officielles.

Les meilleures sources d'informations se trouvent sur les forums et les blogs de voyages. Je conseille toujours de faire un tour sur voyageforum.com qui est constamment alimenté par des voyageurs francophones à travers le monde. Vous pourrez même y poser vos questions si vous avez besoin d'être rassuré. En ce qui concerne les blogs, rien de mieux que d'utiliser Google en tapant des requêtes telles « sécurité PAYS blog voyage » ou « bilan PAYS blog voyage » pour avoir des retours directs des blogueurs. Jetez par contre un coup d'oeil à la date du voyage, pour être certain que leur récit ne date pas de trop longtemps.

Comme nous en avons discuté dans le premier chapitre du livre, le monde est beaucoup plus sûr qu'on le pense. Assurez juste vos arrières en vérifiant l'état sécuritaire d'un pays, après ça, ne vous posez pas trop de questions.

Vos billets d'avion

Une majorité de voyageurs optent pour l'avion afin de voyager, vous en ferez surement partie ! Pour les courageux autostoppeurs, marcheurs ou autres cyclistes, passez à la prochaine section !

Trois options s'offrent à vous concernant les billets d'avion :
- Prendre seulement des allers simples ;
- Prendre un billet aller/retour ;
- Prendre un « billet tour du monde ».

Chaque option a ses avantages et inconvénients, mais le choix concerne surtout votre type de voyage et vos contraintes.

Nous avons parlé en détails du billet tour du monde dans le chapitre 12, voici la conclusion sur le sujet :

« Les avantages d'un tel billet sont le cout moins élevé et la possibilité d'aller vers des destinations de rêves. En revanche, le manque de flexibilité est un gros inconvénient, notamment pour sa durée maximale d'un an et l'interdiction de changer de villes en cours de route. Je recommande le billet tour du monde si vous avez un plan précis de votre voyage et si vous êtes limité dans le temps. Dans le cadre d'un voyage à durée indéterminée, ce type de billet n'est pas conseillé. Vous manquerez sérieusement de liberté. »

En ce qui concerne les allers simples, vous achetez vos billets au fur et à mesure de votre voyage. Il s'agit de l'option avec la plus grande flexibilité et celle qui serait le plus adaptée pour un VDI. Vous n'avez pas de pression concernant les dates, les étapes et êtes libre de changer votre itinéraire facilement.

Cette méthode comporte deux inconvénients :

- Elle nécessite de passer un peu plus de temps pour trouver les vols les moins chers ;
- Peut poser problème dans certains pays où un billet de sortie du territoire est exigé.

Pour ce deuxième problème, il peut être contourné grâce à quelques astuces bien connues comme celle de réserver un billet de bus, acheter un billet remboursable ou encore de falsifier un billet d'avion. Dernièrement, un service est né qui permet de louer un billet de sortie de territoire pour 48H, il s'agit de FlyOnward. Cela permet de résoudre ce problème. Sachez que cela concerne une minorité de pays, je n'ai par exemple n'ayant jamais eu aucun souci à ce niveau-là.

Enfin, le cas du billet aller/retour est intéressant si vous souhaitez faire des retours en Europe une fois par an.

Par exemple, vous prenez un billet A/R de Paris à Rio avec 8 mois d'intervalle. Cela vous permet de voyager tranquillement au Brésil, Argentine, Chili, Pérou, Bolivie… et de revenir en Europe. Vous pouvez enchainer ensuite avec un billet A/R de Paris à Bangkok qui vous permet d'explorer toute l'Asie du Sud-Est. Puis pourquoi pas ensuite un billet

A/R de Paris à New York pour découvrir les États-Unis et le Canada pendant six mois. Etc.

Les deux avantages de cette méthode sont de dépenser peu d'argent en billet d'avion, car les billets A/R pris en avance vers des hubs sont peu onéreux. Ensuite, de revenir en France de temps en temps pour les fêtes ou revoir votre famille.

Vos options sont donc étendues, à vous de voir celle que vous préférez.

Avec qui partir ?

C'est l'un des éléments primordiaux pour une planification réussie de votre voyage. Partir seul, en couple, en famille ou avec des amis, va changer la physionomie de votre voyage et de sa préparation. Vous devez être clair sur ce sujet.

Organiser un voyage seul

C'est la solution la plus simple, mais aussi la plus solitaire, vous êtes à 100 % responsable de vos choix. Si vous n'aimez pas les responsabilités, cela sera un peu compliqué au début. Rassurez-vous, vous serez beaucoup plus confiant avec le temps. N'hésitez pas à demander des conseils à des voyageurs plus expérimentés ou sur les forums afin d'avoir des avis extérieurs.

Mon conseil est de faire de bonnes recherches sur les différentes options qui s'offrent à vous et ensuite faire confiance à votre instinct. Il faudra prendre une décision à un moment, ce qui est souvent le plus dur. Pour ma part, je mets toujours une plombe avant de me décider, une sorte de paralysie face aux choix. Par exemple, cela faisait deux mois que j'hésite entre aller au Mexique ou au Vietnam, ça me rongeait de l'intérieur. Il y a quelques jours, j'ai acheté un aller simple pour Hanoi au Vietnam, depuis je me sens beaucoup mieux ! Il vaut mieux prendre une décision, même si elle n'est pas parfaite, que de ne rien faire.

Organiser un voyage en couple

Nous avons évoqué la possibilité de partir en couple dans le chapitre 10. C'est quelque chose de vraiment commun en voyage, on croise toujours des couples en train de barouder ! En ce qui concerne la planification d'un voyage en couple, il faudra évidemment faire des compromis car vous n'êtes plus tout seul, mais logiquement le voyage et vos envies doivent être un sujet de conversation courant.

Amandine du blog unsacsurledos.com, habituée à voyager en couple nous donne ses cinq astuces pour préparer son voyage à deux : faire le point sur soi-même et ses désirs personnels, communiquer sur les désirs de chacun, négocier et trouver un terrain d'entente, se soutenir mutuellement, laisser chacun se préparer à sa manière et répartir les tâches.

Organiser un voyage avec des amis/famille

Ici, vous pouvez partir à deux comme à six. Nous rentrons ici dans la catégorie de voyage en groupe. C'est généralement plus compliqué que les deux premières options. Chacun a ses propres envies, vient avec qualités, ses défauts et son caractère. Les sujets qui portent à contradiction sont nombreux : pays à visiter, activités à faire, budget, durée du voyage, etc. Vos compétences organisationnelles devront être excellentes !

Pour organiser un voyage en groupe, voici les quatre conseils les plus importants : choisir les bons amis, tout préparer ensemble, être sûrs que chacun peut s'exprimer, mais également faire des compromis. Ce dernier point est décisif, sans compromis certaines personnes seront lésées et cela créera des tensions à un moment ou un autre.

Comment trouver des compagnons

Personne ne veut partir avec vous en voyage et vous ne souhaitez vraiment pas partir seul ? Savez-vous que vous pouvez trouver des compagnons de voyage pour faire un bout de chemin avec vous ? Grâce à Internet, vous êtes à quelques clics de trouver quelqu'un avec qui voyager. Il faut tout de même faire attention, car nous voyageons tous différemment.

En cherchant un compagnon de voyage, il faudra chercher quelqu'un qui a une vision du voyage similaire à la vôtre, des intérêts qui se rapprochent des vôtres et avec un budget similaire. Pour la compatibilité de caractère, c'est toujours compliqué de se faire une idée via écrans interposés. C'est pour cela qu'il est recommandé de rencontrer votre possible compagnon avant de partir ensemble en voyage de longue durée.

En ce qui concerne les compagnons, on entend beaucoup d'histoires, certains s'entendent bien, d'autres non, comme dans la vie quoi. C'est beaucoup une question de feeling. À savoir que vous trouverez quatre sites spécialisés pour trouver des compagnons de voyage dans le compagnon du livre.

Finalement, on peut voir qu'il n'y a pas de solution parfaite, vous devez faire les choses comme vous le sentez et partir avec qui vous voulez. En tout cas, sachez que même si vous avez toujours peur de partir seul, vu la liberté que ce type de voyage procure, ça vaut le coup de le tenter au moins une fois.

Pourquoi partez-vous ?

Cette question va paraitre étrange pour certains d'entre vous, mais elle me semble importante afin de vivre au mieux votre voyage : pour quelles raisons voulez-vous voyager ?

Tout le monde a plus ou moins envie de voyager au long cours, mais finalement peu de personnes vont vraiment franchir le pas. L'une des raisons est l'absence de motivation suffisante, l'absence d'un « pourquoi » clair et assez puissant pour surmonter les obstacles qui peuvent se dresser sur la route de vos rêves.

Votre pourquoi

Un « pourquoi » est une raison ou un objectif. Quelque chose qui vous guide, quelque chose qui vous donne envie de vous bouger, de vous lever le matin. Je pense qu'il est nécessaire de savoir pourquoi vous souhaitez voyager, connaitre vos raisons profondes afin de rester motivé, même en cas de coup dur.

Voici quelques exemples qui peuvent vous inspirer :
* Voyager pour mieux se connaitre ;
* Voyager pour connaitre d'autres cultures ;
* Voyager pour se sentir vraiment vivre ;
* Voyager pour lâcher prise et s'évader ;
* Voyager pour vivre des aventures folles ;
* Voyager pour échapper à la routine en France ;
* Voyager pour apprendre des langues étrangères ;
* Voyager pour faire de nouvelles rencontres ;
* Voyager pour sortir de sa zone de confort ;
* Voyager pour ouvrir son esprit et son horizon ;

- Voyager pour enfin prendre le temps de vivre ;
- Voyager pour voir les plus beaux paysages de la planète ;
- Etc.

Il est important d'identifier les raisons qui vous donnent envie de voyager, essayez de répondre à ces questions pour éclaircir tout ça :

- Pourquoi voulez-vous voyager ?
- Quelles sensations voulez-vous ressentir durant ce voyage ?
- En quoi le voyage vous rendra-t-il heureux ?
- Quels rêves souhaitez-vous accomplir grâce au voyage ?

Comment donner un sens à votre voyage

Sans être indispensable, il peut être intéressant de donner un sens à votre voyage, une sorte de mission, personnelle ou publique. Voyager pour voyager est déjà fantastique, mais avoir une mission qui vous guide peut rendre votre expérience de voyage encore plus forte.

Il existe énormément de moyens d'avoir une mission autour d'un voyage :

- Combiner voyage et passion : faire des plongées dans les meilleurs spots, découvrir les danses du monde, aller à la rencontre de guitaristes...
- Voyager autour d'un thème : sportif, culturel, historique, culinaire...
- Faire un trajet légendaire : route de la soie, parcourir la route 66 aux États-Unis, road trip en moto de Ché Guevara en Amérique du Sud...
- Se lancer des défis : grimper les 7 sommets les plus hauts du monde, voyager seulement en stop, tester la nourriture la plus répugnante de chaque pays...
- Visiter le même type « d'établissement » dans chaque pays : fermes en permaculture, associations de lutte contre la pauvreté, cirques itinérants...
- Voyager autour d'une cause : planter des arbres, promouvoir les énergies alternatives...
- Récolter des fonds pour une association en France ;

- Apprendre des langues étrangères ;
- Etc.

Bref, il existe autant de « missions » que d'individualités, vous pouvez inventer et faire ce que vous voulez.

Dernièrement, j'ai vu des projets intéressants :

- Les « sacrés manchots » qui veulent rejoindre l'Antarctique depuis la France en stop, déguisés en manchots, le tout en récoltant de l'argent pour l'institut Curie.

- Gildas Leprince qui vient de faire le tour de la Méditerranée (22 000 km) en stop afin de réaliser un documentaire sur l'impact du tourisme dans tous les pays qu'il a traversés.

- Le Projet 51, avec trois jeunes Français qui voyagent pendant dix mois en Afrique, Asie et Moyen-Orient pour rencontrer les acteurs du changement de la condition féminine dans le monde.

- Quatre Français sont partis de Bangkok en Thaïlande pour rejoindre la France en tuk-tuk ! Un voyage épique de six mois pour mettre en avant l'ONG « Enfants du Mékong ».

- Capitaine Rémi qui réalise des défis en vidéos partout où il va, il a récemment traversé l'Atlantique en voilier.

Comme vous le voyez, on retrouve un peu de tout !

Je souhaitais aussi évoquer la plateforme TWAM, Travel With A Mission créée par Ludovic Hubler, qui permet de voyager tout en ayant une mission. Ce site permet d'articuler votre projet et de faciliter la rencontre entre vous, le voyageur qui veut partager une expérience ou un savoir et un public, que ce soit des écoles, hôpitaux, associations, etc.

Vous n'êtes bien sûr pas obligé d'avoir une mission pour votre voyage, mais pour les plus passionnés d'entre vous, cela peut-être une bonne occasion de voyager tout en accomplissant quelque de chose de significatif et vraiment marquant.

Attention au syndrome de la surpréparation

Lors de ses premiers voyages, on a tendance à vouloir tout préparer et tout prévoir afin d'être sûr que tout se passe bien. Je comprends bien l'intention, je suis aussi passé par là. Avec toutes mes expériences de voyages, voici un des meilleurs conseils que je peux vous donner : ne planifiez pas 100 % de votre voyage. Pas besoin de réserver toutes vos nuits, de définir une date pour vos activités, d'acheter des billets de bus sur Internet, etc.

Il n'est pas rare de changer de plans à la dernière minute et il serait dommage de rester bloqué à cause de certaines réservations. Ne pas trop planifier vous évitera d'être coincé dans un itinéraire qui ne vous conviendrait plus. Ou encore, faire des économies en se rendant compte que les prix sont différents sur place. En plus de cela, vous rencontrerez d'autres voyageurs sur place qui partageront des idées, des truc avec vous auxquels vous n'auriez jamais pensé.

Ne pas trop planifier, c'est rester libre. Même si c'est un peu angoissant, laissez place à l'imprévu, il peut vous réserver de belles surprises.

Ce qu'il faut retenir :

✓ Choisissez vos principales destinations et votre TOP avant de commencer votre voyage

✓ Vérifiez bien que le climat à la période choisie correspond à vos attentes

✓ Assurez-vous que les pays souhaités ne sont pas trop dangereux à votre gout

✓ 3 options s'offrent à vous pour le billet d'avion : aller simple, aller-retour, billet tour du monde

✓ Bien définir avec qui vous partez est primordial dans l'organisation de votre voyage

✓ Essayez de comprendre pourquoi vous souhaitez partir en voyage, les raisons qui vous animent

26

L'ESTIMATION DE VOTRE BUDGET

QUE VOUS PARTIEZ EN VOYAGE trois semaines, trois mois ou trois ans, il faut prévoir un budget, c'est indispensable. Ne rien prévoir au niveau de l'argent, c'est favoriser l'échec de votre voyage. Comme avec un budget familial classique, si vous ne prévoyez rien, que vous dépensez sans compter, la banqueroute arrivera un jour ou l'autre. En voyage cela signifie de rentrer à la maison !

Vous l'avez vu dans la partie 2, voyager ne coute pas si cher. Il existe de nombreux moyens de faire baisser le cout de votre voyage et si vous ajoutez à cela une gestion rigoureuse de votre budget, vous pourrez voyager plus longtemps de manière plus efficace.

Découvrez dans ce court chapitre, comment évaluer de façon précise votre budget voyage.

Le cas d'un voyage à durée déterminée

Dans le cas d'un voyage à durée déterminée (VDD), c'est assez simple. Pour simplifier, je pars du principe que vous ne travaillerez pas lors de ce voyage.

Méthode N°1 : Vos économies déterminent votre budget

Si vous avez 10 000 € d'économies, vous en faites de facto votre budget total. Vous pouvez dès lors calculer tout ce que vous pouvez vous payer avec ce budget, en retranchant 10 % pour votre marge de sécurité.

1 - Budget VDD = 10 000 €

2 - Dépenses prévisionnelles (-10 %) = 9 000 €

Dans ce cas, vous avez 9 000 € pour l'ensemble du voyage. À vous de voir ce que vous pouvez faire avec cette somme ensuite.

Méthode N°2 : Votre voyage détermine votre budget

Vous définissez tout d'abord le cout approximatif de votre voyage selon vos envies, puis vous déterminez l'argent nécessaire pour le réaliser.

Par exemple vous souhaitez faire un tour du monde d'un an et vous avez estimé qu'il coutera environ 14 000 € tout compris.

1 - Dépenses prévisionnelles = 14 000 €

2 - Budget VDD (+10 %) = 15 400 €

La marge de sécurité de 10 %

Ce concept est important, car il permet d'atténuer les risques de sous-estimation de budget et de faire face aux imprévus. Deux choses qui sont courantes en voyage ! Il suffit donc de retrancher 10 % de votre budget dans la première méthode et d'ajouter 10 % dans la deuxième.

Le cas d'un voyage à durée indéterminée

Dans le cas d'un VDI, où vous pouvez gagner de l'argent à l'étranger, ça se complique légèrement.

Budget VDI = (Économies de bases + Argent gagné en voyage) - Dépenses prévisionnelles

Ici, vos économies de bases vont disparaitre au fur et à mesure. Il faut observer les choses au niveau des flux : ce qui rentre et ce qui sort. En fait il s'agit d'un budget comme « à la maison », à vous de gérer cela selon votre style de vie.

Par exemple, vous passez votre mois numéro 3 (M3) en Indonésie, vos dépenses prévisionnelles sont de 700 €. Le mois suivant (M4), vous prévoyez ensuite d'aller en Australie pour travailler, vous prévoyez de dépenser 900€ et gagner 1 200 € en faisant de la cueillette.

Budget VDI après M3 = (12 000 € + 0 €) - 700 € = 11 300 €

Budget VDI après M4 = (11 300 € + 1 200 €) - 900 € = 11 600 €

Le plus simple est de faire un budget au mois le mois. Si vous ne gagnez pas d'argent, il sera toujours dans le négatif et vous puiserez dans vos économies. Par contre, dès que vous gagnez de l'argent cela permet de remonter votre compte en banque. L'objectif est bien sûr de toujours avoir de l'argent dans votre budget VDI !

Par exemple, Gautier qui fait un tour du monde à vélo a observé un phénomène intéressant après un an et demi de voyages. Il a un compte en banque plus rempli que lorsqu'il est parti ! En commençant son voyage, il avait 15 000 € sur son compte en banque, il a dépensé environ 1 000 € durant le début de son voyage, puis a travaillé trois mois au Botswana. Au final, il m'a dit qu'il se retrouvait aujourd'hui avec 17 000 € d'économies, plus que lorsqu'il est parti alors qu'il est en train de faire un voyage extraordinaire !

Trois astuces pour le budget

1 - Rendez votre budget plus pratique

Essayez de rapporter votre budget sur des périodes mesurables facilement : mois, semaine, jour. Cela permet de mieux calculer vos dépenses et éventuellement vos rentrées d'argent. Si vous comptez seulement sur le budget global, il devient facile de dévier de celui-ci au risque de le voir s'épuiser plus rapidement que prévu. Un fichier Excel ou n'importe que tableur fera l'affaire.

2 - Faire un checkup régulièrement et réajuster

Il est important de faire un point régulièrement sur votre situation financière. Le mois est une durée pratique, que l'on peut facilement visualiser.

Dépensez-vous moins ou plus que prévu ? Êtes-vous dans le droit chemin par rapport aux prévisions ? Si vous dépensez plus que prévu, il faudra ajuster : réduire les dépenses ou faire rentrer plus d'argent.

3 - Points à approfondir lorsque vous faites votre budget

Pour plus de précisions sur votre budget, il est utile de regarder quelques variables plus en profondeur :

- Hautes saisons ou basses saisons ;
- Cout de la vie dans les pays : logement, transport, nourriture et activités ;
- Facilité ou non à trouver du travail.

Ces trois facteurs peuvent faire varier votre budget de façon importante.

Les composantes additionnelles de votre budget

Vous le savez très bien maintenant, un budget voyage est réparti entre quatre composantes :

- Le transport ;
- L'hébergement ;
- Les activités ;
- La nourriture.

Nous les avons étudiés en profondeur dans la partie 2, mais sachez que ce ne sont pas les seuls éléments d'un budget voyage.

Voici les autres éléments à incorporer à votre budget si nécessaire :
- Équipement avant le départ : chaussures, tente, sac à dos…
- Frais administratifs avant le départ : passeport, visas, redirection courrier…
- Assurance voyage ;
- Vaccins ;
- Frais bancaires ;
- Achat de souvenirs/shopping.

Il faut donc bien intégrer ces dépenses avant le départ + les dépenses pendant le voyage + 10 % au montant global en cas d'imprévus. Dans le compagnon, vous trouverez trois outils web qui vous aideront à déterminer votre budget en ce qui concerne les dépenses sur place par pays. De plus, j'ai trouvé récemment trois applications mobiles qui permettent de gérer votre budget : Travelpocket, Tricount et Budget malin.

Ce qu'il faut retenir :

✓ Votre budget peut être déterminé par vos économies ou par le voyage que vous souhaitez faire

✓ Dans le cas où vous comptez travailler, votre budget est dynamique, il faut inclure vos rentrées d'argent

✓ Il faut avoir une certaine rigueur et faire un point budgétaire au minimum une fois par mois en voyage

✓ Il est important de surestimer vos dépenses, car il y a souvent des imprévus

27

VISAS ET DOCUMENTS ADMINISTRATIFS

IL EST TEMPS D'ABORDER UNE PARTIE peu passionnante de la préparation de voyages, mais très importante. Il s'agit de toutes les questions administratives et documents nécessaires au voyageur. Elles doivent être gérées avant le départ, car n'importe quel problème peut vite devenir très ennuyeux une fois à l'autre bout du monde. Visa, passeport, documents de voyage… il ne faut pas négliger ce chapitre pour éviter toutes complications.

Sans vous perdre dans tous les détails, vous allez découvrir ici toutes les informations essentielles pour éviter les problèmes administratifs de votre voyage.

Passeport

Qui dit voyage à l'étranger dit passeport. Je me souviens encore de la fois où j'ai reçu le mien en 2009, encore vierge, avant de m'envoler au Canada. J'étais comme un gosse le jour de Noël ! Il signifiait un pas de plus vers la liberté et vers l'inconnu.

Sachez que vous pouvez voyager en Europe et dans les DOM-TOM avec votre carte d'identité, mais si vous comptez aller plus loin le passeport est obligatoire. Je conseille de demander son passeport même si vous partez dans un pays où la carte d'identité suffit. Au moins, cela sera fait pour le prochain voyage et si vous perdez un document, vous avez toujours l'autre pour vous rattraper.

Informations utiles pour le passeport :

- C'est une pièce d'identité officielle ;
- Obligatoire pour aller dans certains pays ;
- Il n'y a pas d'âge minimum pour avoir un passeport ;
- Un passeport coute 86 € pour un adulte, 42 € (si entre 15 et 18 ans) et 17 € si moins de 15 ans ;
- Il faut entre deux semaines et un mois pour obtenir le passeport ;
- Un passeport à une durée de vie de 10 ans pour les adultes et 5 ans pour les mineurs ;
- Le numéro de passeport est demandé lors de l'achat d'un billet d'avion à l'étranger ;
- Généralement, il faut un passeport au moins valide plus de six mois avant la fin du voyage.

Mettez toujours votre passeport en sécurité, que vous l'ayez en votre possession ou non. Si vous le perdez, votre voyage tournera vite en galère alors prenez-en soin !

Les Visas

On pense souvent que pour partir à l'étranger, dans des pays lointains, nous avons besoin de visa. Détrompez-vous, vous pouvez aller dans un nombre impressionnant de pays juste avec un passeport français. D'ailleurs avec celui-ci, vous pouvez aller dans 170 pays sans visa ou bénéficier d'un visa à l'arrivée au poste-frontière.

Un visa est un document qui prouve que vous êtes autorisé à vous rendre dans un pays étranger, pour une certaine durée et pour un but spécifique (tourisme, travail, étude, business, retraite). Les visas varient selon leur forme, leur durée, leur cout et le moyen de les obtenir, chaque pays a des règles différentes. Ici, j'aborde seulement la question des visas de tourisme.

Séjour sans visa

Ici, c'est très simple. Avec le passeport français, vous allez avoir un tampon d'entrée sur le territoire et vous avez un nombre de jours maximum pour ressortir du territoire. Cela peut aller de quelques semaines à trois mois.

Visa délivré à l'arrivée

C'est un visa très commun et facile à obtenir. Une fois arrivé au poste-frontière du pays (aéroport, gare, frontière terrestre, port…), l'agent de l'immigration va regarder votre passeport, peut vous poser quelques questions et vous fournit un visa/tampon sur votre passeport (la forme varie).

À savoir qu'il faut parfois payer ce visa à l'arrivée, comptez entre 10 et 50 euros selon les pays.

Le renouvèlement de visa touristique

Dans beaucoup de pays, vous pouvez renouveler votre séjour, avec ou sans visa.

Généralement, la procédure n'est pas trop complexe. Il faut aller dans un bureau de l'immigration avec tous les papiers demandés, après examen de votre dossier, quelques questions et le paiement d'une somme définie, vous obtiendrez le renouvèlement sur votre passeport. Pour le renouvèlement, chaque pays à des lois différentes, donc renseignez-vous.

Par exemple en Colombie, je pouvais rester trois mois gratuitement une fois arrivé dans le pays. La date limite des trois mois approchant et mon envie de rester un peu plus longtemps m'ont poussé à renouveler mon visa. La procédure m'a pris une heure et 30 €, ensuite j'étais bon pour rester trois mois supplémentaires.

Visa obligatoire pour voyager

Pour certains pays, on n'y échappe pas, il faut un visa avant d'arriver et généralement ça se passe à l'ambassade ou au consulat du pays correspondant. Plusieurs documents et informations sont nécessaires dans le processus, par exemple le passeport, photos d'identité, itinéraire, billet retour, lettre d'invitation, etc.

Certains visas sont faciles à obtenir comme celui de l'Inde, certains sont plus compliqués comme celui de la Russie ou de la Corée du Nord.

Les tactiques pour rester plus longtemps

Pour les voyageurs qui aiment rester dans un pays, on trouve plusieurs tactiques, parfois à la limite de la légalité.

Les deux plus courantes sont :

- Visa run : le fait de sortir du pays pour y revenir juste après afin d'obtenir une nouvelle période de visa. C'est généralement sûr, mais certains en abusent et se font prendre par les autorités. À voir selon les pays.

- Passer par une agence spécialisée : vous donnez votre passeport et de l'argent à une agence et ils s'occupent de tout pour renouveler votre visa. Sans savoir ce qu'il se passe vraiment.

Avant de partir, renseignez-vous sur les formalités d'entrées pour ne pas être pris au dépourvu une fois sur place.

Les documents à prendre avec vous en voyage

Il est primordial d'avoir certains documents avec vous lors de votre voyage, ainsi que des photocopies. En effet, dans le cas où vous perdez l'un d'entre eux, avoir une photocopie peut vous sauver la mise. Je conseille de mettre toutes vos photocopies à l'écart, dans une pochette que vous laissez dans votre sac.

En plus des photocopies, je vous conseille de faire une copie numérique de vos documents, pour cela rien de plus simple :

- Scannez ou prenez en photo vos documents.
- Stockez-les dans le « cloud » : votre boite email, Dropbox, Google drive…

Avec des photocopies papier et une sauvegarde numérique, vous êtes parés !

Voici tous documents à prendre avec vous en voyage :
- Passeport ;
- Carte d'identité ;
- Permis de conduite (+ permis international) ;
- Visas ;
- Attestation de la sécurité sociale ;
- Attestation d'assurance ;
- Carnet vaccination ;
- Ordonnances médicales ;

- Documents de réservation (vol, hôtel…) ;
- Carte d'étudiant (pour éventuelles réductions) ;
- Autres (carte de plongée…).

Si vous partez à long terme

Si vous partez pour un voyage à durée indéterminée, il y a certaines démarches qu'il ne faut pas oublier de faire avant de décoller. Selon votre situation, toutes ne sont pas obligatoires.

1 - Redirection de votre courrier

Si vous partez pour une longue période ou que vous quittez votre lieu de résidence, il est peut être judicieux de faire rediriger votre courrier. La Poste propose de tels services.

2 - Les impôts

Si besoin, pensez à mettre en place le système de télédéclaration, changez votre adresse fiscale, faites une simulation pour savoir combien d'impôts vous allez devoir payer pour prévoir.

3 - Procuration pour le droit de vote

Si une échéance électorale arrive et que vous souhaitez voter, même à l'étranger le plus simple est de faire une procuration de vote. Il suffit de mandater une personne pour voter à votre place.

4 - Résiliation de vos contrats

En quittant la France et votre lieu de résidence, il est probable que vous ayez plusieurs contrats en cours, pensez à regarder :

- EDF/GDF ;
- Téléphone et box Internet ;
- Assurance auto ;
- Assurance habitation ;
- Abonnement divers (journaux…).

5 - Téléphone

Est-ce que vous devez résilier votre forfait de téléphone portable ? Je pense que non, il est préférable de garder votre numéro français, car :

- Il est utile pour confirmer certains achats sur Internet ;
- Il est possible d'avoir de forfaits très bas pour garder son numéro (quelques euros par mois) ;
- Il peut être utile en cas d'urgence pour passer des appels.

Ce qu'il faut retenir :

✓ Le passeport est la pièce obligatoire si vous souhaitez voyager longtemps

✓ Beaucoup de pays sont accessibles sans visa pour les Français, renseignez-vous toujours avant

✓ Pensez à faire des copies papier et numérique de tous vos documents importants

✓ Faites les démarches nécessaires si vous envisagez de partir en VDI

SANTÉ ET ASSURANCE VOYAGE

LA SANTÉ EN VOYAGE EST QUELQUE CHOSE DE PRIMORDIAL. Cela se prépare avant votre départ et nécessite votre attention durant votre voyage. Tomber malade en voyage est l'une des dernières choses que vous souhaitez lorsque vous êtes au bout du monde, dans un pays où vous ne parlez pas la langue.

Dans ce chapitre, vous allez découvrir tous les éléments afin de garantir votre bonne santé en voyage, que cela concerne les vaccins, la trousse à pharmacie, l'assurance voyage ou encore mes meilleurs conseils pour rester en forme sur la route.

Vaccins

Si vous prévoyez de voyager dans des pays développés (Europe, Amérique du Nord, Japon, Australie…), vous n'avez logiquement pas besoin de faire des vaccins supplémentaires. Assurez-vous seulement que vous êtes à jour dans vos vaccins en France. Par contre, dès que vous partez dans des pays moins développés (en Asie, Afrique ou Amérique Latine) ou avec des facteurs à risques (forêt tropicale, épidémie…) il faut faire attention.

La première étape est de se renseigner sur les préconisations du Ministère des Affaires étrangères. Pour chaque pays, vous allez voir les vaccins conseillés qu'il est conseillés. À noter que parfois un vaccin peut être obligatoire pour visiter un pays, par exemple la fièvre jaune dans certains pays africains.

Les vaccins les plus répandus pour les voyageurs sont :

- Hépatite A ;
- Hépatite B ;
- Fièvre jaune ;
- Typhoïde ;
- Rage ;
- Encéphalite japonaise.

Le prix des vaccins varie de 30 à 80 €.

Pour les vaccins, le faire ou non dépendra de votre aversion aux risques ainsi que de votre budget. Cependant, il est tout de même conseillé de faire les vaccins nécessaires pour éviter de gâcher son voyage avec une maladie qu'on aurait pu éviter.

La trousse à pharmacie

Lors d'un premier voyage, nous avons tous tendance à emporter trop de choses afin de pouvoir gérer toutes les situations possibles et inimaginables. C'est bien sûr le cas en ce qui concerne la santé. Beaucoup de choses que vous pensez utiles ne le seront pas. Comme pour faire son sac, il y a un minimum, mais il ne faut pas trop s'encombrer.

Voici une petite liste des incontournables à prendre :

- Paracétamol/Ibuprofène ;
- Spasfon (maux de ventre) ;
- Pansement/Bandage ;
- Désinfectant ;
- Crème antiseptique ;
- Biafine ;
- Répulsif contre les moustiques ;
- Médicaments antidiarrhéiques ;
- Crème solaire ;
- Lingettes ;
- Couteau suisse : avec pince à épiler, ciseaux...

Vous pouvez prendre plein de choses en plus, notamment si vous voyagez avec des enfants, mais attention à ne pas vous surchargez. Sachez par ailleurs que l'on trouve des pharmacies partout dans le monde, vous pourrez toujours acheter le nécessaire en cas de besoin. À moins de voyager vraiment hors des sentiers battus ou de faire une expédition, vous trouverez des médicaments sans soucis.

Pour la trousse à pharmacie, évitez de prendre toutes les boites des médicaments, ça prend de la place !

Les documents santé à prendre

En voyage il est nécessaire de prendre certains documents liés à votre santé :

- Attestation d'assurance maladie ;
- Carnet de vaccinations ;
- Ordonnances si vous en avez ;
- Une carte avec vos informations et personnes à contacter en cas de problèmes ;
- Certificat médical d'aptitude au sport ou à une pratique particulière.

À faire avant de partir

Si vous décidez de voyager pour plus de six mois, il faut penser à faire plusieurs choses avant de partir afin de garantir votre bonne santé sur la route.

Voici la liste :

- Voir votre médecin généraliste : bilan de santé, vérifier les vaccins, demander une ordonnance si besoin…
- Voir votre dentiste pour un bilan :
- Pour les filles, voir votre gynécologue ;
- Optionnel : dermatologue, ophtalmologue ou autres spécialistes.

Conseils pour rester en bonne santé durant votre voyage

La consommation d'eau

Boire de l'eau est vital, mais en voyage, vous devez toujours réfléchir un peu avant de boire de l'eau. Si celle-ci est non potable, vous allez tomber malade. En France, nous avons l'habitude de boire de l'eau du robinet, par contre ce n'est pas recommandé dans beaucoup de pays du monde. Avant de boire de l'eau du robinet, demandez aux locaux si elle est potable.

Pour éviter tous problèmes, il est préférable de boire de l'eau ou des boissons embouteillées. De même, attention aux glaçons, ils ne sont pas toujours fabriqués avec de l'eau potable, demandez !

Si vous n'êtes pas sûr de la qualité de l'eau, il existe trois méthodes pour contourner ce problème :

- Pastille pour désinfecter l'eau et éliminer les bactéries ;
- Gourde filtrante qui va éliminer 99,99 % des contaminants ;
- Lifestraw : une paille qui va elle aussi éliminer les contaminants.

Tous les liens pour ces objets sont dans le compagnon.

L'alimentation

Les aliments que vous mangez en voyage sont le deuxième point essentiel pour rester en bonne santé.

Il existe un fameux dicton en anglais « boil it, cook it, peel it or forget it », ce qui signifie : il faut le faire bouillir, le cuire, l'éplucher ou l'oublier. C'est une bonne règle à avoir en tête lorsque vous voyagez. Il faut impérativement laver les fruits et légumes, manger des viandes bien cuites, éviter de manger des crudités ou encore les laitages et beurres non pasteurisés.

En ce qui concerne l'hygiène des stands ou restaurants, c'est toujours compliqué de se faire une idée. En règle générale, plus il y a de locaux dans un endroit, moins il y a de risques. Si la nourriture servie rendait malade, ils n'y retourneraient pas ! Vous pouvez aussi vous fier aux recommandations d'autres voyageurs ou aux avis sur Internet.

J'ai une petite astuce si vous avez un estomac fragile ou si vous allez dans un pays avec des risques sanitaires importants comme l'Inde. Faites une cure de probiotiques (tel que Lactibiane) qui va renforcer votre flore intestinale et vous rendre plus résistant. Plusieurs voyageurs ont eu des retours positifs.

Se laver les mains régulièrement

À la maison, comme en voyage l'hygiène de vos mains est capitale pour éviter d'attraper des virus et microbes qui trainent un peu partout.

Lavez-vous les mains régulièrement avant de manger, avant de cuisiner, après être passé aux toilettes ou encore après être rentré de balades. Cela préviendra une bonne partie des risques. Il n'y a parfois pas de savon disponible, dans ce cas optez pour un gel hydro alcoolique avec lequel vous pouvez désinfecter vos mains.

Rien qu'en suivant rigoureusement ces trois premiers points, vous éviterez une grande partie des maladies sur la route, dont la fameuse turista (diarrhée du voyageur).

Les moustiques

En respectant les règles de base, le risque de tomber malade en voyage est assez faible, par contre les moustiques posent vraiment problème. Véritables porteurs de maladies, il faut s'en méfier ! Il a été identifié comme étant l'animal le plus dangereux au monde et celui qui tue le plus, avec plus de 700 000 décès par an dans le monde.

En effet, les moustiques peuvent vous transmettre :
- Le paludisme ;
- La dengue ;
- Le Chikungunya ;
- La fièvre jaune ;
- Virus encéphalites ;
- Etc.

Durant votre voyage, il faut donc faire très attention aux moustiques et vous en protéger. Utilisez un répulsif antimoustiques régulièrement, portez des vêtements longs, dormez avec une moustiquaire, etc. Nous avons tous été piqués par des moustiques, nous avons tous été parfois négligents, alors essayez de vous prémunir de ces fâcheuses piqures pour votre prochain voyage !

En ce qui concerne le traitement anti-paludisme, il existe des traitements préventifs, mais chacun à son avis sur son utilité. N'y connaissant rien, j'ai ajouté des liens sur le sujet dans le compagnon et bien sûr, le mieux sera de demander à votre médecin.

L'activité physique

Les chances que vous soyez plus actif en voyage que lors de votre vie normale en France sont assez grandes. D'ailleurs, on retrouve beaucoup de personnes qui perdent du poids en voyage !

Pour rester en bonne santé lors de votre voyage, il est indispensable de bouger votre corps. Marchez, nagez, faites du sport, partez en randonnée, visitez une ville en vélo... Bouger est naturel, notre corps est fait pour ça et vous vous sentirez toujours mieux après avoir fait un peu de sport. En plus de ça, voyager vous permettra d'essayer de nouveaux sports. Ne soyez pas un voyageur fainéant !

Le repos

Pour finir, voici un dernier conseil que l'on néglige parfois en voyage : le sommeil.

Faire de vraies nuits et se reposer est un pilier essentiel pour rester en bonne santé. Le sommeil est indispensable au fonctionnement du corps humain. Dès que nous sommes en manque, nous nous mettons en danger : problèmes de mémoire, augmentation de risques d'accident, diminution de l'efficacité du système immunitaire, augmentation de l'appétit, etc.

D'ailleurs, je me rends compte que le peu de fois où je suis tombé malade ces dernières années a toujours eu un lien avec un manque de sommeil. Notre corps attrape beaucoup plus facilement virus et bactéries qui trainent. Même si certaines nuits vont être compliquées en dormant dans un bus, un train ou une auberge, essayez toujours de récupérer vos heures perdues et de trouver le temps pour vous reposer.

Assurance voyage

L'assurance voyage est un débat récurrent dans le monde des voyageurs : est-ce vraiment utile ? Combien cela coute-t-il ? Quelle assurance choisir ? Et la sécurité sociale ? Et l'assurance de ma carte bancaire ?

Pour faire simple, il est fortement recommandé de prendre une assurance voyage. D'autant plus si vous partez pour plus de trois mois à l'étranger ou si vous sortez de l'Union européenne.

Une assurance voyage comprend :

- Maladie : si vous tombez malade à l'étranger, une assurance voyage va prendre en charge les frais médicaux comme le médecin, une radio, une hospitalisation, les médicaments, des soins dentaires...

- Assistance rapatriement : si votre état nécessite un rapatriement en France, l'assurance voyage prendra en charge les frais de l'opération. À savoir qu'un rapatriement coute très cher, 30 000 € en moyenne.

- Annulation du voyage : en cas de maladie, complications de grossesse, licenciement... vos frais d'annulation sont remboursés par l'assurance voyage.

- Assurance bagages : si vos bagages et objets de valeur sont perdus ou volés, l'assurance pourra vous rembourser au moins une partie du montant total de votre matériel.

- Interruption de voyage : si vous devez écourter votre voyage et revenir plus tôt que prévu (décès ou maladie dans la famille par exemple), l'assurance voyage pourra vous rembourser (avion, hôtel...)

- Responsabilité civile : si par accident vous blessez quelqu'un ou que vous endommagez le matériel d'une autre personne, l'assurance voyage prendra en charge les frais liés à toute procédure judiciaire.

À côté de ça, sachez que la sécurité sociale assure seulement la partie maladie et qu'elle vous couvre très mal à l'étranger, voire pas du tout.

Pour les assurances des cartes bancaires, elles sont intéressantes, mais possèdent de grosses lacunes : durée limitée à 90 jours, franchise importante, garanties moins importantes ou remboursements plus compliqués.

Il est donc primordial de vous renseigner sur l'assurance voyage, et selon votre voyage souscrire à une assurance pour couvrir tous les problèmes qui peuvent survenir. En ce qui concerne le choix, j'ai créé un comparatif ainsi qu'un guide complet des assurances voyages existantes ainsi qu'un guide complet sur Traverser La Frontière. Il est disponible à cette adresse : http://traverserlafrontiere.com/choisir-assurance-voyage/

Ce qu'il faut retenir :

✓ Rester en bonne santé en voyage est primordial et se gère avant même votre départ

✓ Certains vaccins sont nécessaires pour visiter des pays à risques

✓ Pour la trousse à pharmacie, prenez le minimum. En cas de problèmes il y a des pharmacies partout dans le monde

✓ N'oubliez pas de faire vos visites de routine avant de partir en voyage

✓ Attention à l'eau, la nourriture, protégez-vous des moustiques et restez actif

✓ Une assurance voyage est quasiment indispensable pour un VDI

29

LA PRÉPARATION DE VOTRE SAC À DOS

QUE METTRE DANS SON SAC ? Que cela soit pour votre premier voyage ou votre dixième, la même question revient à chaque fois.

Si vous partez pour un voyage à durée indéterminée, l'inquiétude est encore plus grande, car vous ne savez pas quand vous reviendrez en France. Votre sac à dos contient votre vie sur la route, on a tendance à vouloir tout prendre, ce qui est souvent une erreur. Rassurez-vous, je vais simplifier tout ça pour vous dans ce chapitre.

Vous allez découvrir les erreurs communes que font tous les voyageurs, comment faire pour voyager plus léger, ce qu'il faut prendre avec vous ou encore plein d'astuces pour faire son sac plus intelligemment.

Mon erreur au Canada

L'été 2009, je partais pour mon premier grand voyage. Je m'apprêtais à partir seul au Canada pour une durée prévue d'un an avec un visa vacances travail (PVT). Peu expérimenté en termes de voyage, au moment de faire mon sac, j'ai tout pris ! Je me suis dit qu'un an, c'était long, que j'avais besoin de toute ma garde-robe ! Air France m'autorisait plein de bagages, j'en ai donc profité.

Je suis parti avec :
- 2 valises de 20 kg chacune !
- 1 sac de sport de 10 kg ;
- 1 petit à sac à dos de 5 kg ;
- 1 guitare.

Et ce fut une grosse erreur !

Cela faisait beaucoup. Beaucoup trop. Je suis même parti avec mon kimono de judo, le truc qui prend énormément de place, super lourd et que je n'ai pas utilisé une seule fois. Je voulais parer à toutes éventualités ! Finalement, il y a plein de trucs que je n'ai jamais utilisés, plein de vêtements que je n'ai jamais portés et j'avais ces 50 kg que je devais me trimbaler si je devais bouger. En comparaison, j'ai fait un voyage d'un mois aux États-Unis en prenant juste le sac à dos de 20 kg et tout s'est très bien passé.

Bref, ne faites pas la même erreur que moi en ce qui concerne la quantité que vous transportez. On veut toujours prendre plus, parer à toutes les éventualités, pour finalement se rendre compte que c'est inutile.

Depuis, j'ai beaucoup appris : les choses à prendre, comment réduire la place dans un sac à dos, gérer les vêtements sur la route, etc. Je ne fais pas partie de ces voyageurs ultralégers qui partent avec un sac cabine à l'aventure, mais les choses ont bien changé depuis le Canada. Généralement, je pars avec un sac à dos d'environ 15 kg et un petit sac de 6/7 kg. Trop lourd pour certains, trop léger pour d'autres, ce compromis convient bien à ma façon de voyager qui relève souvent du « slow travel ».

Valise ou sac à dos ?

C'est une question légitime à vous poser si vous n'avez pas trop d'expériences dans le voyage. L'option privilégiée par les voyageurs est de partir avec un grand sac à dos, le fameux « backpack », la valise pouvant empêcher une certaine mobilité. Voici un aperçu des avantages et inconvénients de ces deux types de stockage.

Avantages du sac à dos :
- C'est tout terrain ;
- Plus simple de marcher, courir et se déplacer en général ;
- Vous avez les mains libres ;
- Flexible avec plusieurs poches et compartiments ;
- Peut faire office de chaise ou gros oreiller ;
- Énorme sensation de liberté.

Inconvénients du sac à dos :

* Parfois difficile d'accéder à ses affaires ;
* Douleurs aux épaules/dos si le sac est trop lourd.

Avantages de la valise :

* Meilleur facilité de rangement des vêtements ;
* Pratique si vous avez des problèmes de dos ;
* Plus de place et permets de prendre plus de choses .

Inconvénients de la valise :

* Pénible à transporter ;
* Généralement plus lourde ;
* Moins facile à ranger dans les bus, voitures…
* Le bruit des roulettes.

La valise peut convenir pour un long voyage si vous n'avez pas l'intention de vous aventurer hors des sentiers balisés. Pour toutes les autres occasions, le sac à dos est incontournable !

Je me souviens en Indonésie, lorsque j'ai quitté le volcan Bromo pour rejoindre la ville de Malang. J'avais trouvé un local qui avait une grosse moto et qui avait accepté de me transporter à travers le parc naturel environnant pour aller en ville. J'ai pris mon sac à dos, je suis monté sur la moto et en avant l'aventure. Avec une valise, cela aurait été impossible ! Je n'aurais pas pu monter sur la moto et il aurait fallu trouver un bus, puis des connexions. Une grosse perte de temps et surtout une expérience extraordinaire manquée !

Le sac à dos vous facilite vraiment la vie en voyage !

Voyager léger

Comme vous avez pu le voir avec mon voyage au Canada, voyager lourd n'est absolument pas recommandé. Énormément de voyageurs débutants font la même erreur, de prendre trop de choses et d'avoir un sac trop lourd. Tous le regrettent à un moment de leur voyage. Prenez donc ce conseil à la lettre et appliquez-le : voyagez léger !

Nous nous encombrons de choses pour parer à toutes les éventualités, au final nous remplissons notre sac de trucs que l'on n'utilisera jamais. Il faut donc aller à l'essentiel. En France, je suis persuadé que vous possédez plein de vêtements et accessoires que vous n'utilisez jamais ou presque. Cela va être pareil pour votre sac à dos, il va y avoir des choses inutiles.

Votre sac principal ne doit jamais dépasser 20 kg. Jamais ! Bon sauf cas exceptionnel. Sinon, il sera trop lourd à transporter et vous causera trop de problèmes. Idéalement son poids doit-être compris entre 10 et 15 kg. Pour cela, l'astuce consiste à acheter un sac à dos qui fasse 50 litres maximum. En effet, plus vous avez un gros sac, plus vous allez le remplir, c'est psychologique. En ayant un sac plus petit, vous diminuez logiquement le poids de celui-ci.

La deuxième règle à comprendre pour voyager léger est de choisir la qualité plutôt que la quantité.

Il vaut mieux prendre 3 t-shirts de qualité, que vous porterez souvent et qui sont résistants plutôt que 10 t-shirts de qualité médiocre qui vont s'abimer rapidement et qu'il faudra remplacer. Quelques vêtements techniques, plus onéreux, comme un haut en laine mérinos vous offriront un meilleur confort que plusieurs vêtements standards. Comme vous devez prendre moins de vêtements, il faut faire un choix minutieux en termes de qualité et d'assemblement, afin d'être prêt pour toutes les situations.

Certains voyageurs partent avec uniquement un sac cabine de 40 litres, dépassant rarement les 10 kg. Tout tient dedans et ils peuvent voyager durant des années avec cet équipement. S'ils peuvent le faire, vous aussi.

Ce qu'il faut prendre pour votre voyage

Faire son sac en fonction de votre voyage

Cela peut paraitre logique, mais chaque voyage est différent et la composition de votre sac à dos va évoluer.

Peu importe que vous partiez deux semaines, deux mois ou deux ans, la quantité des vêtements ne varie pas vraiment. Ce qui est plus important c'est ce que vous comptez faire durant votre voyage et où vous partez. D'où la nécessité d'une bonne planification des grandes lignes d'un voyage afin d'adapter votre matériel.

Si vous partez six mois pour faire le tour des iles du Pacifique en mode farniente ou si vous partez six mois à faire des trekkings en Himalaya, votre sac à dos va être bien différent. De même que si vous souhaitez faire du stop et dormir à l'arrache ou résider à l'hôtel toutes les nuits. Un sac de couchage et une tente pourront être utiles pour le premier cas, mais pas le deuxième.

Il est donc indispensable de prendre les vêtements et les équipements qui correspondent à vos besoins et au climat prévu sur place. Par ailleurs, les vêtements et accessoires vont légèrement varier que vous soyez une fille ou un garçon !

Le minimum syndical

Honnêtement, les deux choses dont vous avez vraiment besoin en voyage sont :

- Le passeport ;
- La carte bleue.

Vous pouvez ne rien n'avoir d'autre et vous vous en sortirez. Vérifiez donc toujours que vous avez ces deux éléments avec vous tout le temps ! Si votre sac est perdu, vous serez à même d'acheter de nouveaux vêtements.

Je me souviens avoir rencontré un Australien sur l'île de Palawan (Philippines), il voyageait avec un petit sac à dos et aucun vêtement. Il me disait que quand il arrivait quelque part, il s'achetait quelques vêtements essentiels pas chers et n'avait besoin de rien d'autre. Cela lui simplifiait la vie et il avait l'air heureux avec ce choix. Un peu osé, mais cela marchait !

Les vêtements indispensables

Vous allez me dire, ce minimum syndical est un peu extrême et vous avez quand même besoin d'avoir quelques vêtements.

Voici une liste des vêtements indispensables que vous devez avoir lorsque vous partez en voyage :

- 3 t-shirts ;
- 1 chemise ou 1 t-shirt à manches longues ;
- 3 « bas » différents (pantalon, short, jupe) ;
- 4 caleçons/slips/culottes ;
- 2/3 soutien-gorge (pour les filles évidemment) ;
- 4 paires de chaussettes ;
- 1 maillot de bain/short de bain ;

- 1 paire de chaussures de marche ou basket ;
- 1 paire de tongs ;
- 1 poncho/K-way ;
- 1 veste/polaire ;
- 1 paire de lunettes ;
- 1 sweat à capuche ;
- 1 serviette micro fibre.

Avec ça vous devriez couvrir une bonne partie des climats en voyage, sauf si les températures s'aventurent en dessous de 10° en journée. Personnellement, je suis plutôt branché soleil et je ne pars jamais avec de gros pulls ou manteaux ! Sachez qu'en voyage, on met généralement les mêmes vêtements, parfois plusieurs jours de suite. Pensez donc à prendre des vêtements que vous vous voyez porter plusieurs fois par semaine.

Deux petites remarques concernant les vêtements :

- Premièrement, vous trouverez des boutiques partout dans le monde. S'il vous manque un vêtement, vous pourrez l'acheter à l'étranger, sans trop de problèmes. Même sur une ile du Pacifique, les gens ne se baladent pas tout nus, ils ont des magasins.

- Deuxièmement, sachez que vous pouvez laver vos vêtements facilement en voyage. Que ce soit par un service spécialisé, un lavomatic, une machine à laver dans votre appartement ou tout simplement les laver à la main. D'ailleurs, dans certains pays, il est très simple et peu couteux de faire laver ses vêtements. Vous prendrez donc moins d'affaires, mais vous les laverez plus souvent.

Autres choses à prendre

En plus des vêtements, voici quelques accessoires importants :

- Lunettes de soleil ;
- Savon ;
- Brosse à dents ;
- Trousse à pharmacie ;
- Adaptateur universel si vous avez de l'électronique.

Le plein d'astuces

Rouler vos vêtements

Une règle d'or de backpacker : rouler vos vêtements dans votre sac à dos. Au lieu de les plier de façon classique, rouler vos t-shirts, pantalons... rouler-les sur eux-mêmes. Ils prendront beaucoup moins de place et s'abimeront moins.

Classer vos objets

Utilisez les sacs ziploc (sacs de congélation) pour ranger et classer vos objets. Ces petits sacs permettent de protéger tous vos objets, notamment de l'humidité. Vous pouvez mettre tous vos papiers dans un sac, vos bijoux dans un autre, tous vos fils dans un autre, etc. Cela vous permettra de les retrouver facilement.

Une liseuse électronique

Elle est pour moi indispensable si vous aimez lire et vous occupera durant ces longues heures d'attente ou dans les transports. Au lieu de prendre des livres papier qui peuvent vite vous encombrer, optez pour une liseuse électronique (Kindle, Kobo par exemple). Vous pourrez lire plus et surtout gagner du poids précieux !

Le mérinos et le coton

Évitez les vêtements 100 % coton qui mettent trop longtemps à sécher. Si vous le pouvez, optez pour des vêtements en laine mérinos qui sont particulièrement bien adaptés aux voyageurs : doux, ne grattent pas, respirant, ne sentent pas, tiennent chaud, sèchent vite. Ils sont plus chers, mais de meilleure qualité. On peut citer des marques comme Icebreaker, Patagonia ou Outlier qui proposent de tels vêtements.

Savon multiusage

Au lieu d'accumuler un gel douche, un shampoing, un dentifrice, un savon spécial pour les vêtements vous pouvez réunir tout ça dans un seul et unique savon. Optez pour le savon magique du Dr Bronner, le savon de Marseille, le savon d'Alep ou encore le savon Campsuds. Ils ont tous des caractéristiques différentes, mais permettent de tout faire et réduire la place dans votre sac.

Dans la même idée, vous pouvez prendre de l'huile d'argan qui peut servir en tant que soin réparateur pour le corps, le visage ou encore les cheveux.

Couteau suisse

Le besoin d'un couteau suisse se fera sentir à un moment ou un autre dans votre voyage. Couteau, ciseaux, tirebouchon, ouvre-boite, pince à épiler... Il est polyvalent et vous servira dans beaucoup de situations. Je prends le mien à chaque fois !

Pour passer une bonne nuit

Il n'est pas toujours simple de bien dormir en voyage. Que ce soit dans les transports, les auberges de jeunesse ou bien en camping, la qualité de sommeil n'est jamais très bonne. Je vous conseille d'investir dans un petit coussin gonflable (vêtements entourés d'un foulard fait aussi l'affaire), des boules quies et un masque de nuit. Avec ces trois accessoires, vous allez dormir comme un bébé n'importe où.

Attention aux grosses chaussures de randonnée

Si c'est votre premier grand voyage, vous avez peut-être envie de vous acheter ces hautes chaussures de randonnées avec l'espoir de barouder dans les chemins les plus inaccessibles. Attention avec cet achat. Ces chaussures sont onéreuses, lourdes et ne vont pas être forcément utiles. À moins de faire du trekking ou de la marche l'objet principal de votre voyage, vous n'aurez pas besoin de telles chaussures.

Des chaussures de randonnées basses ou de solides baskets feront largement l'affaire pour faire face à la majorité des situations. Je n'ai jamais acheté de chaussures de randonnée hautes et je m'en suis toujours sorti lors de tous mes treks.

Paréo, pagne et sarong

Une petite astuce orientée pour les filles qu'on m'a soufflée à l'oreille : l'utilisation d'un paréo pour votre voyage. Il peut avoir plusieurs noms, comme un pagne ou un sarong, il s'agit d'un morceau de tissu qui peut former un vêtement léger et coloré avec de multiples usages. Comme vêtement bien sûr (paréo, jupe, robe…), mais aussi comme foulard, couverture, oreiller, serviette, sac à linge sale ou encore une nappe.

Câble de sécurité et cadenas

Pour finir, une dernière astuce liée à la sécurité de vos affaires. Il est toujours important d'avoir un cadenas avec soi, notamment pour sécuriser les casiers qui peuvent se trouver dans les auberges de jeunesse et dans lesquels vous pouvez ranger vos objets précieux (passeport, carte bleue, ordinateur, etc.). Un câble de sécurité, type « pacsafe » peut aussi être envisagé, il permettra de mettre en sécurité votre sac à dos en l'attachant à un objet fixe (poteau, radiateur).

Ce qu'il faut retenir :

✓ L'erreur commise par tous les voyageurs à ne pas reproduire : prendre trop d'affaires !
✓ Le sac à dos est privilégié dans la majorité des longs voyages
✓ Voyager léger est recommandé et permet de ne pas se trainer du poids inutilement
✓ Le contenu de votre sac à dos varie selon ce que vous allez faire et non le nombre de jours
✓ Utilisez à volonté toutes les petites astuces pour réduire le poids de votre sac

---

30

LES CHOSES À SAVOIR DURANT VOTRE VOYAGE

LES CINQ CHAPITRES PRÉCÉDENTS CONCERNAIENT l'avant-voyage, mais il me semblait primordial de vous prodiguer les meilleurs conseils pour profiter pleinement de votre voyage une fois sur la route. Les mêmes problématiques reviennent voyage après voyage, je vous propose un condensé de mes observations et leçons apprises au bout de huit ans de voyage.

Dans ce chapitre très dense, vous allez découvrir mes conseils pour tirer parti au maximum de votre voyage, comment le rendre vivant, favoriser les rencontres, mais aussi comment gérer votre argent une fois parti et rester en sécurité à chaque instant.

Ce que signifie voyager dans un autre pays

Un autre pays, c'est une autre culture, une autre langue, des habitudes différentes, un climat différent ou des personnes physiquement différentes. Tout change et cela peut vous déboussoler au début.

Certains parlent de choc culturel, il existe parfois. C'est l'une des raisons pour lesquelles vous voyagez : pour aller à la découverte de l'inconnu, aller à la rencontre des différences et mieux comprendre le monde dans lequel nous vivons. Être moins ignorant sur le monde qui nous entoure.

En arrivant à Bangkok, voir tous ces étals qui exposant de la nourriture sur le trottoir, des rues qui grouillent de monde, la désorganisation apparente ou encore le bruit ambiant assourdissant, peuvent vous surprendre voire choquer. Après quelques semaines, tout cela vous semblera beaucoup plus normal. L'être humain s'habitue rapidement à un nouvel environnement.

J'ai trois conseils à vous donner afin de profiter pleinement de votre voyage. Conseils d'autant plus importants si vous allez dans des pays très différents culturellement de la France.

1 - Ne pas s'énerver inutilement

Le français est râleur, vous l'êtes surement un peu au fond de vous.

Sachez que dans beaucoup de pays, s'énerver et râler ne vous apportera rien, sinon de la frustration pour vous et pour autrui. Il y aura des situations qui vont vous énerver parce que ce n'est pas comme en France. Il faut au maximum résister à votre envie de critiquer et de vous emporter. Vous êtes dans un autre pays, les usages sont différents.

Râler est une perte d'énergie. Énergie que vous pouvez allouer à d'autres actions beaucoup plus positives, alors restez zen.

2 - Ne pas juger et être respectueux

Nous sommes constamment en train de juger les gens et les choses qui nous entourent. Moi le premier.

Faites-le moins, surtout à l'étranger où tout est souvent à l'opposé de vos habitudes. Oui, les personnes vont porter des vêtements différents, oui ils vont avoir des comportements différents, oui les coutumes sont différentes… soyez respectueux de tout ça.

Si vous pensez que mettre un sarong pour visiter un temple en Indonésie est inutile et stupide, sachez que pour les pratiquants vous entrez dans un lieu sacré qui doit être respecté.

3 - Prendre le temps de comprendre

Si vous ne faites pas un voyage «TGV» et que vous avez un peu de temps devant vous pour votre voyage, essayez de comprendre.

Ne soyez pas un touriste « idiot », osez apprendre, poser des questions, sortir plus riche de vos expériences. Ensuite, tout ce que vous trouviez énervant, frustrant ou que vous ne compreniez pas prendra sans nul doute tout son sens. Il y a toujours une raison pour laquelle les gens agissent d'une manière particulière ou pourquoi les choses sont « ainsi », prenez le temps de comprendre, ou du moins essayer.

Découvrez avec vos yeux d'enfants ces nouveaux pays pour en profiter un maximum. Partout où vous allez, vous êtes un invité dans le pays, rappelez-vous de ça à chaque fois que quelque chose vous choque ou vous perturbe.

3 conseils pour rendre votre voyage vivant et inoubliable

Un voyage, ça se vit. Un voyage procure ce sentiment immense d'être vivant. Il permet de se sentir entièrement libre de ses mouvements, de constamment découvrir de nouvelles choses, d'évoluer dans notre façon de penser, de se sentir en phase avec soi-même ou encore de renouer avec la fonction première de notre corps, celle de bouger et d'être actif.

Le voyage est un remède anti routine, il est capable de vous donner des ailes et de vous sentir vivre comme jamais. Pour ça, il est indispensable de le rendre vivant et de sortir de vos habitudes. Je vous présente mes trois conseils pour y parvenir.

1 - Apprendre à déconnecter

Aller à l'autre bout du monde, dans un endroit à l'opposé de votre quotidien et passer la majorité de votre temps sur Internet à faire ce que vous faites à la maison, c'est contreproductif, voir nocif. Ce n'est pas en étant rattaché à votre vie habituelle que vous pourrez lâcher prise, mentalement et physiquement, pour profiter pleinement de votre voyage.

Ce n'est pas en étant collé sur Facebook, Instagram, Snapchat ou autre WhatsApp. Ce n'est pas en parlant aux mêmes personnes que lorsque vous êtes en France. Ce n'est pas en étant en train de consulter les mêmes actualités. Et ce n'est pas finalement en gardant les mêmes habitudes qu'à la maison, que tous ces effets bénéfiques du voyage se produiront sur vous. Que vous pourrez être ouvert sur l'extérieur, curieux, parler avec de nouvelles personnes.

Profiter de moments humains, loin du virtuel, est quelque chose dont on s'éloigne peu à peu avec toutes les technologies modernes. Il est néanmoins indispensable de s'en détacher. Sinon à quoi cela sert de voyager ?

Sans aller vers l'extrême et se couper entièrement du monde durant votre voyage, essayez ces deux techniques :

- Limiter quotidiennement votre accès à Internet, seulement une heure par jour par exemple.
- Essayez de déconnecter entièrement d'Internet pendant une semaine entière.

J'avoue avoir moi-même du mal à me passer d'Internet, mais quelques jours par mois, je me coupe entièrement de ce monde virtuel et cela me fait toujours un bien fou. J'ai aussi déconnecté pendant une semaine entière lors de mon premier voyage en Roumanie et les effets sur mes expériences et interactions avec les locaux ont été incroyables.

2 - Lancez-vous des challenges

Un des moyens de rendre votre voyage beaucoup plus vivant est de faire des choses qui sortent de l'ordinaire, que vous n'oserez pas forcément faire en France. Sortir de votre zone de confort est extrêmement important pour évoluer personnellement et pour vivre des expériences inoubliables

Un challenge peut prendre des formes très différentes et n'a pas besoin d'être un truc énorme qui semble impossible. Genre traverser l'océan Atlantique sur une barque en ramant. Cela peut-être simplement manger quelque chose que vous n'avez jamais gouté avant. Il faut expérimenter l'inconnu pour vous créer des souvenirs marquants.

Certains font par exemple des « bucket list », que l'on pourrait traduire en « liste de rêves » en français, c'est-à-dire les choses que vous souhaitez faire avant de mourir. Il pourrait être intéressant pour vous d'écrire vos rêves, les choses que vous souhaitez accomplir dans votre vie et utiliser votre voyage pour en réaliser quelques-uns.

Les challenges en voyage sont illimités, vous pouvez inventer ce que vous voulez. Que ce soit un challenge sportif comme monter au sommet d'une montagne ou tester un nouveau sport comme le surf. Un challenge psychologique comme parler à un inconnu par jour ou vous forcer à dire quelques mots dans une langue étrangère. Un challenge « type itinéraire » comme faire le chemin de Compostelle ou la traversée d'un continent. Un challenge extrême comme faire un saut en parachute. Ou encore un challenge « vie quotidienne » comme dormir chez l'habitant au lieu d'une auberge, ou manger chaque jour dans un nouveau restaurant. Vous pouvez inventer tous les challenges que vous souhaitez, il n'y a pas de limites.

Changez vos habitudes et aller vers l'inconnu, vous en reviendrez avec de belles histoires.

3 - Laissez place à la spontanéité

Mon dernier conseil est celui de rester spontané et saisir les opportunités qui s'offrent à vous en voyage. En étant ouvert vers les autres, vous favoriserez ces occasions de vivre de nouvelles expériences auxquelles vous n'aurez peut-être jamais pensé.

Il est parfois difficile d'être spontané en vacances ou si vous partez pour une courte période. Entre la planification à l'extrême et le fait de ne rien manquer, d'avoir vos journées remplies, il n'y a pas beaucoup de place pour l'imprévu. D'où l'avantage de partir en VDI, de ne pas être limité par le temps, de ne pas avoir un planning précis et sans trop d'engagements. Il sera beaucoup plus simple d'être spontané et de profiter des occasions qui se présenteront à vous.

Pour n'importe quel voyage, voici mon conseil : prévoir de ne rien prévoir.

Cela parait étrange comme ça, mais ça marche extrêmement bien, prévoyez des jours où il n'y a rien de prévu, prévoyez des nuits où vous ne saurez pas où dormir. Ne prévoyez rien. Cela vous laissera de la marge dans vos décisions et vous pourrez profiter de toutes les opportunités qui se présenteront à vous. Une fête locale, une invitation à venir manger, une randonnée inconnue, un changement d'itinéraire, la météo qui fait des caprices... le voyage est rempli d'imprévus. Soyez donc, autant que faire se peut, aussi imprévisible que lui !

Rencontres et histoires amoureuses en voyage

Les rencontres en voyage font partie intégrante de votre expérience à l'étranger. Pour moi, un voyage sans rencontres n'est pas vraiment un voyage. Que ce soit des locaux ou d'autres voyageurs, il faut rencontrer du monde, découvrir d'autres cultures, partager des moments, échanger des histoires et étendre son réseau.

Le voyage est un véritable accélérateur. D'expériences, d'émotions ou de rencontres, tout est plus rapide et décuplé. Chaque journée est différente, votre routine est bouleversée et vous vous sentez vivre à 100 %.

Favoriser les rencontres

En voyage, la superficialité de la vie quotidienne et l'accent sur l'apparence ont tendance à s'effacer. Nous sommes loin de chez nous, loin des personnes qui nous connaissent, loin des codes de notre société et il est plus simple d'être soi-même et de nouer des relations sincères. Vous pouvez rencontrer n'importe qui et parlez de n'importe quoi sans la crainte d'être jugé ou d'avoir des répercussions négatives. Cela simplifie les choses.

Je ne compte plus le nombre de personnes rencontrées au fil de mes voyages. Ces relations ont duré quelques minutes, jours, semaines, mois ou d'autres des années. Compagnons de voyage, amitiés, relations amoureuses ou local qui m'héberge, certaines de ces rencontres vont être ternes, d'autres excitantes et parfois vous trouverez des personnes qui vont changer le cours de votre vie. Une nouvelle philosophie de vie, un coup de foudre, une histoire bouleversante. Les rencontres en voyage vous façonnent et vous transforment peu à peu.

Je me souviens de Joel, un de mes colocataires australiens lorsque je vivais à Toronto en 2009. À un moment charnière de ma vie, il m'a tant apporté, sans le savoir. Il m'a appris à parler anglais. Il m'a enseigné quelques leçons sur les relations hommes/femmes et la séduction. Il m'a montré que l'on pouvait changer de carrière en cours de route. J'ai vu avec lui que l'on pouvait apprendre énormément par soi-même sans école, car il étudiait la finance tout seul pour préparer un examen. Bref, pas mal de choses dont un jeune homme un peu perdu pouvait tirer parti.

Il faut aller de l'avant et rencontrer un maximum de personnes durant votre voyage.

Voici mes meilleures astuces pour favoriser les rencontres :
- Engagez la conversation avec un inconnu : dites « bonjour » et voyez ce qu'il se passe ;
- Parlez quelques mots de la langue locale (cf chapitre 4) ;
- Utilisez des sites Internet : Couchsurfing, Meetup, Facebook…
- Restez dans une auberge de jeunesse où vous trouverez plein de gens comme vous ;
- Faites du volontariat ;
- Partagez une colocation ou vivez avec d'autres personnes ;

- Déconnectez-vous pour vous obliger à aller vers les autres ;
- Faites des excursions ou activités organisées pour rencontrer d'autres voyageurs.

Les amours de voyage

L'amour, la séduction, les relations hommes/femmes et le sexe sont des sujets universels. Nous avons tous cette attirance pour l'autre. En favorisant les rencontres, vous favorisez aussi les rencontres amoureuses. Par contre, en voyage, les règles du jeu changent.

Tout d'abord au niveau des habitudes et des coutumes du pays. Vous n'êtes plus en France, la culture peut-être entièrement différente. La drague au Brésil ou en Inde va être totalement différente ! Là où les Brésiliens vont être très tactiles et ont tendance à s'embrasser très rapidement, les Indiens vont être plus pudiques et conservateurs. Renseignez-vous un peu et demandez aux locaux comment cela se passe dans leurs pays, c'est toujours intéressant.

Ensuite, vous êtes différent. En voyageant, vous vous sentirez plus libre, plus confiant, vous aurez plus d'aisance pour parler à des inconnus et cela va se ressentir. Hors de votre routine et de l'apparence qu'il faut avoir dans notre société rangée, vous aurez un état d'esprit beaucoup plus ouvert aux rencontres. Sachez que dans certains pays vous serez une « rock star » où les locaux vous trouveront très attractif, dans d'autres tout le monde vous ignorera.

Enfin, la nature des relations va être différente. En voyage, vous serez beaucoup plus dans l'immédiateté, dans la passion, dans la découverte, cela ne ressemblera pas beaucoup à ce qu'on vit en France, de manière sédentaire. Votre statut de voyageur signifie que votre temps à un endroit est compté et cela change vos rapports aux autres. D'ailleurs, un des avantages de faire un VDI est de pouvoir rester à un endroit plus longtemps, d'avoir une flexibilité dans votre planning. Ce qui peut être un atout indéniable si vous souhaitez connaitre un peu plus une personne.

Vous rencontrerez généralement trois types de situations en voyage : les aventures d'une nuit, de quelques semaines/mois ou bien la formation de couples. Que ce soit avec des locaux, d'autres voyageurs, des expats et bien sûr d'autres Français, l'amour n'a pas de nationalité ! Je connais énormément de voyageurs qui sont tombés amoureux à l'étranger, qui sont en couple, voire mariés avec des enfants.

En étant avec quelqu'un à l'étranger, vous devez toujours vous demander s'il faut donner une réelle chance à cette relation. Tomber amoureux sur une ile paradisiaque peut-être facile, mais vivre avec cette personne au quotidien dans un environnement différent est-il envisageable ? Il faut dans tous les cas être conscient que cela ne sera pas simple. On reste souvent sur des flirts et autres amours de voyage qui ne durent pas vraiment longtemps.

Voici mes quelques conseils sur le sujet :

- Bannissez toute relation qui s'apparente à la prostitution et/ou basée sur l'échange monétaire.

- Protégez-vous ! Valable en France et encore plus dans les pays que vous ne connaissez pas où les risques peuvent être plus élevés.

- Détectez les abus et arnaques, si une magnifique personne s'offre à vous et que cela parait trop beau pour être vrai, il y a anguille sous roche.

- À l'étranger, les mœurs et coutumes sont différentes par rapport à la France au niveau des rencontres, apprenez les choses à éviter.

- Pour les couples mixtes, soyez le plus ouvert possible, la communication est essentielle.

- Être en couple est l'un des meilleurs moyens d'être immergé dans la culture d'un pays, profitez-en si l'occasion se présente.

Suivez votre instinct en ayant conscience des difficultés que peut provoquer une relation à l'étranger ou à distance avec une personne venant d'un autre pays.

La gestion de votre argent

On passe maintenant à quelque chose de vraiment différent, plus rationnel et essentiel en voyage : savoir gérer votre argent. Grâce au chapitre 11, vous savez déjà qu'il faut faire des points régulièrement sur votre budget. Par contre, il y a deux éléments extrêmement importants à prendre en compte une fois parti : la gestion de votre cash, celle de votre carte bancaire et le change de devises.

Argent liquide

Il est indispensable en voyage, il vous faudra du cash pour pouvoir payer toutes vos dépenses.

Dans certains pays l'usage de la carte bleue est quasi-inexistant, dans d'autres le paiement par carte n'est pas accepté. Nos habitudes de payer le moindre achat par carte en France s'avèrent compliquées à suivre dans beaucoup de pays du monde. Il vous faut donc toujours de l'argent liquide sur vous. Grâce à votre budget, vous savez comment vous allez dépenser votre argent, vous pouvez donc prévoir l'argent que vous devez avoir.

Il y a deux façons d'avoir du liquide avec vous en voyage :
- Celui que vous apportez de France (des euros ou autres devises que l'on peut changer en monnaie locale).
- Celui que vous retirez dans un distributeur automatique (argent en monnaie locale).

L'Euro est utilisé dans dix-neuf pays de l'Union européenne, mais si vous allez dans un autre pays, l'Euro ne sera pas accepté, il faut donc obtenir de la monnaie locale.

En ayant une carte bleue avec de faibles frais de retraits, la deuxième méthode est celle recommandée. Vous trouverez des distributeurs automatiques presque partout. Si vous êtes dans une ville ou un endroit touristique, cela ne sera pas un souci. Dans le cas où vous allez dans un endroit reculé, prévoyez de retirer plus d'argent pour avoir une réserve.

D'ailleurs, je vous conseille d'avoir toujours une petite réserve d'argent cachée, à n'utiliser qu'en cas d'urgence. Par exemple, j'ai toujours 50 €, 50 $ et l'équivalent en monnaie locale dans un recoin de mon sac à dos, bien cachés. Cela vous permettra de vous débrouiller en cas de soucis, comme un vol, une carte bleue avalée, pas de distributeur disponible, etc.

Carte bancaire

Elle est devenue indispensable en voyage. Avec votre passeport, la carte bleue est l'objet que vous devez chérir à tout prix. Elle vous permet de régler certaines dépenses, soit sur Internet, soit sur place, mais permet aussi de retirer de l'argent dans les distributeurs automatiques à l'étranger (les ATM en anglais) qui vous permettent de retirer de la monnaie locale.

Je conseille à tout voyageur de toujours partir avec deux cartes bleues. Si vous partez seul, ouvrez un autre compte bancaire avec une banque en ligne (voir le chapitre 18). Si vous partez à plusieurs, veillez à avoir deux cartes bleues dans votre groupe.

La raison est très simple, si vous n'avez qu'une seule carte bleue et que pour n'importe quelle raison elle disparait (vol, oubli, carte bloquée) vous êtes dans une fâcheuse situation. Se retrouver sans argent dans un pays étranger n'est pas vraiment conseillé et peut vite transformer votre voyage en galère.

Changer de l'argent

Vous pouvez changer votre argent de deux façons différentes :

* Dans un bureau de change en France ;
* Dans un bureau de change à l'étranger.

Cela vous permettra d'avoir de la monnaie locale et de pouvoir payer vos dépenses.

Ici, c'est une question de préférence personnelle, mais je change rarement de grandes sommes d'argent à l'étranger, je préfère le faire en France. Avant de partir, je prends toujours l'équivalent de 200/300 € en monnaie locale, cela m'évite de stresser inutilement au début du voyage.

Vous devez savoir qu'il y a pas mal d'arnaques dans les bureaux de change à l'étranger, avec de mauvais taux de change ou bien des commissions extravagantes, soyez prudent. De plus, il faut généralement éviter de changer son argent dans les aéroports, cela revient plus cher. Vous trouverez un ATM (distributeur automatique) dans 99 % des grands aéroports, cela sera beaucoup plus simple pour obtenir de la monnaie locale.

Rester en sécurité

Durant votre voyage, il est important d'avoir certains réflexes pour rester hors de danger. Vous entendrez peut-être des personnes qui se sont fait agresser en voyage, d'autres à qui il n'est rien arrivé. D'ailleurs, en plus de 8 ans de voyage, rien à signaler de mon côté. Je n'ai pourtant pas tout le temps choisi les pays les plus sécurisés statistiquement parlant.

Il y a toujours un degré de hasard avec le fameux « au mauvais endroit, au mauvais moment » qui peut arriver à n'importe qui. Mais en étant intelligent et averti, vous devriez éviter la grande majorité des problèmes. Le risque principal en voyage est le vol et l'agression qui peuvent l'accompagner. Problèmes que vous pouvez influencer grandement grâce aux conseils pleins de bon sens de cette section.

Les priorités de votre sécurité

En voyage, voici l'ordre des éléments que vous devez garder en sécurité :

- Vous, votre personne et les gens avec vous ;
- Vos documents ;
- Votre argent ;
- Vos objets.

C'est quelque chose d'important ! En gros si quelqu'un essaie de vous voler votre appareil photo et qu'il a un couteau dans la main, mieux vaut laisser filer son appareil et ne pas risquer d'être blessé. Votre vie n'a pas de prix. La sécurité de votre personne passe avant tout. Ayez bien cela en tête.

Recherches avant de partir

Une grande partie de votre sécurité se joue avant même d'avoir mis les pieds dans le pays. Il est important de faire de la prévention et de se renseigner sur la situation sécuritaire, connaitre les bonnes pratiques et les endroits dangereux où il ne faut pas aller. Rien qu'en regardant cela, vous évitez quasiment tous les problèmes de vols ou violences.

En France, il existe certains quartiers où il n'est pas conseillé de mettre les pieds la nuit, c'est pareil dans tous les pays du monde. Certains endroits sont plus dangereux que d'autres.

Voici les recherches que vous pouvez utiliser sur Google en association avec l'endroit où vous allez :

- Quartiers à éviter + ville ;
- Quartiers dangereux + ville ;
- Endroits dangereux + ville ;
- Voyager sécurité + ville/pays ;

- Blog voyage sécurité + ville/pays ;
- Travel blog safety + ville/pays ;
- Safety travel + ville/pays.

Vous trouverez des blogs, forums, sites de voyage qui vous renseigneront sur la situation en termes de sécurité, les problèmes qui existent, les endroits qu'il faut éviter et les conseils. Jetez toujours un oeil au site du Ministère des Affaires étrangères, qui malgré sa tendance pessimiste, vous préviendra des risques existants.

Attitude sur place

Votre comportement sur place sera le gros déterminant de votre sécurité. Faire preuve de bon sens est une qualité essentielle.

Voici une liste de conseils à suivre :
- Attention aux signes extérieurs de richesse (appareil photo, bijoux, smartphone...), dans certaines villes c'est un appel ostentatoire à se faire voler ;
- N'allez pas vous balader dans les endroits déconseillés ;
- Demandez conseil aux locaux sur les dangers existants et comment les éviter ;
- Ne soyez pas complètement ivre ;
- Surveiller vos affaires avec attention ;
- Mettez votre argent dans un endroit difficilement accessible ;
- Dans les transports, ayez toujours vos papiers et votre argent très près de vous ;
- Vous pouvez opter pour une pochette cache billets pour dissimuler votre argent et vos papiers ;
- Faites confiance à votre instinct, si vous sentez que quelque chose semble risqué, changez votre chemin ;
- Ne mettez pas tous vos oeufs dans le même panier. Avoir votre passeport, vos deux cartes bleues et tout votre cash au même endroit est à proscrire.

Ces conseils seront très utiles dans certains pays, alors que dans d'autres, ils seront superflus. Renseignez-vous bien, faites attention et tout devrait bien se passer.

Éviter les arnaques

Un endroit touristique comportera toujours son lot d'arnaqueurs, les deux font la paire. Paris, Barcelone, Rome sont d'ailleurs connus pour leurs nombres conséquent d'arnaques, car très visités. Partout dans le monde, on retrouve des arnaques, plus ou moins ingénieuses. Généralement, elles ne sont pas trop onéreuses, mais il faut savoir les détecter et les prévenir. Vous n'êtes pas en voyage pour gaspiller votre argent !

L'arnaque la plus couteuse dont j'ai été victime fut à Koh Tao (Thaïlande). J'avais loué un scooter pendant une semaine et au moment de le rendre, la dame de « l'entreprise de location » commence à inventer des rayures et surtout me donne le cout exorbitant pour faire « réparer » le scooter. Ayant mon passeport en tant que garantie, elle était en position de force. Sans passeport un voyageur est littéralement bloqué !

Finalement, j'ai payé l'équivalent de 100 € pour récupérer mon passeport, ce qui est énorme ! La semaine de location du scooter était de 60 €. En allant sur Internet après l'évènement, je me suis rendu compte que c'était une arnaque ultra courante sur cette île. Je n'étais pas préparé, je n'ai pas vraiment réfléchi au moment de le louer et je me suis fait avoir comme un débutant. J'aurais pu passer par une entreprise plus officielle, par un hôtel qui tient à sa réputation, par un expat qui a sa boutique, prendre des photos précises du scooter ou tout faire pour ne pas donner mon passeport.

Koh tao est rempli de touristes et il existe pleins d'arnaques, de plus la corruption est généralisée sur cette île. Il faut donc faire attention. En revanche, j'ai pu louer des scooters aux Philippines, Taiwan ou d'autres endroits en Thaïlande plus tranquillement et sans aucun problème.

Arnaques courantes

Sachez qu'il existe des centaines d'arnaques à travers le monde, certaines personnes veulent profiter des autres, vous n'y changerez rien. Je ne peux pas répertorier toutes les arnaques existantes, mais vous présenter les plus courantes.

- Pickpocket et vol à la tire : parfois direct, souvent avec des méthodes ingénieuses le vol n'est pas tout le temps une arnaque en soi, mais il est courant. Un jeu de cartes dans la rue, une pétition à signer, un objet à ramasser par terre, un mouvement de foule dans le métro, etc. Les moyens de se faire plumer sont nombreux.

- Taxi : les taxis sont généralement enclins à arnaquer un touriste qui vient d'arriver, car celui-ci ne connait pas la ville et les habitudes. Que ce soit l'absence de compteur, vous faire balader pour prendre le chemin le plus long, ne pas rendre la monnaie, etc. Il faut faire attention.

- Local un peu trop sympa : rencontrer des locaux fait partie intégrante du voyage, mais parfois ils ont de mauvaises intentions. Entre celui qui vous offre un bracelet pour ensuite vous demander de l'argent, celui qui vous fait visiter des endroits et réclame un pourboire inattendu, la fille canon qui vous drague et vous emmène dans un bar avec des prix surélevés, leur imagination est sans limites.

- Manipulation par l'argent : on retrouve pas mal d'arnaques comme le prix à la tête du client, le bar sans liste de prix, une carte spéciale touriste dans un restaurant, un taux de conversion très défavorable, la monnaie qui n'est pas rendue, de faux billets, etc. Prenez garde dès que de l'argent est en jeu.

- Il y a aussi : les faux policiers, scooter abimé, vente de faux ticket, charges cachées de l'hôtel, carte clonée de l'ATM, drogue dans boisson, fausses agences de tourisme, vente de faux objets, mendicité organisée, massage gratuit, faux guide ou encore le chauffeur qui vous embarque dans des magasins où il peut toucher des commissions.

Personnellement, à part l'histoire du scooter et quelques arnaques de taxi, je suis passé entre les gouttes des arnaques en voyage. Ma nature méfiante m'a probablement aidé. Il existe beaucoup d'arnaques, je sais que cela peut faire beaucoup, mais il ne faut pas vous démonter.

Éviter de vous faire arnaquer

Il existe une partie prévention en amont de votre voyage pour éviter les arnaques.

Pour cela il suffit d'appliquer cette stratégie :
* Tapez « arnaque + ville » ou en anglais « scam + ville » ;
* Tapes « arnaque + pays » ou en anglais « scam + pays » ;
* Cliquez sur les 4/5 liens les plus pertinents ;
* Lisez et notez les arnaques qui reviennent tout le temps.

Vous pouvez faire cela quelques jours avant de partir et relire vos notes avant d'arriver à votre destination. Grâce à cette petite astuce, vous éviterez les arnaques les plus courantes.

Voici les 10 conseils les plus importants pour ne pas vous faire arnaquer en voyage :

1. Éloignez-vous du stéréotype du touriste : tongs, appareil photo autour du coup, carte grande ouverte. Les arnaqueurs choisissent des proies faciles et reconnaissables. N'en soyez pas une.
2. Visitez des villes ou lieux moins touristiques. Les arnaques se concentrent là où il y a le plus de touristes, évitez ces zones autant que possible.
3. Observez les locaux et demandez leur conseil. Que ce soit sur les habitudes, les prix, les arnaques courantes…
4. Ne quittez jamais des yeux vos objets de valeur et votre sac, surtout s'il y a du monde.
5. Si une offre parait trop belle pour être vraie, prenez le temps de réfléchir.
6. Toujours négociez avant le prix d'un service ou d'une prestation.

7. Redoublez d'attention lorsque vous êtes vulnérable : si vous êtes seul, si vous venez d'arriver, la nuit, si vous êtes avec toutes vos affaires.
8. Attention aux personnes trop gentilles, qui veulent vous rendre trop de services.
9. Soyez méfiant, sans être paranoïaque.
10. Faites preuve de bon sens et suivez votre intuition.

Si vous suivez tous les conseils ci-dessus, tout devrait bien se passer. La plupart des gens sur cette planète sont honnêtes et ne vous veulent pas de mal, sachez juste repérer ceux qui veulent abuser de vous. Vous trouverez des liens complémentaires sur la sécurité et les arnaques en voyage dans le compagnon.

Ce qu'il faut retenir :

✓ Ne pas juger, essayer de comprendre un pays et éviter de s'énerver inutilement est primordial en voyage
✓ Lancez-vous des challenges, soyez plus spontané et tentez de vous déconnecter d'Internet pour vivre un voyage plus vivant
✓ Essayez de tout faire pour rencontrer du monde en voyage pour vivre des expériences plus riches
✓ La gestion de votre argent liquide et la sécurité de votre carte bancaire sont essentielles pour éviter les soucis
✓ Pour rester en sécurité, il est important de faire des recherches préalables puis d'adopter la bonne attitude sur place
✓ En connaissant les principales arnaques avant d'arriver dans un endroit, vous éviterez les principaux risques

31

DEVENEZ ARTISAN DE VOTRE VIE EN VOYAGEANT

PLUS QUE LE VOYAGE EN LUI-MÊME et la découverte d'un pays, je pense sincèrement que voyager peut changer votre vie. Vous pouvez articuler votre vie autour du voyage si vous en avez envie. Grâce à ce livre, vous allez être capable de partir durant des années, votre façon de vivre et de penser va prendre un tournant, je vous le garantis. Cela ne se fera pas sans quelques interrogations et remises en question. Dans tous les cas, mon objectif ici est de vous montrer que vous êtes artisan de votre vie et responsable de votre destinée

Dans ce chapitre, vous allez découvrir l'exemple concret de Romain qui a construit sa vie autour du voyage, pourquoi vous devez organiser votre vie comme bon vous semble, l'importance des expériences pour vivre une vie inoubliable ou encore la question incontournable de rentrer ou non en France.

Travailler et voyager à l'étranger pendant des années

C'est l'un des messages principaux que je veux vous transmettre avec ce livre. Vous pouvez passer des années à voyager, tout en travaillant pour financer vos aventures. C'est faisable. Vous devez commencer à penser que c'est possible à ce stade du livre !

Je sais que l'argent est le frein principal à vos rêves, c'était aussi mon cas. C'est pour ça que la majorité du livre se concentre sur ce sujet : dépenser moins d'argent et en gagner en voyage. Une fois que vous avez compris ce principe et que vous commencez à l'expérimenter, c'est une autre vie qui s'offre à vous.

Début 2016, j'ai interviewé Romain, qui voyage non-stop depuis 2009. Il est l'illustration parfaite du concept de ce livre.

Il est parti seul avec un PVT en poche pour l'Australie et y est resté deux ans. Il m'a expliqué qu'au total il a travaillé une année et a passée l'autre en vacances. Il s'est ensuite envolé vers l'Asie où il a vagabondé pendant 6 mois en mode backpacker avant de revenir en France pour les fêtes de fin d'année.

Après cela, il a repris un PVT, mais pour la Nouvelle-Zélande cette fois-ci où il a trouvé un bon travail dans une agence de voyages. Il y restera près de trois ans en obtenant un visa de résidence permanente entre temps. Avec de belles économies en poche il s'est embarqué dans un voyage d'un an et demi à travers l'Amérique, de la Californie à la Patagonie. Même s'il ne savait pas trop où il allait atterrir, il avait des projets de bosser en Équateur ou faire du volontariat au Pérou.

Aux dernières nouvelles, il est en Bolivie et continue à publier des photos de dingues. Pour avoir pas mal parlé avec lui, je suis convaincu qu'il ne rentrera pas vivre en France avant un long moment. Et vous savez quoi ? Il a même trouvé l'âme soeur lors de son séjour en Australie, une Anglaise qui l'accompagne depuis partout dans le monde. Vous trouverez bien entendu l'interview de Romain dans le compagnon.

Profitez de ces périodes à l'étranger pour essayer de nouveaux métiers, tester de nouvelles activités et tout simplement vous découvrir. Vous n'avez pas besoin de faire un seul métier dans toute votre vie. Vous n'avez pas besoin de rester à un seul endroit.

Je sais que dans 4/5 ans, je ferais quelque chose de différent. J'ai tellement d'idées que je ne sais pas quelle direction je vais prendre. Il y a cinq ans j'étais une personne totalement différente, dans cinq ans, cela sera encore le cas. Je serais peut-être en train de faire du cacao dans une ferme en Colombie (j'adore le bon chocolat), qui sait…

Organiser votre vie comme bon vous semble

La société nous « dicte » la manière de vivre notre vie, mais comme vous le voyez, il existe beaucoup plus de chemins. Des chemins non conventionnels liés au voyage.

Alors oui,

- Ce n'est pas le schéma de vie classique.
- Ce n'est pas le métro-boulot-dodo.
- Ce n'est pas les études-travail-retraite.
- Ce n'est pas les enfants-maison-mariage.

Mais peu importe, rien ne vous empêche de prendre ce qu'il vous plait dans tous ces schémas classiques.

- Rien ne vous empêche de voyager avec des enfants.
- Rien ne vous empêche d'acheter une maison à l'étranger.
- Rien ne vous empêche de passer votre retraite sous le soleil.

Le plus important est de créer la vie de vos rêves, celle dont vous avez envie. Celle qui vous fait rêver. Peu importe avec qui, où et comment.

Personnellement, dans 10 ans, je m'imagine bien avoir une maison quelque part en Europe où je passerais le printemps et l'été, en Espagne ou au Portugal par exemple. Et je passerais ensuite 6 mois à voyager avec ma famille à travers le monde.

C'est un style de vie qui me permettrait à la fois de travailler efficacement et d'assouvir un besoin de stabilité. Mais aussi, de continuer à voyager et de rassasier mon besoin de vivre de belles aventures. Ne jamais m'arrêter d'explorer le monde. C'est peut-être utopique, mais pourquoi pas ? La vie est malléable, flexible et je pense que tout est possible.

À vous de choisir la vie que vous souhaitez mener. Ne vous souciez plus de ce que pensent les autres. C'est votre vie, pas la leur. Certaines personnes ne comprendront pas vos choix, tant pis pour eux. Certains choix vont être difficiles, il faudra persister. Le sentiment de prendre en main votre vie et de ne pas vous laisser diriger par les autres vous procurera les meilleures sensations au monde. Celles qui vous font sentir vivant et heureux de vivre.

La vie est faite d'expériences

J'aimerais que vous preniez deux minutes pour réfléchir aux moments de bonheur dans votre vie, des moments marquants. Essayez tout de suite, mettez le livre de côté et concentrez-vous sur vos souvenirs.

En faisant ce petit exercice, vous allez remarquer que ce sont des moments de vie, des moments intenses qui vont revenir. Une naissance, un voyage, votre passage du BAC, un weekend entre amis, un mariage, votre premier amour, un exploit sportif ou une rencontre inoubliable. Il s'agit d'expériences. De choses que vous avez vécues, qui vous ont apporté des sensations fortes.

Même si vous êtes content d'avoir le dernier écran plat à la mode, le dernier iPhone ou de superbes chaussures, est-ce que vous allez vous en souvenir toute votre vie ? Est-ce que ces achats matériels contribuent significativement à votre bonheur ? Les achats matériels apportent un peu de confort et du bonheur sur le court terme, mais je ne pense pas qu'ils soient responsables de votre bienêtre sur le long terme. Je ne pense pas non plus qu'il faut avoir comme objectif de vie de gagner plus d'argent pour avoir plus de biens.

Si j'avais un conseil à vous donner, cela serait d'acheter des expériences ou des objets qui procurent une expérience forte. Et non d'acheter des objets fonctionnels, superficiels ou pas forcément utiles.

Par exemple :

- Achetez un billet de train pour passer un weekend à la plage ;
- Achetez un billet de bus pour rendre visite à vos grands-parents ;
- Achetez des livres extraordinaires pour changer votre philosophie de vie ;
- Achetez une licence dans un club de sport pour vous bouger toutes les semaines ;
- Achetez un baptême de plongée pour découvrir le monde sous-marin ;
- Achetez une guitare à votre enfant pour le voir s'épanouir à jouer ;
- Achetez cette paire de baskets pour courir votre premier marathon ;

Achetez des choses qui vont vous permettre de vivre des émotions réelles. Que ce soit avec d'autres personnes, pour vous-même ou avec la nature.

Vous aurez bien sûr deviné que voyager est certainement le meilleur moyen de vivre des expériences extraordinaires. Je me souviendrais à vie de ma descente dans le volcan Kawa Ijen en Indonésie, de ma plongée avec les requins aux iles Galapagos ou bien de mes balades en scooter dans le nord de la Thaïlande avec ma copine de l'époque. Ces expériences vous feront sentir vivant et vous vous en souviendrez dans le futur.

Que préférez-vous raconter à vos petits-enfants lorsque vous aurez 70 ans ?

Le jour où vous avez acheté votre iPhone 6 et que vous avez pris des selfies d'une superbe qualité pour l'envoyer sur Instagram OU le jour où vous êtes parti avec votre meilleur ami en stop à travers l'Europe durant l'été de vos 20 ans, sans rien prévoir, juste pour vivre une aventure à 200 %

Votre réponse vous appartient. En tout cas, vous connaissez la mienne.

Quand faut-il rentrer ?

En lisant tout ce que je vous ai raconté dans ce livre, vous vous demandez peut-être :

- « Est-ce que je peux vivre en voyageant toute ma vie ? »
- « Et si je veux rentrer en France ? »
- « J'aime voyager, mais vivre à l'étranger est-ce vraiment pour moi ? »
- Etc.

Je l'ai répété à plusieurs reprises dans le livre, vous n'avez aucune obligation, vous devez faire ce qui vous rend heureux. Si c'est voyager deux mois dans l'année, pendant cinq ans ou bien toute votre vie, c'est votre choix. Le principal est d'essayer, de tester et de voir ce qui vous plait le plus. Surtout ne pas regretter de ne pas avoir tenté le coup.

À titre personnel, je n'ai pas encore trouvé la formule idéale, je cherche encore ! Voyage itinérant, vivre à l'étranger, travailler pour moi ou non, je teste et je verrais bien ce qu'il se passe. En tout cas, je sais que vivre en France, ce n'est plus pour moi, au moins pour quelques années.

Le meilleur moyen de ne pas se perdre dans tous ces voyages et toutes ces opportunités est de faire chaque année un point sur votre situation. Vous pouvez vous poser les questions suivantes :

- Est-ce que je suis heureux ?
- Est-ce que ce mode de vie est durable ?
- Ce que je fais est-il en adéquation avec mes objectifs ?
- Qu'est-ce qui m'a plu cette année ? Et déplu ?
- Qu'est-ce que j'aimerais changer ?
- Est-ce que je profite vraiment de ma vie ?
- Est-ce que je vis ma vie selon mes envies ou celles des autres ?

Il faut prendre le temps de s'autoévaluer et de corriger le tir si besoin. Vous pouvez changer d'avis en cours de route, ce n'est pas un problème. Prenez le temps de vous reposer, de vous mettre au vert, de méditer, de vous interroger et de comprendre ce que vous voulez. Ce n'est jamais simple, mais indispensable.

Comme le dit si bien Jean-Claude Vandamme, il faut être « aware », il faut prendre conscience de soi, mieux se connaitre et être ouvert sur l'extérieur pour faire les bons choix. Tout le monde s'est foutu de lui, mais avec du recul je me rends compte qu'il y avait une bonne part de vérité dans son discours.

Parfois il vaut mieux rentrer que se ronger de l'intérieur en étant à l'étranger et arriver à saturation. Revenir en France (ou chez soi, peu importe le pays) apporte parfois des réponses que vous cherchiez à l'autre bout du monde.

Sachez que :
- Si la France vous manque trop et que vous voulez rentrer, pas de soucis.
- Si vous êtes tombé amoureux d'un pays et que vous voulez y vivre toute votre vie, pas de soucis.
- Si vous avez besoin de plus d'aventure, continuez à explorer, pas de soucis.

Vous avez toutes les cartes en main, à vous de choisir celles que vous allez utiliser. Dans tous les cas, votre passeport français vous permettra toujours de rentrer en France si besoin. C'est quelque chose que l'on ne vous enlèvera jamais.

Ce qu'il faut retenir :

✓ Vous avez tous les éléments pour voyager et travailler à l'étranger durant des années

✓ Vous avez le droit de ne pas vivre une vie conventionnelle

✓ Le jugement des autres sur votre vie importe peu, menez votre vie comme vous l'entendez

✓ Privilégiez les expériences aux biens matériels pour être plus heureux

✓ Vous avez le choix de rentrer en France à n'importe quel moment

32

DERNIERS CONSEILS POUR VIVRE UN VDI REMARQUABLE

NOUS ARRIVONS À LA FIN DU LIVRE et il est temps de vous délivrer mes derniers conseils pour vous permettre de profiter au mieux de votre voyage, mais surtout de votre vie. Ce sont des principes que j'essaie d'incorporer dans ma vie aussi souvent que possible et dont je vois les effets positifs année après année.

Ce sont mes dernières onces de sagesse du haut de mes 30 ans. Ou tout du moins, les choses que j'ai apprises au cours de ces dernières années et qui peuvent vraiment vous servir. Je ne souhaite pas être seulement un « conseiller en voyage », mais aussi vous permettre de réfléchir afin d'être le meilleur de vous-même.

Dans ce chapitre, vous allez découvrir l'importance de l'humilité, de la frugalité, de votre réseau ou encore le concept d'abondance qui peut changer la façon dont vous vivez votre vie.

Restez humble

Certaines personnes échouent à profiter pleinement de leur voyage. Le manque d'humilité en est parfois la raison.

Vous avez surement rencontré une personne qui était tout sauf humble, généralement orgueilleuse, voire arrogante, elle a un égo un peu trop important. Ce type de personne n'a pas conscience de ses faiblesses ou ses limites. Ces pensées se dégagent d'elle : « je suis meilleur que toi », « je sais tout », « j'ai plus que toi ». D'ailleurs, on peut l'entendre dire « je sais faire cela », « j'ai déjà vu ça », « je connais ça ».

Dans la vie, comme en voyage il faut rester humble. C'est-à-dire être conscient de ses limites, ne pas se sentir supérieur à quelqu'un d'autre, être curieux, laisser son égo de côté et arrêter de penser qu'on est meilleur ou que l'on sait plus que l'autre. Être humble, ne signifie pas se rabaisser, mais être beaucoup plus ouvert aux autres et au monde qui nous entoure.

Vous bénéficiez énormément de cette ouverture en voyage. Vous serez plus à même de rencontrer des gens, vivre de nouvelles expériences et apprendre de nouvelles choses. Être arrogant et vous sentir supérieur ne vous apportera strictement rien. Au contraire, cette attitude vous desservira. Personne n'aime être avec quelqu'un qui se croit meilleur que les autres.

C'est d'autant plus vrai dans les pays pauvres que vous allez visiter. Il serait facile de penser que vous êtes supérieur à certaines personnes, vous avez plus d'argent, vous pouvez voyager, vous parlez plusieurs langues, vous avez ce passeport « magique », vous êtes plus éduqué. C'est à ce moment qu'il faut faire preuve le plus de modestie et de respect. Sachez que n'importe quelle personne aura quelque chose à vous apprendre, soyez humble pour le découvrir et en ressortir plus riche.

Si vous pensez avoir un égo un peu trop grand, mettez-vous dans des situations dans lesquelles vous pouvez échouer et qui peuvent apporter leur lot de douleurs. Vous remarquerez alors que vous n'êtes qu'un humain, vous avez vos faiblesses et limites.

Je me souviens de mes séances de surf à Canoa en Équateur. J'avais suivi des cours à Bali quelques mois auparavant et je pensais avoir un niveau débutant correct sur une planche de surf. Le lendemain de mon arrivée à Canoa, j'ai donc loué une planche et abordé l'océan Pacifique super confiant. Cette première séance fut catastrophique. J'ai foncé tête baissée alors que je ne connaissais pas le « spot » et les vagues. Je n'ai pas réussi à prendre une vague correctement, je me retrouvais à quelques mètres du rivage en train de lutter pour prendre le large sans vraiment de succès et j'ai bien sûr pris plusieurs tours de « machine à laver » lorsque j'ai essayé de prendre des vagues bien trop puissantes pour mon niveau.

Bref, l'exemple parfait d'un excès de confiance et manque d'humilité. J'étais lessivé et abattu après cette heure de lutte contre les éléments. Le lendemain, j'ai décidé de suivre des cours et de recommencer à zéro. Réapprendre à se mettre debout, travailler l'équilibre, savoir lire les vagues ainsi que l'environnement local.

Ce fut une belle leçon. Une leçon que je me remémore à chaque fois que je pense que je maitrise bien quelque chose, afin de me remettre en question.

Mon conseil principal pour rester humble est assez atypique, il vient tout droit de *Game of Thrones*, lorsqu'Ygritte répète inlassablement à Jon Snow : « you know nothing ». En français : « Tu ne sais rien du tout ». Cela signifie qu'il faut toujours se mettre dans la peau d'un débutant, développer sa curiosité, se mettre en danger pour progresser et bien sûr écouter les autres pour apprendre encore et toujours. En vous mettant dans cet état d'esprit, vous serez à même de rester humble en toute circonstance.

Il n'y a rien de mal à être fier de vous et reconnaitre que vous êtes un être singulier. Mais la vie en voyage est souvent irréelle et surprenante. Je pense qu'il est aussi important de développer votre art de l'écoute et vous autoriser à être impressionné par les autres. Si vous voyagez pour vraiment élargir votre horizon, vous devez limiter votre égo. Vous ne pourrez pas apprendre grand-chose si vous êtes toujours en train de parler.

Restez frugal sur la route

Vous l'avez appris tout au cours de ce livre, pour voyager plus longtemps, il faut savoir dépenser moins. Pour aller encore plus loin, il est important de cultiver votre frugalité, à la fois en voyage et dans la vie.

Une personne frugale se définirait comme quelqu'un qui mène une existence sobre et qui consomme (nourriture, objets…) avec modération. Malheureusement, la sobriété n'est pas une qualité mise en avant dans nos sociétés actuelles. Il faut au contraire toujours dépenser plus, faire plus de choses, être mieux que les autres, avoir plus de followers, etc.

Depuis vingt ans et le développement d'Internet, les sociétés occidentales sont entrées dans une ère de superficialité, de légèreté, souvent vide de sens qui laisse peu de place à la sobriété. Notre société de consommation nous pousse à acheter, le plus possible et le plus régulièrement possible.

Si vous jetez un coup d'oeil autour de vous, vous allez vite découvrir toutes les choses que vous avez achetées et vous rendre compte qu'une majorité de ces choses ne vous sont pas si utiles que ça. Entre les achats impulsifs, les achats pour être à la mode ou les achats pour avoir plus de confort, on dépense notre argent parfois inutilement.

Je me souviens de cette année 2015 lors de mon tour du monde, je n'avais qu'un sac à dos avec moi. Je n'avais littéralement pas de place pour quoi que ce soit, si j'achetais quelque chose, je devais jeter quelque chose. Je n'avais pas d'autres choix. Durant cette année, à part deux paires de chaussettes, deux caleçons et un short de bain, je n'ai rien acheté en un an. Pas d'objets, de gadgets, de beaux vêtements… Pourtant j'étais heureux, j'étais libre et je n'avais pas envie de posséder des choses inutiles.

C'est à ce moment que je me suis rendu compte que nous n'avons pas besoin de tant de choses que ça pour vivre. D'ailleurs, beaucoup de personnes dans le monde vivent avec très peu de possessions, ils n'en sont pas pour autant malheureux. Je ne vous dis pas de vivre comme Robinson Crusoé, mais de faire attention à toutes vos possessions matérielles et ce que vous achetez au quotidien. Demandez-vous si vos achats sont bien nécessaires.

Est-ce que ces objets de décoration, ces produits de beauté, ces gadgets, ces cadeaux, cette nouvelle paire de chaussures sont utiles ? Est-ce qu'ils vont vous permettre d'être plus heureux ? D'améliorer vraiment votre vie ? Bien souvent, ces objets agissent comme des boulets lorsqu'on veut voyager, car ils ne sont pas indispensables pour nos besoins primaires.

Cela ne veut pas dire ne rien dépenser et être radin, mais plutôt réfléchir comment on dépense son argent. Par exemple, favoriser les expériences sera toujours une meilleure utilisation de votre argent que d'acheter des objets non essentiels. Ces expériences vont créer des souvenirs et forger votre identité.

Cela signifie aussi ne pas vivre au-dessus de ses moyens ou dépenser plus. Et pourquoi ne pas choisir un hébergement moins sympa ou joli en voyage afin de vous obliger à sortir de votre chambre et d'aller explorer gratuitement les environs. Avant de dépenser votre argent, demandez-vous toujours si c'est vraiment utile et si cela va vous apportera quelque chose de valeur dans votre vie.

Étendez votre réseau

Au cours de votre voyage, vous allez rencontrer énormément de gens, venant de tous horizons et de toutes nationalités. Il est essentiel de rester en contact avec les personnes avec qui vous avez un bon feeling ou des affinités. Le monde est beaucoup plus petit que l'on ne pense.

Le couple de Canadiens vivant à Montréal rencontré sur une plage à Bali pourrait bien vous héberger lors de votre prochain voyage au Québec. L'expat française rencontrée dans un meeting Couchsurfing à Rio de Janeiro a une amie dans une école de langue française à Buenos

Aires. Vous pouvez potentiellement travailler comme professeur de français là-bas. Vous n'avez aucune idée de ce que le futur vous réserve.

Il est dès lors indispensable d'avoir un réseau qui puisse vous aider le temps venu. Et vice-versa. Aider les autres est essentiel dans l'optique d'étendre votre réseau. Plus vous serez utile aux autres, plus vous bénéficierez de leur générosité dans le futur. Donnez sans rien attendre en retour, l'univers se chargera de vous renvoyer ses bonnes ondes à un moment ou un autre. Les rencontres sont vraiment une incroyable force du voyage, elles vous font découvrir des gens à qui vous n'auriez jamais adressé la parole autrement.

Selon vous, laquelle de ces situations est la plus favorable pour les rencontres : un PDG d'une grosse entreprise, au costume trois-pièces impeccable, la mine sérieuse se dirigeant vers son gratte-ciel à la Défense tôt le matin OU ce même PDG, en short de bain, au bord de la plage en train de siroter sa Pinacola lors de ses vacances bien méritées aux Caraïbes ? Probablement la deuxième option.

À l'étranger, vous pourrez rencontrer d'autres types de personnes, car vous n'êtes plus dans cet univers cadré où vos actions sont régies par les normes sociétales. Vous serez beaucoup plus libre. De plus, avec Internet il n'a jamais été aussi simple de se connecter les uns aux autres, peu importe l'endroit.

Par exemple, je suis toujours connecté avec Maggie, ma colocataire hongroise avec qui je vivais à Toronto en 2009. Lorsque je vais à Budapest, je lui envoie un message sur Facebook pour lui demander de m'héberger ou juste boire un verre. On passe toujours de bons moments à se rappeler cette époque canadienne, son affreux climat en hiver, nos galères ou toutes les fêtes que l'on organisait à l'appartement.

Allez vers un état d'esprit d'abondance

Le dernier conseil de ce chapitre et de ce livre est entièrement lié à votre état d'esprit. C'est quelque chose de primordial et que je me devais d'inclure. Outre des bénéfices qu'elle apporte au voyageur que vous êtes, l'abondance est surtout un concept qui vous servira, tout au long de votre vie.

On distingue deux types d'états d'esprit : l'abondance ou la rareté

On tend toujours vers l'un ou l'autre, on se retrouve parfois au milieu. Cet état d'esprit est applicable à n'importe quel moment.

Par exemple, j'écris ces lignes depuis un café en Roumanie.

Dans un esprit d'esprit de rareté, voici ce que je ferais : dire à peine bonjour à la serveuse, faire la gueule, être coincé dans ce que je fais (lire, écrire, jouer avec mon téléphone...), ne pas être ouvert à mes voisins de table, ne pas laisser de pourboire à la serveuse et partir sans dire au revoir.

Dans un esprit d'abondance, voici ce que je ferais : dire bonjour et demandez comment va la serveuse, être souriant et dégager une bonne énergie, être ouvert à mes voisins et leur demander ce qu'ils font, laisser un pourboire et partir en souhaitant une bonne journée.

C'est un exemple simpliste, mais il permet de saisir le concept.

Dans un esprit de rareté :

- Vous voyez la vie comme un espace fini ; si quelqu'un prendre une part, vous pensez que cela fait moins pour tous les autres ;
- Vous avez du mal à être content du succès des autres ;
- Vous êtes souvent jaloux et triste ;
- Vous pensez qu'il n'y a jamais assez, qu'il faut toujours plus ;
- Vous êtes orienté seulement vers les bénéfices de court terme ;
- Vous êtes toujours en train de rejeter la faute sur quelqu'un d'autre ;
- Vous pensez toujours qu'il y a un gagnant et un perdant.

Dans un esprit d'abondance :

- La part du gâteau est extensible, il en aura toujours assez pour tout le monde ;
- Vous aimez partager les bénéfices, les décisions, le prestige ou les reconnaissances ;
- Vous êtes orienté vers le long terme : ce n'est pas parce que vous n'avez pas quelque chose maintenant que vous ne l'aurez pas plus tard ;
- Vous aimez créer de l'énergie positive ;

- Vous êtes heureux pour l'autre au lieu d'être jaloux ;
- Vous pouvez donner, sans attendre en retour.

Par exemple, si un de vos amis connait un succès personnel, que ce soit un nouveau travail, une réussite sportive ou un tour du monde en cours. Vous pouvez être jaloux, l'envier et vous dire « pourquoi cela n'arrive pas à moi ? » Ou vous pouvez être sincèrement heureux pour lui, être content qu'il avance comme il le souhaite dans sa vie.

Avoir des pensées positives engendre des actions positives et vous vous sentirez mieux. Au contraire, entrer dans une spirale négative, se plaindre, ne jamais être content, envier les autres, ne peut qu'exacerber de façon négative votre comportement. Je ne dis pas qu'il faut toujours être heureux, partager tout ce qu'on a, parler à tout le monde et être super zen, mais ce sont des choses qui peuvent vous faciliter la vie.

Pour simplifier, un état d'esprit de rareté vous dit que vous manquez de quelque chose dans votre vie et qu'il existe peu d'opportunités. Au contraire, l'abondance vous dit qu'il existe toujours de nouvelles opportunités. Pour profiter de la vie, il faut au maximum tendre vers un état d'esprit d'abondance. D'ailleurs, si vous observez bien, on retrouve cet état d'esprit d'abondance dans les points vus précédemment : l'humilité, la frugalité et le réseau.

Être humble permet de se remettre en question, de ne pas laisser son égo prendre le dessus, de constamment apprendre. Il évite d'être dans la position du donneur de leçons, de celui qui connait tout, qui sait tout et qui pense que les autres ont tort.

Être frugal permet de se concentrer sur les choses indispensables dans la vie et ne pas se perdre à vouloir toujours plus au détriment des autres.

En ce qui concerne le réseau, il faut toujours l'aborder dans un esprit d'abondance, celui de donner, sans rien attendre en retour. Ne pas vouloir en bénéficier sur le court terme, mais plutôt sur le long terme.

Voici quelques conseils simples pour favoriser cet état d'esprit d'abondance :

1 - Concentrez-vous sur les choses que vous avez au lieu de parler des choses que vous n'avez pas.

Il s'agit tout simplement de gratitude. Au lieu de voir tout ce qu'il vous manque, de l'argent, un nouveau téléphone, l'amour ou la réussite, regardez ce que vous avez. Vous avez surement un toit au-dessus de la tête, de quoi manger à votre faim, une famille qui vous aime, accès à un système de santé développé, Internet, etc.

Il y a un siècle, il n'y avait même pas d'anesthésiant pour la chirurgie. Soyez heureux qu'on vous endorme avant d'enlever votre appendice, avant que l'on remette vos os en place après une fracture, ou bien avant d'arracher vos dents.

2 - Arrêtez de vous comparer aux autres.

Votre voisin a une plus belle voiture que vous. Votre camarade de promotion gagne deux fois plus d'argent que vous. Un collègue de travail est en train de faire le tour du monde. Votre meilleure amie a un corps digne de miss Univers. Un de vos potes s'est trouvé une copine magnifique, etc.

Si vous êtes sans cesse en train de regarder ce que les autres ont et de vous comparer à eux, c'est problématique. Il vaut mieux se concentrer sur vous-même et voir comment vous pouvez améliorer votre vie. Être jaloux des autres ne fera jamais avancer les choses, outre perdre votre temps et votre énergie.

Vous pensez peut-être que les autres ont plus de chance ? En réalité nous n'en savons rien, le mieux est de ne même pas se poser la question.

3 - Réduire votre consommation de médias.

Je pense ici surtout à la télé, mais aussi tout média de masse faisant l'usage abusif de publicité, comme les journaux, la radio, Internet...

Ces médias cultivent un esprit de rareté, créent une ambiance anxiogène, poussent à la consommation, jouent sur la compétition à l'extrême, tout est axé sur le court terme et fabrique une vision de la réussite (via la starisation) qui porte préjudice à la société.

Essayez de lire plus de livres et de vivre un peu plus dans la réalité pour échapper aux effets néfastes que peuvent engendrer les médias.

4 - Partagez ce que vous avez.

Dans un esprit de rareté, vous souhaitez tout conserver pour vous, vivant dans la peur que les autres deviennent meilleurs que vous. Il faut au contraire donner et partager au maximum.

On ne parle pas nécessairement d'argent. Cela peut être partager vos connaissances ou votre temps par exemple. Aider un ami à refaire son

CV pour trouver un emploi, donner vos vêtements que vous ne portez plus, faire une donation à une association, prodiguer des compliments pour faire plaisir aux autres, faire des introductions professionnelles, prendre le temps de discuter de votre vie avec vos grands-parents, etc.

Vous pouvez partager énormément de choses, à vous de choisir.

5 - Voir le verre à moitié plein.

Beaucoup d'entre nous décident de voir le verre à moitié vide. C'est-à-dire de voir les difficultés, les mauvaises nouvelles et se plaindre dans toutes les situations. Mais que se passe-t-il si vous essayez de tirer du positif des évènements qui se présentent à vous ? Si vous essayez de voir le verre à moitié plein ?

Perdre son job est une mauvaise nouvelle, il n'y a pas de doutes. À partir de là, vous pouvez vous plaindre et être énervé de vous retrouver au chômage, ce qui ne fera pas avancer grand-chose. Ou bien vous pouvez voir cela comme une incroyable opportunité. Celle de changer de profession, celle de changer d'entreprise, celle de partir voyager, celle de prendre le temps de réfléchir sur ce que vous souhaitez vraiment faire de votre vie.

Il faut bien sûr rester réaliste, mais ne pas sombrer dans l'alarmisme. Si vous traversez une période difficile, posez-vous ces question : « Que puis-je apprendre de cette situation ? Quel bénéfice puis-je en retirer ? »

Essayer de sortir le positif de toutes les situations, de chercher les opportunités là où les autres voient une impasse.

6 - Se réjouir du bonheur des autres

Une connaissance vient de recevoir une bonne nouvelle ou vit un évènement heureux. L'envie et la jalousie sont deux sentiments que vous pouvez alors ressentir. On les a tous ressentis à un moment. Mieux vaut les éviter.

Il est beaucoup plus sain pour un être humain de se réjouir pour le bonheur de quelqu'un que d'en être jaloux. Soyez inspiré par ces personnes qui réalisent des choses que vous désirez accomplir, ils peuvent d'ailleurs vous aider si vous changez votre état d'esprit.

Ne faites pas partie des rabat-joie et réjouissez-vous du succès et de la prospérité des autres.

Voici les éléments que j'essaie d'appliquer au quotidien :

- Être reconnaissant de la chance que j'ai : d'être né en France, de pouvoir voyager ou de travailler à l'heure d'Internet.
- Éliminer toute jalousie envers les autres, au contraire j'essaie de trouver de l'inspiration par les personnes qui réussissent.
- Essayer de voir le positif dans chaque situation et éliminer les pensées négatives au maximum.

Je suis loin d'être parfait, mais j'essaie constamment de m'améliorer.

Mon conseil pour vous serait donc de tenter d'intégrer quelques éléments pour tendre vers un état d'esprit d'abondance. Je vous incite bien sûr à voyager autant que vous le pouvez. Voir à quel point nous sommes privilégiés par rapport au reste du monde vous fera surement voir tout différemment.

Zig Ziglar, un célèbre homme d'affaires américain a dit : "You will get all you want in life if you help enough other people get what they want". Ce qui signifie : « Vous obtiendrez tout ce que vous voulez dans la vie si vous aidez les autres à atteindre ce qu'ils veulent ». Cela résume plutôt bien ce principe d'esprit d'abondance.

Ce qu'il faut retenir :

- ✓ L'humilité permet d'apprendre, de rencontrer des gens et de vivre des expériences enrichissantes
- ✓ En restant frugal, vous pourrez voyager plus longtemps et privilégier un bonheur durable
- ✓ Profitez de votre voyage pour rencontrer du monde et étendre votre réseau
- ✓ Évitez les sentiments destructeurs tels que la jalousie, la peur de perdre, la frustration ou l'égoïsme
- ✓ Essayez de tendre vers un état d'esprit d'abondance et d'apprentissage au quotidien

CONCLUSION PARTIE 4

NOUS VENONS DE VOIR ENSEMBLE tous les éléments indispensables pour vous permettre de réussir votre voyage à durée indéterminée. Depuis les pays à choisir jusqu'à l'état d'esprit à adopter sur la route pour être sûr de vivre à fond votre voyage.

Vous avez pu voir que l'avant-voyage est primordial. Il faut en planifier les grandes lignes, définir votre budget, prendre en charge le côté administratif, les éléments liés à la santé puis faire son sac de façon efficace. En suivant ce schéma, vous ne devriez avoir aucun problème à préparer votre voyage, il n'y a pas de raisons d'être paralysé et de ne pas avancer. Le principal est de toujours faire le premier pas et d'avancer à votre rythme.

En ce qui concerne le voyage en lui-même, il me semblait important d'en parler afin de vous transmettre mes meilleurs conseils. De ne pas vous laisser en pleine nature sans un coup de main. Vivre de belles expériences, rester en sécurité, favoriser les rencontres et ressentir cette liberté de vivre et d'organiser votre vie comme bon vous semble est essentiel.

Préparer votre voyage en amont vous permettra de le vivre pleinement une fois parti

Le dernier chapitre, un peu plus philosophique, est le résultat d'un cheminement de plusieurs années de réflexions et de développement personnel. Je pense sincèrement que commencer à appliquer les concepts dont je vous parle peut avoir un énorme bénéfice sur votre vie. L'humilité, la frugalité, l'importance du réseau et l'état d'esprit d'abondance ne peuvent avoir qu'un impact positif pour votre prochain voyage.

Cette dernière partie était indispensable pour répondre à vos interrogations et vous aider à franchir le pas. Je pense vous avoir donné les meilleurs conseils pratiques pour partir sans trop vous prendre la tête et surtout sans faire les erreurs que font tous les débutants. Voyager doit être avant tout un plaisir et je pense que vous êtes maintenant paré pour faire de votre voyage une incroyable aventure.

À VOUS DE JOUER

IL EST TEMPS DE SE QUITTER, de mettre fin à ce voyage que nous avons entrepris ensemble. Ce fut une longue entreprise, mais je suis très fier de vous avoir présenté *Voyage à Durée Indéterminée*.

Avec ce livre, j'avais deux objectifs principaux, deux messages forts à vous transmettre :

1 - Vous faire réaliser que voyager durant des années vous est accessible.
2 - Vous donner toutes les clés afin de pouvoir enfin franchir le pas.

Ayant mis tout mon cœur dans cet ouvrage, j'espère avoir accompli ces deux missions avec succès. Que vous pouvez maintenant visualiser toutes les opportunités qui s'offrent à vous. Que votre horizon s'est peu à peu étendu. Qu'il ne vous manque plus aucune information.

Une fois que vous aurez tourné la dernière page de ce livre, vous aurez deux options. La première est celle de mettre ce livre de côté et de l'oublier. La deuxième est de l'utiliser pour vivre vos rêves. Pour concrétiser vos plus folles envies.

Mon plus grand plaisir, là maintenant, serait de vous savoir en train de planifier votre prochain voyage. De vous imaginer réfléchir aux destinations, étudier le financement de votre voyage, lire les blogs d'autres voyageurs, écouter des podcasts, acheter un guide de voyage... et surtout vous projeter mentalement à l'étranger en train de vivre vos rêves.

La vie constitue votre voyage, rendez-le excitant, rendez-le mémorable. S'il s'agit vraiment de ce que vous souhaitez, vous pouvez partir, tous les éléments sont maintenant en votre possession.

À travers ce livre, j'ai essayé de vous montrer de nombreuses manières de voyager, mais sachez une chose, il n'y a pas de « meilleure » façon de voyager. Il y a seulement la vôtre.

Mais pour la connaitre, il n'y a qu'un seul moyen :

Il faut franchir le pas.
Il faut prendre des risques.
Il faut oser partir.

Je suis persuadé que vous avez cette force en vous.

Rappelez-vous toujours. Vous n'avez qu'une seule vie, pas deux. Il n'y a pas de bouton « redémarrer ». Ne la gaspillez pas, n'ayez aucun regret et partez vivre vos rêves.

Maintenant c'est à vous de jouer.

- Michael

REMERCIEMENTS

JE SOUHAITAIS TOUT D'ABORD VOUS REMERCIER !

Merci de m'avoir fait confiance et d'avoir acheté ce livre. Cela me fait chaud au cœur et j'espère qu'il a été à la hauteur de vos espérances.

Ensuite, je voulais chaleureusement remercier toutes les personnes qui m'ont aidé à écrire ce livre. Leurs remarques et leur temps consacré pour faire de *Voyage à Durée Indéterminée* une réalité, représentent une valeur inestimable à mes yeux.

Merci infiniment à :
- Amélie Macoin
- Anaïs Gibert
- Caroline Moireaux
- Corinne Stoppelli
- Cynthia Castelletti
- Kévin Jourdan
- Lili Plume
- Marie Desbonnet
- Rémi le Calvez
- Sibel Hartlap
- Stéphanie Bard Motey
- Thibault Masson
- Vanessa Avila
- Victoria Berni

Je voulais aussi remercier toutes les personnes que j'ai pu prendre en exemple afin d'illustrer certains propos du livre. Certains ne le savent probablement pas, mais ils m'ont grandement inspiré et j'espère que c'est aussi votre cas.

Enfin, merci à toutes les personnes qui suivent Traverser La Frontière et qui ont participé aussi à l'élaboration de *Voyage à Durée Indéterminée*. Que ce soit en répondant à mes emails, mes sondages ou bien en communiquant avec mois sur tous les réseaux sociaux. Sans vous, ce livre n'aurait jamais existé.

À PROPOS DE L'AUTEUR

AUTEUR ET ENTREPRENEUR NOMADE, Michael Pinatton est un véritable passionné de voyages. Il parcourt la planète depuis plus de 8 ans et aide tous les apprentis voyageurs à franchir le pas avec son blog Traverser La Frontière.

Depuis son séjour Erasmus en Slovaquie, le virus du voyage l'a contaminé ! Il a vécu au Canada pour un PVT, appris l'espagnol en Andalousie pendant 6 mois, vagabondé avec son sac à dos aux Philippines ou découvert la vie en Colombie pendant 5 mois. Sans compter ses passages dans une grande partie des pays européens, en Indonésie, à Taiwan, aux États-Unis ou encore au Brésil, il n'est pas près de s'arrêter avec en ligne de mire l'Afrique, l'Amérique centrale et l'Océanie dans les années à venir.

Entrepreneur dans l'âme, il crée à 25 ans, avec son cousin, sa première entreprise (Etudinfo.com) et est responsable du marketing et du développement commercial. En moins de quatre ans, le site est devenu une référence pour tous les étudiants qui cherchent une formation postbac. Après avoir revendu cette entreprise, Michael s'est consacré à 100 % à sa véritable passion : le voyage.

Depuis décembre 2014, il s'implique entièrement pour Traverser La Frontière, le blog et le podcast qui aident toutes les personnes souhaitant vivre une autre vie à l'étranger ou tracer leur propre chemin grâce au voyage. Les interviews qu'il réalise sont déjà un franc succès avec plus de 50 000 téléchargements en moins de deux ans d'existence. De plus, en juin 2015, il a publié son premier livre *Pourquoi voyager seul ?* qui a trouvé son public avec plus de 400 ventes en un an. Ne voulant pas s'arrêter là, Michael à l'ambition de faire de ce projet le premier site indépendant sur le voyage et l'expatriation.

Michael et son VDI

Cela fait plus de deux ans que Michael a définitivement quitté la France. Après avoir transporté son sac à dos pendant un an à travers l'Asie et l'Amérique du Sud, en 2016 il s'est installé pendant 5 mois à Barcelone puis 6 mois à Cluj en Roumanie. Son objectif est de vivre son Voyage à Durée Indéterminée, de parcourir la planète libre de toutes contraintes et d'inspirer le maximum de gens à vivre leurs rêves.

En parallèle du développement de Traverser la Frontière, son activité d'auteur prend un tournant majeur avec la sortie de son second livre *Voyage à Durée Indéterminée* en janvier 2017.

Côté voyage, il a décidé de repartir en décembre 2016 pour de nouvelles aventures vers le Vietnam. Avec un aller simple et sans date de retour.

Pour contacter Michael :

- Site Internet : http://traverserlafrontiere.com
- Email : michael@traverserlafrontiere.com

DERNIERS MOTS

Compagnon de route

Je vous rappelle que tous les liens et ressources complémentaires du livre sont disponibles dans le compagnon de route. Beaucoup d'éléments que je n'ai pas cités dans le livre s'y trouvent et j'ajouterais régulièrement du contenu en relation directe avec le VDI. Il est accessible gratuitement pour tous les lecteurs de *Voyage à Durée Indéterminée*.

Il s'agit d'un élément essentiel si vous souhaitez passer à l'action et partir voyager. J'ai mis tout mon coeur pour trouver et vous offrir les meilleurs contenus disponibles. Vous y trouverez déjà plus de 100 articles, 50 liens de référence, 20 interviews ou une dizaine de livres recommandés.

> Votre compagnon de route est disponible ici:
> http://traverserlafrontiere.com/vdi-compagnon

Votre avis

Qu'avez-vous pensé du livre ? Inspirant ? Utile ? Déjà vu ? Trop long ?

Dites-moi tout par email à : michael@traverserlafrontiere.com. Je me ferais un plaisir de le lire et de vous répondre.

Vous n'avez pas envie d'écrire un email ? Pas de soucis ! Néanmoins, si vous avez deux minutes libres tout de suite, je serais ravi si vous laissiez votre avis à propos du livre sur Amazon. En laissant un commentaire, vous aiderez un apprenti voyageur à découvrir le livre.

Restons en contact

Pour rester en contact, je vous invite à me suivre sur votre réseau préféré :

- Email (newsletter) : http://traverserlafrontiere.com/rdv
- Facebook : http://facebook.com/traverserlafrontiere
- Instagram : http://instagram.com/michaelpinatton/
- Twitter : https://twitter.com/michaelpinatton
- Snapchat : http://snapchat.com/add/frenchmichael
- Youtube : https://www.youtube.com/c/TraverserlafrontiereTV

MERCI !

Je voulais pour la dernière fois vous remercier.

Merci d'avoir acheté Voyage à Durée Indéterminée.
Merci de m'avoir fait confiance.
Merci de l'avoir lu jusqu'au bout.

En espérant sincèrement que ce livre va vous encourager à passer à l'action.

Bon voyage !

Made in the USA
San Bernardino, CA
03 July 2018